医药类大学生
职业规划与就业创业指导

（第二版）

主　编◎杜文清　张宝玲
副主编◎刘燕莉　刘胜利　卢献锁
　　　　刘　睿　许　燕
编　委◎王　博　王　静　付　蕾
　　　　汪永生　赵　瑾　胡　巍
　　　　寇泽琪

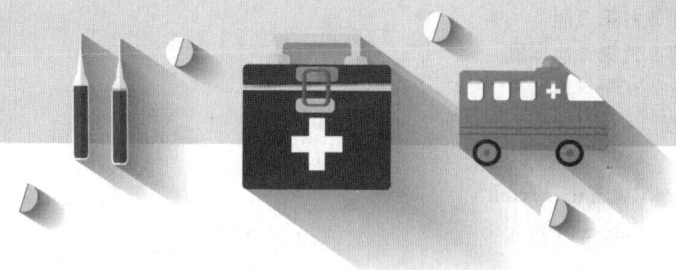

南京大学出版社

图书在版编目(CIP)数据

医药类大学生职业规划与就业创业指导 / 杜文清，张宝玲主编. -- 2版. -- 南京：南京大学出版社，2025.6.(2025.9重印) -- ISBN 978-7-305-29355-9

Ⅰ.G647.38

中国国家版本馆 CIP 数据核字第 2025XK7218 号

出版发行	南京大学出版社
社　　址	南京市汉口路 22 号　　邮　编　210093

书　　名　医药类大学生职业规划与就业创业指导
　　　　　YIYAO LEI DAXUESHENG ZHIYE GUIHUA YU JIUYE CHUANGYE ZHIDAO
主　　编　杜文清　张宝玲
责任编辑　黎　瑛　　　　　　　　编辑热线　(025)83305645

照　　排　南京布克文化发展有限公司
印　　刷　南京人文印务有限公司
开　　本　787×1092　1/16　印张　16.25　字数　385千
版　　次　2025年6月第2版
印　　次　2025年9月第2次印刷
ISBN 978-7-305-29355-9
定　　价　45.80元

网　　址　http://www.njupco.com
官方微博　http://weibo.com/njupco
官方微信号　njupress
销售咨询热线　(025)84461646

* 版权所有，侵权必究
* 凡购买南大版图书，如有印装质量问题，请与所购图书销售部门联系调换

序

  青年是国家的未来、民族的希望，青年大学生是国家宝贵的人才资源。高校是大学生追寻梦想并为之努力奋斗的地方，这里有良师益友，也有取之不竭的知识资源。在大学这片沃土上，青年一代承载着国家和民族的希望，茁壮成长，终成栋梁。

  当代青年是幸福的一代人。站在"两个一百年"的历史交汇点，全面建设社会主义现代化国家的新征程已经开始。在新的形势下，当代大学生面临着前所未有的机遇和挑战。如何理性看待自我？如何把握外部世界的种种变化？如何将自己的发展主动融入新的伟大历史征程中去？这些是每个青年大学生必须回答的时代之问。"祖国负我重托，人民健康所系"，医药类大学生应学好医药知识，练好过硬技术本领，做好职业规划，主动对接社会需要，才能更好地服务于国家大健康产业，为国家和民族医药事业的繁荣发展贡献力量。

  当前是我国高等教育蓬勃发展的时代，也是高校大学生所处的最好的时代。党和国家高度重视高校人才培养，高度重视毕业生就业工作。同时这也是一个社会经济高速发展，新知识、新事物、新业态不断涌现的时代。要做时代的弄潮儿，青年大学生不但要德才兼备，也要善于审时度势，积极将学得的理论知识和实践技能投入社会的大熔炉中去，在实践中求新知，在历练中求成长，才能勇立时代潮头，将青春之歌谱写在祖国和人民最需要的地方。为了帮助医药类大学生更好地探索自我、适应社会、求职择业、投身创业，我校组织一线教师编写了这本《医药类大学生职业规划与就业创业指导》，本教材既是学校近年来大学生职业规划和就业创业指导教育实践的经验总结，也是近些年来学校就业工作经验的总结。这本书能够为医药类大学生提供借鉴，避免在寻梦、追梦的道路上走弯路。

  时代在召唤，责任已在肩。征途漫漫，唯有奋斗。希望每位青年学子都能珍惜大好时光，在大学的知识宝库里汲取营养，在人生的海洋里乘风破浪，最终驶向梦想的彼岸。

中国药科大学党委副书记、副校长　王正华

2021年4月

前　言

党的二十大报告指出："实施就业优先战略……强化就业优先政策，健全就业促进机制，促进高质量充分就业。"就业始终被放在优先发展的位置，成为党和各级政府高度重视、高校重点关注的工作内容。当前，中国正迈向全面建设社会主义现代化国家新征程，社会经济已经全面进入新的发展时期，医药产业发展改革进入深水期，毕业生规模逐年增大，供需结构化矛盾依然突出，高校毕业生就业工作面临着新的机遇和挑战。

为了适应新形势下医药类高校大学生职业规划与就业创业指导教育教学的需要，引导大学生与党和祖国同心同向，将个人命运同国家需要紧密结合，更好地投入民族复兴的新征程中，我们组织编写了这本教材。本书编者均为长期从事大学生职业规划和就业创业指导工作的老师，理论素养高，实践经验丰富。全书内容精炼，逻辑紧密，涵盖了大学生涯的整个体系。本书具有以下特点：一是贴近时代发展需要，在编写过程吸收了行业专家的意见，在一定程度上展现了医药行业发展的新动态、新要求、新趋向，能够帮助大学生更好地了解职业环境；二是贴近大学生就业创业实际，在编写过程中既考虑了高校毕业生的共性特点，也兼顾了医药类大学生的独特需求，力图帮助学生更好地认识自我、发展自我、实现自我；三是贴近大学生实际需要，各章节内容将职业生涯规划和就业指导等内容有效衔接，案例选择注重讲身边人、身边事，基本满足了大学生在大学期间各个阶段的理论需要。

本书共分三篇十二章。三篇分别为医药职场导航篇、医药职场扬帆篇和医药创业启航篇，涵盖了医药类大学生职场探索、职业规划、就业指导、创业准备的主要内容。本书教材编写大纲由杜文清、张宝玲、刘燕莉、刘胜利共同拟定，其他成员参加了大纲修订讨论。全书第一章由杜文清、刘胜利编写，第二章、第四章、第六章由刘胜利编写，第三章由张宝玲、付蕾、王静编写，第五章由许燕、赵瑾编写，第七章由汪永生、王静编写，第八章由卢献锁编写，第九章由杜文清、王博编写，第十章由许燕编写，第十一章、第十二章由胡巍、寇泽琪编写。杜文清带领全体成员进行了大纲拟定、文稿讨论和统稿工作，刘燕莉、刘胜利、卢献锁、刘睿进行了案例修改和文字校正工作。

在编写过程中，本书吸收和借鉴了其他高校、行业专家的研究成果，还得到了众多企事业单位的大力支持，在此一并致谢！

大学生职业规划和就业创业指导是常做常新的工作，环境在变化，工作一直在路上。

编　者

2025 年 4 月

目 录

第一篇　医药职场导航篇

第一章　医药类高校大学生就业环境概述 2

第一节　医药类高校大学生就业环境 2

第二节　医药类高校大学生就业特点及形势 7

第二章　医药类高校大学生生涯发展概览 12

第一节　职业生涯规划基本内容概述 13

第二节　医药类高校大学生就业领域及发展路径 16

第三节　医药行业相关职位岗位胜任力分析 23

第三章　医药类高校大学生自我探索 38

第一节　认识自我 38

第二节　兴趣与职业 41

第三节　职业性格探索 48

第四节　能力与职业 53

第五节　价值观与职业 59

第六节　独特的你与职业规划 63

第四章　医药类高校大学生生涯决策与调整 67

第一节　常用择业理论种类与使用 67

第二节　职业选择与择业决策 70

第三节　正确就业观的树立 77

第四节　生涯决策的实施与调整 80

第二篇 医药职场扬帆篇

第五章 医药类高校大学生求职途径......86
第一节 线下求职......86
第二节 线上求职......89
第三节 其他求职途径......95

第六章 医药类高校大学生就业程序与形式......99
第一节 医药类高校大学生就业程序......99
第二节 医药类高校大学生就业形式......103

第七章 笔试与面试......110
第一节 笔试......110
第二节 面试......114

第八章 医药类大学生求职准备......128
第一节 求职信息的准备......128
第二节 求职心理的调适......133
第三节 求职材料的准备......138

第九章 求职礼仪......152
第一节 礼仪概述......152
第二节 面试前礼仪......156
第三节 面试中礼仪......162
第四节 面试后礼仪......166

第十章 医药类毕业生就业政策与权益保障......169
第一节 高校毕业生就业政策......169
第二节 正确签订就业协议......181
第三节 正确签订劳动合同......183
第四节 高校毕业生就业权益及维护......188

第三篇　医药创业启航篇

第十一章　医药类大学生创业基础 195
- 第一节　大学生创业概述 195
- 第二节　医药类大学生创业概览 203
- 第三节　医药类大学生创新能力培养 208

第十二章　医药类高校大学生创业实务 214
- 第一节　创业机会的识别与评估 214
- 第二节　创业团队的组建与管理 221
- 第三节　创业计划的制订与撰写 227
- 第四节　创业资源的获得与利用 235
- 第五节　新企业的申办与管理 239

附　录 247

参考文献 249

第一篇

医药职场导航篇

第一章

医药类高校大学生就业环境概述

> 作为一个知识分子,只有把个人的发展与祖国和人民的需要紧紧联系在一起,我们的知识价值、人生价值才会有很好的体现。
>
> ——(中国科学院院士)吴孟超

党的二十大报告明确指出:"实施就业优先战略。就业是最基本的民生。强化就业优先政策,健全就业促进机制,促进高质量充分就业。"高校毕业生是国家宝贵的人才资源,是现代化建设的重要生力军。高校毕业生就业事关广大学生及其家庭切身利益,事关社会主义现代化建设,事关社会和谐稳定。20世纪末,随着我国经济体制由计划经济向市场经济的转换,高校毕业生就业也由"统包统分""计划分配"转向市场主导"供需见面、双向选择"。这样的机制,对于大学生来说,可谓机遇与挑战并存。

第一节 医药类高校大学生就业环境

医药类高校毕业生的就业同时受国内外整体的社会、经济环境以及医药产业发展环境的影响。个人就业与国家整体就业环境有很大关系,正确理解和看待外部就业环境,对于毕业生增强信心、把握机遇、促进高质量就业具有重要的意义。

一、新时期高校大学生就业整体环境

(一)国内整体就业形势持续稳定

近年来,我国克服经济增速下行带来的困难,保持了就业形势的持续稳定,实现了比较充分的就业。特别是党的十九大以来,各地区、各部门深入学习贯彻习近平总书记关于就业工作重要指示精神,坚决贯彻落实党中央、国务院决策部署,坚持实施积极的就业政策,不断健全工作机制,就业工作取得积极进展。主要表现在:

一是就业规模不断扩大。"十三五"时期,我国就业规模持续扩大,2016年到2019年,城镇新增就业每年都保持在1300万人以上,截至2020年,累计已超过6000万人。此外,2010年至2022年,高校毕业生由575.4万人增至1076万人,首次突破千万人。

二是就业结构持续优化。伴随着经济的转型升级和劳动力市场的逐步完善,我国就

业人员的城乡、产业和所有制结构持续优化,就业人员的素质也不断提升。城镇就业比重不断增大,已经超过50%;三大产业就业结构的高低排序从"一、二、三"的发展型模式提升到了"三、二、一"的现代模式,就业结构更加合理;非公有制经济成为吸纳就业的主渠道,国有、集体、股份合作、国有独资等公有单位就业人员占城镇就业的比重下降;教育事业的发展为劳动力市场提供了丰富的高素质人才,大量留学人员回国进一步提升了就业人员整体素质。

三是重点群体就业保持稳定。应届高校毕业生就业和创业人数连年实现双增长,年底总体就业率始终保持在90%以上。年均帮扶超过550万失业人员再就业,超过170万困难人员实现就业。

四是就业质量稳步提升。劳动者就业渠道更加多元,工资收入稳步提高。企业用工日益规范,劳动者合法权益得到有效维护,社会保险覆盖范围不断扩大,保障水平逐步提高。

(二)就业形势仍然复杂严峻

虽然就业工作取得了积极进展,当前和今后一个时期,我国就业领域固有矛盾依然存在,新的影响因素还在增多,工作推进中仍有不少短板弱项,我国的就业形势更加复杂严峻,就业任务更加艰巨繁重。

从总量看,就业压力依然存在。我国16—59岁劳动年龄人口从2012年开始有所减少,这一趋势还在持续,且到2020年后减幅将加快。但必须看到,这种减少是供给高位上的放缓,而且由于受教育等因素影响,劳动年龄人口进入劳动力市场的时间相对滞后。2018年末我国劳动年龄人口仍接近9亿人,预计到2035年劳动年龄人口仍将保持在8亿人左右。近几年每年需要在城镇就业的新成长劳动力有1500多万人,加上近千万的城镇登记失业人员,需在城镇就业的劳动力年均约2500万人。不仅如此,在推进城镇化进程中,农村劳动力转移就业仍有增量。

从结构看,就业矛盾更加凸显。在经济结构调整、产业转型升级过程中,结构性就业矛盾进一步凸显,突出表现为"招工难"与"就业难"并存。一方面,用人单位招工难,技能人才的求人倍率一直在1.5以上,一线普通工人也面临短缺。另一方面,部分高校毕业生等新成长青年群体存在就业难题,去产能等结构调整中产生的大龄失业人员再就业则更加困难。这种"两难"并存的局面,其根源在于劳动力需求和供给的不匹配,是经济发展不平衡不充分的结构性问题在就业领域的集中体现。从需求端看,我国目前仍处于工业化中期和产业链的中低端,市场中增加的岗位大部分是制造业、服务业一线普通工人和服务员;从供给端看,每年新成长劳动力中高校毕业生超过一半,农民工群体中80后、90后已占据主体,新一代求职者更加注重职业发展、工作条件和自我价值实现,供需对接存在错位。另外也要看到,相对于产业和技术的快速变化,人的变化是一种慢变量,实现职业转换需要一定的教育培训,转变就业观念更需要较长的时间。

从重点群体看,青年就业任务艰巨。青年就业是世界性难题,我国也不例外,以高校毕业生为主的青年就业压力将依然突出。"十三五"时期,我国高校毕业生规模年均超过800万人,再加上500万左右的中职生,青年就业规模将继续扩大。与此同时,高校毕业生供给持续高企与有效岗位不足的矛盾凸显。目前我国仍处在由产业链中低端向中高端转型发展阶段,市场上适合高校毕业生的岗位还不充足。部分毕业生专业技能水平、创新创业能力与市场和企业的用工需求存在较大差距,存在"就业难"与"招工难"并存的现象。

从外部环境看,新的影响因素增多。当前,国内外风险挑战明显增多,国内经济下行压力有所增大,不可避免对企业用工和劳动力市场带来影响。从监测调研情况看,就业形势保持总体稳定,但部分地区、部分行业企业稳岗压力有所增大。未来,我国产业加速向中高端迈进,"机器换人"的步伐进一步加快,影响的就业岗位数量会持续增加,进程会提速,岗位结构发生深刻变化,部分劳动者不可避免要面临下岗失业的阵痛。伴随着高新产业迅猛发展和高新技术广泛应用,高新产业对专业型、创新型人才的青睐,势必会淘汰一部分专业知识不过硬、创新能力不突出的高校毕业生;而传统行业正在逐渐裁员,当新旧产业在劳动力需求和报酬上形成对立局面时,结构性失业状况就会愈演愈烈。此时,"高不成低不就"的就业心态、生活上的衣食无忧以及"怕吃苦受累"的心理会使部分毕业生做出"有业不就"的选择,"慢就业""懒就业"状态将会愈发突出。

(三)高校毕业生面临的机遇

挑战是客观存在的,但同时我们必须认识到,确保就业形势稳定仍有很多积极因素:

一是党和政府高度重视毕业生就业工作。以习近平同志为核心的党中央的坚强领导,习近平新时代中国特色社会主义思想的科学指引,中国特色社会主义的制度优势和体制优势,将为应对就业挑战提供根本保证。各级政府也将大学生就业工作放在突出位置,千方百计扩大就业,努力做好重点人群就业工作。尤其是进入新时期以来,将就业作为"六稳""六保"之首优先支持,接下来会进一步健全财政、货币、就业等政策协同和传导落实机制,多措并举保持就业形势稳定,稳定就业总量,改善就业结构,提升就业质量;同时会进一步推动实体经济发展,提升制造业水平,发展新兴产业,促进大众创业万众创新。

二是我国经济稳中向好、长期向好的基本趋势没有改变,就业需求总体稳定。我国改革开放带来的战略机遇期不断出现。从大环境看,当前,我国正处在工业化、信息化、城镇化、农业现代化同步发展的重要战略机遇期,处在加快转变经济发展方式、推进经济结构战略性调整的攻坚期,新动能方兴未艾,服务业迅速发展,乡村振兴大有可为,将拓展更多新的就业空间,需要一大批受过高等教育的高素质人才作为支撑。"五位一体"的总体布局和新"四化"要求,将成为推动毕业生就业的重要基础;经济发展方式转变和经济结构战略性调整,将成为促进毕业生就业的驱动力量。

三是教育服务社会的功能正在不断增强。从教育内部看,高等教育已迈入以提高质量为核心的内涵式发展阶段,教育与产业的协同将更加紧密,高等院校通过承担国家重大项目、校企合作、科技成果转化、人才输送等一系列工作,将科技成果应用于国民生活改善的方方面面,推动中国水电火电核电、国防工业、农业和基础设施建设全线发展。未来,中国高等教育将通过大力发展新工科、新医科、新农科、新文科,形成覆盖全部学科门类的中国特色、世界水平的一流专业集群,人才培养与经济社会发展需求的匹配度不断提高,将为促进高校毕业生就业提供有力支撑。

四是高校毕业生就业服务工作不断优化。从高校毕业生就业工作看,党和国家高度重视,教育部、人社部共同组织实施"高校毕业生就业创业促进计划",通过就业能力提升、就业创业引领、校园精准服务、就业困难帮扶和权益保护等促进高校毕业生就业创业,各地各高校强力推动,政策体系日趋完善,体制机制不断健全,组织队伍日益加强,就业服务工作不断优化,为高校毕业生实现更高质量就业提供了有力保障。

二、医药类高校大学生就业产业环境

医药产业是我国国民经济的重要组成部分,是传统产业和现代产业相结合,融一、二、三产业为一体的产业。医药行业对于保护和增进人民健康、提高生活质量,为救灾防疫、军需战备以及促进经济发展和社会进步具有十分重要的作用。同时医药产业也是21世纪创新最为活跃、影响最为深远的新兴产业之一,是我国战略性新兴产业的主攻方向,对于我国抢占新一轮科技革命和产业革命制高点,加快壮大新产业、发展新经济、培育新动能,建设"健康中国"具有重要意义,国家及各省市都将之作为战略性产业优先支持发展。

(一)我国医药产业的现状

1. *规模效益快速提高*

中华人民共和国成立初期,我国医药产业基础差、底子薄、条件落后,基本上处于"封闭状态"。经过70余年的发展,医药工业规模效益快速提高,2019年医药工业营收2.61万亿元,2020年达到2.77万亿元。据统计,中国的原料药生产出口多年稳居世界第一,并且已成为世界第二大药品市场。

2. *创新能力显著增强*

以屠呦呦获得诺贝尔奖为代表,中国的医药创新进一步得到国际认可。以恒瑞医药自主研发的阿帕替尼、贝达药业自主研发的埃克替尼等为代表,中国的医药创新进入了一个新阶段。国家药品监管局加大推进药品审评审批制度改革,诸多新药得以快速上市。

3. *质量标准不断提升*

70余年来,中国医药行业坚持推行药品生产质量管理规范(GMP),药品质量标准不断提升,一批优势企业生产质量管理与国际先进水平接轨,累计600多个原料药品种和100多家制剂企业达到国际先进水平。

4. *技术装备水平大幅提高*

随着改革开放逐步深入,中国制药工业技术装备水平不断提高。仅2020年,医药制造业投资比2019年增长28.4%,增速居工业各行业前列,有力地促进了医药工业技术装备水平整体跃升。生产过程自动化、智能化水平明显提高,生物催化、手性合成、调适给药等先进技术得到产业化应用。

5. *重组整合快速推进*

企业兼并重组数量增多,规划扩大,仅"十二五"期间收购兼并交易额就达1500亿元以上。大型企业进一步做大做强,2019年工业主营业务收入超过100亿元的企业达到20多家,一批创新型中小企业快速发展。产业和金融深度融合,众多制药企业在境内外证券市场上市,创业投资、股权投资基金大量投向医药领域,促进了行业资源整合和企业核心竞争力提升。

6. 国际化步伐加快

改革开放是中国的基本国策。中国制药行业开展国际交流合作起步较早,1980年后大批跨国企业在中国建立了合资或独资公司。跨国药企带来了国际管理、市场营销理念和先进的生产技术,推动了中国制药工业的快速发展。2017年,中国正式加入国际人用药品注册技术要求协调会,国际上形成了美、欧、日、中等国家和地区统一的药品监管和法规市场。药品监管与国际先进法规市场接轨,越来越多地要求本土企业融入全球体系,这也考验着本土企业对世界"游戏规则"的学习和适应能力。

(二) 未来我国医药产业面临的机遇与挑战

近年来,我国生物医药产业在利好政策、经济发展、人口老龄化等社会因素以及生物制药技术、海外资本涌入、人才大批回归等综合因素的多重驱动下,正处于快速发展阶段,市场规模也在迅速扩大,从2015年的12207亿元增长到2019年的16407亿元。

1. 医药产业政策环境良好

党和国家高度重视医药产业发展,近年来我国接连推出多项医药相关政策,《"健康中国2030"规划纲要》《中医药发展战略规划纲要(2016—2030年)》《中共中央 国务院关于促进中医药传承创新发展的意见》等文件的出台,为医药产业的发展指明了方向。针对我国制药行业中存在的药物上市审批缓慢、创新品种缺乏、仿制药整体质量良莠不齐等现状,国家陆续出台了多项改革政策,涉及研发生产等多个环节,目的在于改变行业存在的一些问题,积极引导行业发展向优质和创新转型。行业政策的不断出台,为医药行业发展和创新营造了良好的政策环境,政策红利将带来医药行业新的增长。

2. 医药市场需求持续扩大

随着世界各国经济的发展以及人民生活水平的提高,全球医疗支出不断增加,有力地促进了制药工业的发展,新的医疗技术、医疗器械、医药产品层出不穷,医药行业市场规模日益扩大。我国GDP增加和财政收入增长使国家有更多资金投入到医保领域。新医改到2020年实施完成后,医保全覆盖及大健康计划由临床治疗向预防和康复两端延伸成功。与此同时,受人口老龄化、疾病谱变化、疾病负担能力增强、大众健康意识提高等多个利好因素影响,各类药品的需求不断增长。未来美国、欧洲及日本等发达地区仍将保持全球药品消费的主导地位,而以中国、巴西、俄罗斯、印度为代表的新兴医药市场受经济快速发展、居民收入增加、医疗体系健全等因素驱动,药品需求增速将保持高水平,成为拉动全球药品消费增长的主要增长动力。当前,中国医药产业正处于深刻变革的关键时期。随着"健康中国2030"战略的深入推进和医药卫生体制改革的持续深化,中国医药行业正加速从仿制为主向创新驱动转型。

3. 医药产业发展动力强劲

医药产业自身发展动力强劲,在国内宏观经济增速放缓的背景下,医药工业尽管增速回落,但仍然明显高于全部工业平均水平,为国内经济稳步增长做出贡献。生物医药类(包括生物检测)、医疗器械类、医疗服务企业发展加速,我国医药产业在政策支撑下正在进行结构性调整,整个行业向技术提升方向发展趋势明显。

今后一段时间是医药行业发展的关键期,也将是医药行业大有可为的战略机遇期。医药行业整体在政策引导、大健康产业发展、人口结构调整等多重作用下,逐渐迎来产业结构调整后新的发展周期,向更高效、更合理的方向发展,产业改革不断,人才需求结构也在调整,具有扎实基础知识、较强动手能力、宽广视野的跨专业复合型创新人才越来越受到社会的青睐。

同时我们也应清醒地认识到,随着近几年国家政策的密集落地,医药行业在消费升级、创新政策、医保招标、控费等多种因素影响下,正在发生深刻变革,随着药品集采、仿制药一致性评价、淘汰落后医药产能等政策实施,医药产业环境已出现根本性的变化,众多药企也面临着岗位调整,人才需求结构也在悄然发生变化。作为医药类毕业生一定要审时度势,把握好机会,以期实现更好的发展。

第二节　医药类高校大学生就业特点及形势

相较于其他专业的毕业生,医药类高校毕业生就业有着自身特点与态势,了解这些特点对医药类高校毕业生开展就业选择有着重要作用。

一、医药类高校大学生就业特点

从就业率来看,医药类专业大学生处于中等偏上水平。长期以来,由于产业的快速发展,医药类人才一直供不应求,毕业生就业机会较为充足,就业率也相对较高。以江苏省公布的数据为例,2019届药学类研究生就业率为97.25%,药学类本科生就业率为87.5%,药学类专科生就业率为96.07%。行业的快速发展对各类人才的需求更为迫切,成为医药类毕业生充分就业的重要条件。

从就业单位分布类型来看,医药类毕业生就业相对集中在医药产业监管、研发、生产、销售、物流的整个链条以及链条的辐射领域,多在医院、医药研发机构、医药制造企业、医药销售企业等单位工作,尤其是在医药制造企业就业的学生比例将近70%。由于追求创新,经营更为灵活,国内越来越多的"明星"民营药企逐步成为毕业生青睐的对象。

从就业地区来看,由于医药制造业高投入、高风险、高回报、研发周期长的发展特点,促使行业发展向园区集聚、向经济发达地区集聚、向专业智力密集区集聚。因此,中国医药制造业主要集聚于东部沿海地区科研院所集中和创新能力较强的省份以及少数中西部中心城市,初步形成以长三角、环渤海地区为核心,珠三角等中东部地区快速发展的空间格局,相应地医药类人才也在向这些地区集聚。总体来看,毕业生就业区域从东部沿海地区向其他地区扩散趋势明显,医药类毕业生到医药产业集聚带就业的比例较大。

从就业岗位来看,不同岗位对学历层次的要求也不一样,从事研发、学术类的岗位一般倾向于硕士以上学历的毕业生；而从事生产质量管理、临床监察和药学服务等岗位的毕业生则以本科生为主。但随着医药产业整体环境的变化，目前愿意从事医药销售和生产的毕业生数量呈下降趋势。

二、医药类高校大学生就业形势

（一）医药类专业大学生就业面临的机遇

1. 就业市场比较广阔

近年来，医药行业蓬勃发展，国家医疗制度改革全面推进，就业市场对药学专业人才基本保持着较旺盛的需求。随着医药产业价值链的延长和医药产业战略转型的加快，各级各类医药专业人才缺口巨大。在全国就业形势不容乐观的情况下，医药类毕业生的就业前景仍然被普遍看好。

2. 个人发展空间巨大

国家医疗体制改革进入深水区，要求医疗卫生事业进一步规范化、科学化，加大了对高素质医药人才的需求，那些专业知识扎实、技能水平高的优秀医药类人才必将在新的岗位上获得长足的发展。

3. 工作环境有所改善

医药市场需求的持续扩大为企业发展增添了动力，医药企业也将有更多的资本投入药品研发、生产和营销当中去，从事医药行业的人员工作环境也会得以改善，尤其是那些在医药行业战略发展中起关键作用的优秀人才，必将成为医药企业争夺的重要资源。

（二）医药类专业大学生就业面临的挑战

1. 药学专业大学毕业生规模逐年扩大

当前，我国高等药学教育已经进入快速发展期，药学人才的培养规模和深度有了较快的发展，全国新增加了不少药学院系，全国开设药学和医药类专业的高校有600多所，药学及相关专业有200多个，设有药学专业的中等学校约有120余所，各高校无论从招生数量上还是专业拓展上都较以往有大幅度提高，生源的增加将使医药类毕业生面临更加严峻的就业挑战。

2. 专业性比较强导致就业面狭窄

医药类毕业生专业性强，就业方向相对狭窄，就业形势不容乐观。目前，医药类大学生毕业后主要在医药教育、医药研发、生产、流通、销售等领域工作。除了这些方向，因为受专业所限，医药类毕业生很难在其他行业找到相对合适的工作。

3. 就业市场地域性差距增大

由于我国地区经济发展的不平衡性，东部地区和沿江沿海城市医药产业发展水平较高、集聚较为明显，医药类人才市场逐渐出现饱和的现象，而新的医药类毕业生就业意向也多在以上地区。中西部地区缺少医药人才和东部地区医药人才竞争激烈的现象同时并存。就业市场地域性差距导致的就业形势紧张在医药产业发达地区比较明显。

4. 用人单位聘用标准提高

近年来，医药产业升级换代速度加快，医药企业现代化水平提高，用人单位对高素质的人才需求增多,从而提高了门槛,有的单位盲目追求高学历,有的单位只看眼前,只重视个人的实际工作经验,不注重人才长远培养,有的单位接收毕业生还存在重男轻女的现象。再加上部分毕业生择业思想准备不足,知识储备不足,不能准确自我定位,缺乏吃苦耐劳精神等,加剧了供求矛盾。

(三)影响医药类大学生就业的主要因素

影响医药类大学生就业的因素有很多种,但通常来看主要有以下因素:

1. 社会因素

社会因素对医药类大学生就业产生的影响不容忽视。根据影响因素的重要性程度可分为政策环境、经济状况、社会风尚等。

(1)政策环境

大学生就业政策是国家为实现一定时期的路线、方针而制定的高层次人力资源配置的行动准则,体现了一定时期社会发展的需要,具有一定的导向性、调控性和约束性,是大学生就业过程中应遵循的基本规范。譬如挑选毕业生单位的劳动用工政策、吸引人才的政策、发达地区和中心城市的进人控制政策等,都将对毕业生择业产生重要制约作用。除此之外,人才流动、工资制度、公务员制度、事业单位用人制度等的调整,也会对大学生就业产生直接或间接的影响。

(2)经济状况

国家和地方在一定时期内的经济发展状况,直接制约着人们的劳动就业状况,自然不可避免地影响大学生的职业选择。国家经济快速发展,医药产业结构的调整和发展必然促使医药类行业和职业发生变化,影响着医药类大学生的职业选择。同时由于国家地域经济发展的不平衡,往往使经济发达地区成为医药类大学生择业的热点,而经济欠发达地区则缺乏人才。

(3)社会风尚

社会风尚就是在社会中流行一时的风气,它是一种非常规的集体行为模式。由于风尚表现出来的时髦性、潮流性等特点,对人们的行为取向、职业选择影响非常大。譬如医药类大学生择业中的大城市热、三资企业热、考公务员热、考研热等,这些现象再经过社会舆论的酝酿助推,便会持久成为焦点,很容易导致在择业过程中形成诸如从众、攀比、自卑等心理倾向和盲动行为。

2. 家庭因素

家庭社会关系、家庭背景等因素会对大学生就业产生一定影响。在大学生择业问题上,有的家长怕子女缺乏经验,生活阅历浅,控制子女的择业行为,过多干涉子女择业选择;有的学生缺乏自主勇气,依赖于家长的经验,选择什么样的就业岗位由家长做主;有的家长则是支持和鼓励子女自主择业,并提供参考意见。这些影响因素,对大学生择业所产生的结果是截然不同的。

3. 学校因素

学校因素主要包括大学生自身所在学校的学科专业设置、教学内容与教学组织、学校层次和地理位置、学校就业指导工作等方面。

(1) 学校实力

由于我国高等教育发展的不平衡性,学校的人才培养质量、所处地域、社会声誉往往会直接影响到其毕业生的就业质量。譬如,有些用人单位在选用人才时会优先录用"双一流"或专业排名靠前高校的毕业生,造成了招聘"隐性歧视"。此外,学校优质的就业服务工作也会极大地促进毕业生就业。

(2) 教师意见

在大学,学生接触最多,受影响最深的就是教师。教师对某种专业、某项工作的认同与否,教师平时的思想教育与就业指导等都将直接或间接地影响学生的择业行为。由于教师的意见和看法或多或少地带有个人主观色彩,所以,持有不同择业观的教师对学生就业的影响结果也是不一样的。

4. 个人因素

当前就业市场竞争异常激烈,求职者在面临相似的外部环境的同时,还有着各不相同的内部差异,也正是这些差异使求职者从人群中区分开来,在成千上万的岗位中寻找属于自己的那一个。个人因素主要包括大学生自身专业知识、学历层次、工作经历、在校学习情况、就业观念、就业能力、政治面貌、性别和生源地、就业信息的掌握等方面。一般来说,拥有宽厚扎实的基础知识、广博精深的专业知识和大容量的新知识储备,拥有丰富工作经历或实践经历,在校期间学习成绩优异者往往更容易受到用人单位的青睐。

综上所述,医药类大学生就业面临的机遇和挑战,有的是同一时代大学生都面临的,也有的是医药类大学生所面临的独特环境。这些外部就业环境因素也是求职者在评估和自我定位、做出正确求职决策时需要考虑的。虽然影响择业的因素是千变万化、错综复杂的,但有一点是需要牢记的,那就是外因永远都是通过内因起作用的。个人的素质和择业观,决定了自己未来的发展方向。

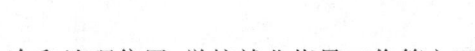

医药类高校要重视毕业生的就业辅导,加大投入力度,改进就业流程辅导,对毕业学生加强思想和社会急需岗位的技能培训,并加大宣传推广力度,从而让毕业生提高择业信心,让用人单位降低招聘用人的成本。

古语云:"凡事,预则立,不预则废。"对大学毕业生的就业辅导应该前置于毕业设计毕业论文之前,职业生涯的规划设计不仅要贯穿于整个大学学习阶段,还要根据学生个性化的特质"一生一策"加以引导。在条件允许的情况下,可以设置专门的老师或者请社会上、行业内具有真正学识的医生、医院院长、药厂负责人、药物研发科学家、药品营销负责人等各职业菁英来校讲座,甚至还可以聘请其成为兼职的讲师、教授,常年为学生们进行"专业+就业"的实践能力指导。

此外,2022年5月1日开始实施的新修订的《中华人民共和国职业教育法》将职业教育操作性定义为"包括职业学校教育和职业培训",为职业教育培训的存在和发展确立了法律依据,确定了职业教育培训的法律地位,也为职业教育培训的健康发展提供了规范和遵循。

众所周知,职业教育培训的发展离不开良好的社会环境和公众的广泛认可。当前,职业教育培训总体质量低于社会需求、受培训者和用人机构的预期,呈现出举办方热、受益者冷的状态。今后,唯有通过提高职业教育培训质量,增强职业教育培训对社会需求的适应性,才能提升社会对职业教育培训的认可度。如今社会对职业教育培训的需求已经不再是数量上的需求,人才供需的失衡越来越体现在质量上,如果相关的教育培训无法在结构、质量、水平上满足或适应需求,供需矛盾将会愈发明显。

职业教育培训在传统的产业或行业的发展机会将越来越受到局限,加快职业教育培训向培养新技术技能人才、能工巧匠方向拓展,由"学历与证书导向"转向"职业技能与素养"为重,是人力资源需求显现出的职业教育培训未来发展方向。

随着医疗改革的深入,医疗与医药行业也正随着智慧化数字医疗发生快速的变革,行业正催生出新职业,像医生、护士、药剂师或者像医药代表这样的岗位,劳动力市场岗位结构调整趋势明显,大量劳动者面临着不同以往的转型压力,高素质高技能就业人员的需求不断增加,如何根据自身办学实际,适应行业巨变,培养高素质、多技能的复合型人才成为广大医药类大中专(含高职高专)院校亟待研究的课题。

近年来,"专业对口"不再成为求职的绝对门槛,用人单位更加关注候选人的职业技能和基本素养。在现阶段解决"用工荒"与"就业难"并存的问题,建议广泛吸收行业内有持久办学声誉的职业培训机构,采用"互联网+培训+就业"的模式,对大学毕业生进行"专业课+职业技能课"的双路径职业教育培训,创新实践教学模式,在不影响正常教学的前提下,遵循"学生自愿家长自愿"的原则,对一部分学生进行职业技能实践培训,通过"走出去请进来"整合社会资源,注重实践能力培养,争取达到"一出校门就能上岗"的水平,减少学生择业的盲目性,提高就业岗位的稳定性,从而帮助用人单位构建精准定向的深度培养和帮扶机制,增强医疗机构和药品、医疗器械生产与经营企业竞争力和人才战略后发优势。

第二章

医药类高校大学生生涯发展概览

> 要有生活目标,一辈子的目标,一个时期的目标,一个阶段的目标,一年的目标,一个月的目标,一个星期的目标,一天的目标,一个小时的目标,一分钟的目标。
>
> ——(俄)列夫·托尔斯泰

案例导读

李明是一名来自某医药高等职业技术学院的应届毕业生,专业是药品经营与管理。在校期间,李明表现优异,成绩一直名列前茅。他积极参与各类实践活动,如药品销售模拟比赛、药学知识竞赛等,并多次获奖。此外,他还加入了学校的志愿者协会,参与了多次社区健康宣传活动。

李明在一家大型连锁药店完成了为期半年的实习。在实习期间,他不仅掌握了药品销售、库存管理等基本技能,还学习了如何与顾客沟通,提供专业的用药咨询。他的工作态度认真负责,得到了领导和同事的一致好评。

李明的职业目标是成为一名专业的药品销售经理。他计划先在药品销售领域积累经验,然后逐步向管理层发展。未来,他还希望能参与药品市场调研,为公司制定更有效的销售策略。

毕业后,李明顺利进入一家知名的医药公司工作,担任药品销售代表。他正在努力适应工作环境,提升自己的专业技能,为实现自己的职业目标而努力。

《孙子·谋攻篇》里面有句流传至今的名言:知己知彼,百战不殆。这句话言简意赅,这里的"彼",如果用企业战略分析方法(SWOT 分析)来讲,指"职场竞争者",也指求职者将来所要面对的未知世界。对于即将走上工作岗位的大学生而言,未来所要从事的行业是什么样子的?所要从事的工作领域是什么样子的?即将进入的工作岗位环境如何?在这样的职业世界里如何实现自己的人生理想?一切都显得新奇而陌生。但是如果能够清晰、全面地了解这些,仔细了解用人单位的要求及工作发展的路径和规律等,就更容易在未来的职业发展道路上应对自如。基于此,本章将向大家介绍职业生涯规划的基本知识,有助于了解就业环境、就业领域以及未来可能的发展路径,以帮助大家对即将面对的职业生涯有一个全面的认识。

第一节　职业生涯规划基本内容概述

俗话说："凡事预则立，不预则废"。一个人一件事的成功往往是从事先的规划开始的。我们很早就听到过"生涯"这个概念，比如"学生生涯""戎马生涯"等等，很容易将之跟一段生活、一个工作联系起来。每一段经历成为我们过往人生的一部分，又在无形中影响着我们未来人生的发展方向。大学生即将走向社会，同样面临着如何结合自身实际和就业环境来规划未来的任务。本节我们将围绕这个话题，为大家引入生涯规划的基本概念和意义，并介绍生涯规划的大致步骤。

一、生涯规划的基本概念

《辞海》对"生涯"一词的定义是：指从事某种活动或职业的生活。生涯的英文是"career"，在西方人的概念中，使用"生涯"一词就如同在马场上驰骋竞技，隐含有未知、冒险等精神。现在这一概念则多被引申为人生发展历程。目前，大多数西方学者所接受的生涯定义是舒伯（super,1976）的观点：生涯是生活里各种事态的演进方向和历程，它统合了人一生中的各种职业和生活的角色，由此表现出个人独特的自我发展状态。

生涯概念的提出给了我们一个系统地探看自己人生或职业发展的视角。这一视角引领我们透过生活或职业中的行为、感受，看到自己内心的渴望，并以此为动力去构建自己的人生。生涯不是一个静止的点，而是一个动态的历程；不只发生在人生的某个阶段，或只跟某个职业经历相关，而是如影随形，伴人一生，而且常伴随着冒险或对个人的挑战。同时，因为遗传、家庭、经历、所处社会环境等的不同，每个人的生涯也会不同。所以，生涯的发展是个性化的发展，即使处于同一时代或同一文化背景下，因为生涯发展中其他因素的影响，每个人也会有属于自己的生涯。就像是同一个专业同一个班的同学，最后毕业时，有的选择了升学，有的选择了做药品研发，有的则从事生产质量检验工作，而有的则脱离了专业选择做一名公务员。随着年龄的增长，大家的工作又会出现调整和交叉。

生涯规划与职业发展相关，但不能简单地等同于找工作，或者仅仅与工作相关。这是漫长人生中的一项重要任务，会经历无数次的决策和调整。

二、生涯规划的重要意义

生涯规划是一个过程，规划的功能在于为生涯设定目标，并找出达成目标所要采取的步骤。目标可以为人生带来希望和意义，奥地利心理学家维克多·弗兰克凭借生命的意义成为奥斯威辛集中营中少有的幸存者之一，并开创了心理治疗中的"意义疗法"。他说："你不要去问生命，你应该要回答生命对你的质询。"在生涯规划中，目标的制定是一个探索过程，这个过程帮助一个人逐渐去厘清生命的价值与意义，并用行动去实现它。好像为飘忽不定的人生加了一个锚，无论风雨来自何方，人生之船都自有它的方向。

米凯洛奇指出："生涯规划有突破障碍、开发潜能和自我实现三个积极目的。"（如图2-1）一个人最大的幸福是能自己选择喜欢的方式生活。择其所爱，爱其所择的结果，会使一个人以己为荣，并呈现出圆融、丰足、喜悦、智慧和充满创造力的气质。

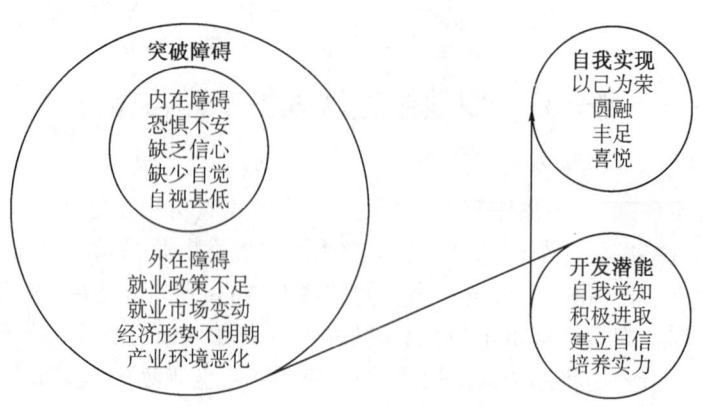

图 2-1 生涯规划的三个目的

在生涯发展过程中,很多人对追求理想的工作或人生目标充满疑虑;还有的人甚至不敢去想象或者设立理想目标,因为觉得那是不可能实现的。阻碍人们插上理想的翅膀、迈出勇敢脚步的原因通常来自上图所示的两种原因:内在障碍和外在障碍。这好比,人的一双眼睛模糊不清的时候,就很难为自己的下一步行动做出合理的判断。

内在障碍通常是因为一个人对自己的不了解、不自信或者无安全感造成的。例如,有的人很难看到自己的长处,总用自己的短处和别人的优势相比,内心从未觉得自己有可用或特别之处。所以,在找工作时,缺乏信心,总感觉自己这也不好,那也学得不够,对踏入社会准备不足,从而影响自己在面试等环节中的表现。这时,要多看看自己的优点和资源,允许自己做个"不完美"的人,真正全面地了解和接纳自己,从而避免自我低评价对找工作的影响。

外在障碍则来自一个人所处的环境,通常与就业政策不足、市场难以预测、经济衰退和社会环境混乱等相关。一个没有生涯目标的人,很容易受外界因素的影响。例如,两个大学生,有着相似的家庭背景,其他方面条件也差不多,最初找到的工作都不是太理想。一个学生制订了较为详细的生涯规划,因为对未来有目标,所以更容易积极面对并不理想的工作,努力从工作中获得和培养自己实现目标所需的能力和资源,把这当作迈向理想目标的第一步。而另一个没有制定生涯目标的学生,可能更容易抱怨社会、哀叹自己生不逢时,因为看不到希望,他很难积极应对困境,久而久之,就会觉得自己没有能力。所以,两个大学生在毕业时人生的起跑线是相同的,却可能因为有无生涯目标导致人生走向的不同:一个充满力量,能克服困难、积极进取;另一个被环境所左右,怨天尤人、随波逐流。尼采说:"懂得为何而活的人,几乎任何痛苦都可以忍受。"生涯规划可以帮助大学生设立目标,带来希望,给予动力,积极面对困难,并勇于冒险,让他们突破发展中的内外障碍,最终实现幸福人生。

内在障碍和外在障碍综合施压,会导致部分大学生不敢直接面对工作,进而选择逃避。当前毕业生中存在的不就业、懒就业或慢就业现象,跟以上因素是有一定关系的。逃避障碍的不良后果往往是错失良机,或让生涯规划者采取了不合理的实现路径,走上歧途。

三、生涯规划的内容与步骤

生涯规划并不难,它和制订一份旅游计划有很多相似之处。如目标的确定、实现的过程,都与一个人的兴趣爱好和自身条件等相关,对目标和过程的选择没有绝对的好坏之分。俗话说,条条大路通罗马,不同的路有不同的风景,所以在旅游行程的选择上,没有哪条路是绝对好的,只有对某人某时比较合适的路。对个人的生涯发展来说,也是如此。对目的地信息的了解,可以让行程更有把握。无论对信息有多么细致的了解,也要有对风险和意外的心理准备。你能否如愿以偿地实现目标,这在很大程度上取决于你是计划的推动者还是依赖者,后者常让人陷入抱怨而无所作为。

具体而言,一个系统的生涯规划应当包括觉知与承诺、认识自己、认识工作世界、决策、行动和再评估六个步骤。

1. 觉知与承诺

在此阶段,需要了解到生涯规划的重要性和作用,并愿意花时间来规划自己的生涯。但也要提醒自己:生涯规划是一个过程,是一种面对生涯发展的态度,它未必能立竿见影,马上为自己带来理想的工作。就好像我们播下种子,不可能马上发芽一样。所以,对生涯规划要有合理的预期。

2. 认识自己

系统化的生涯规划是一个"由内而外"的过程。因此,在生涯规划时,首先要认识自己,诚实地回答自己:

我有哪些人格特质?

我的兴趣是什么?

哪些东西是我生命中不能缺少的?我最看重什么?

我的哪些技能是与众不同、赖以为生的?

其他:健康、性别等。

3. 认识工作世界

工作世界信息和自我信息是生涯规划中重要和基础的部分。对工作世界的了解包括:

专业与职业的关系;

工作世界的宏观发展趋势;

具体职业对工作人员的要求、条件和待遇等;

继续教育方面的选择。

4. 决策

决策是综合整理和评估信息的部分,在决策时有可能因信息不全而重新回到前面两个步骤,具体内容包括:

综合与评估信息;

目标设立与计划;

处理决策过程中的各种问题。

5. 行动

行动是将全部的探索和思考落实的阶段。人们要通过行动来实现自己设立的工作目标。通常包括:

具体的求职过程;

制作简历、面试。

也有可能在与现实接触过程中,你对自己有新的发现,由此对生涯发展有新的思考。虽然我们为了方便学习,将生涯规划人为地割裂成不同的步骤,但无论在哪个步骤,自我与外部信息的探索都不会停止,不要忽略这些部分带给你的启示。

6. 再评估

当人们在实践中迈出生涯的重要一步——进入工作世界时,随着外部环境的变化,他们或许会继续沿着过去的规划前进,也有可能发现当前规划不适合自己或不尽如人意。这就需要再次进行生涯探索,修正生涯规划。所以说,生涯规划是一个循环的过程,需要一辈子来探索。再评估的具体内容就包括:走进职场;管理生涯规划——生涯规划档案。

第二节 医药类高校大学生就业领域及发展路径

医药类高校大学生通过系统的理论学习和科学的测评手段对自己有一个理性的认知,相对来说比较容易,可对于自己将来所要从事的行业、职业做清晰的了解则往往比较困难。有的同学要通过一个求职季的信息收集和分析才能有一个大致的了解,有的同学则是在工作若干年后才真正认识到自己所从事的职业到底是怎样一个存在。客观地说,我们很难找出一个专业同社会上某个职业的一一对应性,比如药企的人力资源经理不一定是人力资源专业出身,做临床监察员的不一定是临床药学专业出身,但绝大多数情况下,从事某一类职业的人员一般有着较大的专业相关性。大数据显示,医药类专业的大学生就业的专业相关度一般能达到80%—90%。因此,作为在校医药类大学生对自己将来就业所从事的行业进行充分了解是非常有必要的,有助于更好地提升自己的能力素质,以应对未来将要从事的职业。

一、医药行业整体就业环境概览

医药类高校毕业生一般服务于医药产业中的药品监管、研发、注册、生产、质检、物流、销售、药学服务的整个链条,以及由产业链延伸的其他领域(如图2-2)。总体来说,就业领域是比较专而广泛的,可以说有药存在的地方就有医药人工作的身影。

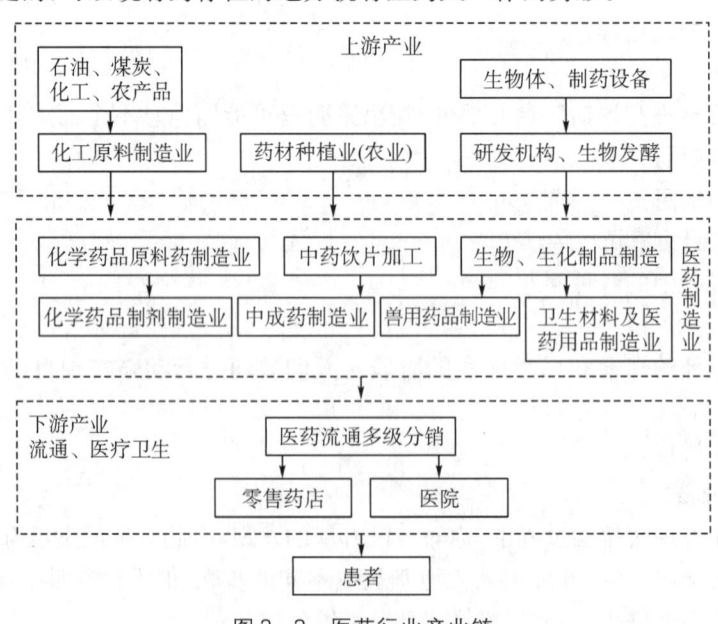

图2-2 医药行业产业链

由于医药类毕业生就业主要集中在医药行业,我们这里就医药行业的大致情况做简要介绍。医药行业是我国国民经济的重要组成部分,是传统产业和现代产业相结合,集一、二、三产业为一体的产业,从广义上划分,可分为医药制造业和医药流通业。其主要门类包括:化学原料药及制剂、中药材、中药饮片、中成药、抗生素、生物制品、生化药品、放射性药品、医疗器械、卫生材料、制药机械、药用包装材料及医药商业。医药行业对于保护和增进人民健康、提高生活质量,对计划生育、救灾防疫、军需战备以及促进经济发展和社会进步均具有十分重要的作用。

根据国家统计局《国民经济行业分类》,医药制造业分为七个子行业,详见表2-1:

表2-1 医药制造业分类

细分子行业	行业定义
化学药品原料药制造	指供进一步加工化学药品制剂所需的原料药生产活动。
化学药品制剂制造	指直接用于人体疾病防治、诊断的化学药品制剂的制造。
中药饮片加工	指对采集的天然或人工种植、养殖的动物和植物的药材部位进行加工、炮制,使其符合中药处方调剂或中成药生产使用的活动。
中成药制造	指直接用于人体疾病防治的传统药的加工生产活动。
兽用药品制造	指用于动物疾病防治医药的制造。
生物、生化制品制造	指利用生物技术生产生物化学药品、基因工程药物的生产活动。
卫生材料及医药用品制造	指卫生材料、外科敷料、药品包装材料、敷料以及其他内、外科用医药制品的制造。

二、医药类高校大学生就业主要领域及发展路径

我们通过医药类毕业生就业需求岗位的大数据分析,将之主要从事的工作概括为以下领域:药监系统、药检系统、医药教育、医药研发、医药生产、医药物流、医药质管、医药营销、学术推广、医药商业、医药贸易、药学服务、医药传媒等领域,下面我们分别对这些领域做简要介绍。

1. 药监系统

药监系统包括国家药品监督管理局及地方药品监督管理局等机构,主要负责药品(含中药、民族药)、医疗器械和化妆品安全监督管理、标准管理、注册管理、质量管理、上市后风险管理等。

随着公务员考录、管理逐步法治化、规范化,再加上其工作相对稳定、收入有保障等因素影响,公务员一直是大学毕业生向往的职业。医药类大学生报考公务员和参照公务员法管理事业单位的热情有增无减。目前医药类大学生报考公务员,可以选报明确需求药学及相关专业和不限专业的职位,比如国家及地方药监局等单位相关职位。近些年来,也有不少学生通过各省市的选调生选拔进入自己梦寐以求的工作岗位。

公务员领域能够提供给医药类大学毕业生的职位有国家药品监督管理局及地方药品监督管理局的相关职能岗位,职位说明可以参考每年的职位说明表。

国家根据公务员职位类别设置公务员职务序列。公务员职务分为领导职务和非领导职

务。领导职务层次由低到高分为：乡科级副职→乡科级正职→县处级副职→县处级正职→厅局级副职→厅局级正职→省部级副职→省部级正职→国家级副职→国家级正职。非领导职务层次在厅局级以下设置。综合管理类公务员职级序列由低到高分为：科员（二级至一级）→主任科员（四级至一级）→调研员（二级至一级）→巡视员（二级至一级）。

2．药检系统

药检系统包括中国食品药品检定研究院及地方食品药品检验所等机构，主要承担食品、药品、医疗器械、化妆品及有关药用辅料、包装材料与容器的检验检测工作。组织开展药品、医疗器械、化妆品抽验和质量分析工作。负责相关复验、技术仲裁。组织开展进口药品注册检验以及上市后有关数据收集分析等工作。承担药品、医疗器械、化妆品质量标准、技术规范、技术要求、检验检测方法的制修订以及技术复核工作，等等。当前，随着国家和广大民众对食品、药品安全意识的极大提高，食品药品技术监督将会不断加强，对食品、药品、医疗器械专门检验人才的要求将会越来越高，需求量也会不断增多。

药检系统能提供给医药类大学毕业生的职位一般分三类。(1)药品检测类：药品 GMP 检查岗位、监测与评价岗位、中药材鉴定、激素类药品检验、抗肿瘤药品检验、天然药物有害残留检测、寄生虫疫苗检测与研究、标准物质管理等。(2)食品检验类：食品化学检验、食品毒理检验、食品化学检验、食品监测评估等。(3)医疗器械、化妆品类：医疗器械理化检测、化妆品监督抽验、医疗器械标准体系研究等。

医药类大学生在各级药检所的发展路径一般有四条。一条是研究系列：研究实习员→助理研究员→副研究员→研究员。二条是卫生（药）系列：药士→药师→主管药师→副主任药师→主任药师。三条是卫生（技）系列：技士→技师→主管技师→副主任技师→主任技师。四条是工程系列：技术员→助理工程师→工程师→高级工程师。

3．医药教育

当前，医药卫生事业对高素质应用型医药专业人才的需求的迅猛增加，很多设立医药类专业的高校为了人才培养需要正在不断加大投入，加强师资队伍建设。因而对专业教师、教学辅助人员、思想政治辅导员等从事教学和行政工作的人才有很大需求。

药学教育领域能够提供给大学毕业生的职位有：教师、科研人员、教辅人员、技术员、思想政治辅导员、行政文秘等。

在医药教育领域，专业教师的发展路径一般是：助教→讲师→副教授→教授。研究人员的发展路径一般是：研究实习员→助理研究员→副研究员→研究员。教辅人员的发展路径一般是：助理实验师→实验师→高级实验师。按照国家政策，思想政治辅导员的发展路径有两个方向：一是按照思政教师序列发展，路径与专业教师相同；二是按照职员序列发展，九级职员→八级职员→七级职员→六级职员→五级职员。

4．医药研发

进入新时期，国家鼓励医药创新的政策频出，为医药产业创新发展营造了良好环境，国内药企逐年增大对新药研发的投入。以企业为主体、科研院所为支撑、市场为导向、产品为核心、产学研相结合的医药创新体系正在逐步建立。跨国医药公司的抢滩和本土研发机构的快速崛起，使国内本来就不甚充足的研发人才供应更显得捉襟见肘。目前研发工作主要由博士、硕士，甚至有海外留学经验的人员承担，本科生从事研发工作的人数还比较少，比例还比较低。

医药研发领域能够提供给医药类大学毕业生的职位有:(1)药品综合研发类,研发项目经理、研发工程师、新药研发员、产品研发员、药品研发技术员、药品研发实验员、药品研发助理、科研项目助理、研发储备等;(2)药物合成类,合成研究员、化学合成研究员、有机合成研究员、药物合成工艺改进研发员、有机合成实验员、药物合成研究助理等;(3)药物制剂类,制剂工艺研究员、药物制剂研究员、药物制剂助理研究员、新药制剂研究员、制剂技术工程师、制剂研发岗、药物制剂实验员等;(4)知识产权类,药品注册专员、注册申报专员、药政专员、进口药品注册专员、药品注册许可专员、知识产权专员、法规注册专员、国际注册专员、药政注册专员、专利申请员等;(5)临床类,临床监察员(CRA)、临床稽查员(临床 QA)、临床协调员(CRC)、临床医学经理、临床数据管理员等;(6)分析类,分析研发员、活性分析研究员、药物分析实验员、药物分析研究员、分析技术工程师等;(7)生物类,蛋白纯化实验员、蛋白纯化研究人员、蛋白制剂实验员、发酵研发助手、分子生物学实验员、生物化学实验员、生物技术工程师、生物检测员、生物医药研究员、微生物发酵实验员、微生物技术工程师、细胞学实验员/细胞培养工艺员等。

医药研发领域的发展路径一般有两条:一条是专业路线,新产品开发员→新产品开发组长→新产品开发主任→新产品开发副经理→新产品开发经理→研发总监;一条是行政路线,职员→主管→主任→所长→院长→主管研发副总经理。

5. 医药生产

药品生产是指将原料加工制成能够供医疗使用的药品的过程。药品生产的过程通常可分为原料药生产阶段和将原料药制成一定剂型的制剂生产阶段。此外,对某些药物来说,还包括制药中间体的生产。国家推行新版GMP后,制药企业需要大量熟练掌握并运用质量风险管理、变更控制、产品质量回顾分析等相关知识的专业人才,熟悉制药设备与车间设计、设备使用、计划制订、生产管理、过程控制的专业人才将成为"香饽饽"。

医药生产领域能够提供给医药类大学毕业生的职位有:生产技术工程师、生产工艺员、生产储备干部、生产技术员、生产管培生、生产管理员、生产储备生等。

医药类大学生在医药生产领域的发展路径一般为:操作工→主操手→班长→车间主任→生产经理→生产总监。

6. 医药质管

新版的 GMP 和 GSP 的推出,对医药生产和流通环节的药品质量管理提出更高的要求,对医药质量管理从业人员有着更加明确的专业、工作年限、学历要求,很多用人单位原有的人才结构和员工数量已经远远不能达到相关要求,对医药类人才的需求比较旺盛。

医药质管领域能够提供给医药类大学毕业生的岗位有:质量检测工程师、QA 储备主管/经理、QC 储备经理、QC 检测员、质量管理员、质量检验员、质量审计员、质量体系管理员、质量研究人员、仪器分析检验员、安全管理员、化验员、验收员、检验员、生物制品检测分析员、微生物检验员、药物分析员、药物合成员、医院药剂科质量管理员、中药房中药质量管理员、零售药店药品质量管理员、药品物流药品质量管理员等。

医药类大学生在医药质管领域的发展路径大致为:QC 分析员→QC 班长(组长)→QC 主任→QC 经理→QC 总监;QA 质检员→QA 班长(组长)→QA 主任→QA 经理→QA 总监。

7. 医药物流

医药物流是指依托一定的物流设备、技术和物流管理信息系统,有效整合营销渠道上下游资源,通过优化药品供销配运环节中的验收、存储、分拣、配送等作业过程,提高订单处理能力,降低货物分拣差错,缩短库存及配送时间,减少物流成本,提高服务水平和资金使用效益,实现的自动化、信息化和效益化。目前,国内医药物流领域正处在快速发展期,复合型技术人才缺口较大。

医药物流领域能够提供给医药类大学毕业生的职位有:物流经理、物流主管、物流专员、配送专员、仓库经理、仓库主管、仓库管理员、开票员等。

医药类大学生在医药物流领域的发展路径大致为:物流专员→物流主管→物流经理→供应链总监→副总经理;配送专员→配送班长(组长)→配送主管→配送经理;仓库管理员→仓库主管助理→仓库主管→仓库经理。

8. 医药营销

随着政府一系列有关医药的利好政策相继出台,中国的医药产业迎来战略机遇期,市场需求扩容空间巨大。与此同时,外国制药企业也高度关注我国市场的巨大潜力和发展空间,跨国药企纷纷进入我国市场。本土药企和跨国药企积极主动适应市场,市场营销水平不断提高,医药市场竞争日趋激烈。国家也在整顿与规范药品市场秩序,在这样的环境下,医药产业不可避免地出现动荡,甚至重新"洗牌"的局面,因此企业对人员素质的要求也越来越高,复合型营销人才将成为未来医药企业重点引进的人才。

医药市场营销领域能够提供给医药类大学毕业生的职位有:医院销售专员、药品营销员、处方药市场专员、销售管理培训生、销售市场专员、销售代表、销售助理、OTC代表、保健品代表、医疗器械代表、商业代表、直销员、销售工程师、商务专员、渠道经理、分销经理、招标专员、招标经理、商务助理、招商经理、招商专员、市场专员、产品经理等工作岗位。

以销售代表为例,医药类大学生在医药市场营销领域的发展路径大致为:沟通专员→正式专员→高级代表→经理→中级经理→大区经理→销售副总经理。

9. 学术推广

学术推广,也即我们通常所说的医药代表、学术专员,与大家观念上的传统职业有着明显区别。《国务院办公厅关于进一步改革完善药品生产流通使用政策的若干意见》指出,医药代表只能从事学术推广、技术咨询等活动,不得承担药品销售任务,其失信行为记入个人信用记录。在国家严厉打击非法渠道购销药品、商业贿赂等违法违规背景下,合规的学术推广模式将为越来越多的企业所采纳。

学术推广领域能够提供给医药类大学毕业生的职位有:医药代表(学术专员)、学术推广代表(专员)、医药学术推广经理、学术经理、医药学术专员、区域学术推广专员、市场学术专员等。

以医药代表为例,医药类大学生在学术推广领域的发展路径大致为:医药代表→主管→主任→省区经理→大区经理→副总经理。

10. 医药商业

医药商业,是医药行业的子行业,可以简单地把医药商业分为零售和批发两大类。其中,医药批发主要负责把药品从生产者运送到终端消费者手中,是医药流通市场上的主力。也可以说,医药商业企业是连接医药生产企业和消费终端的"搬运大军",是医药消费终端的纽带。

医药商业领域能够提供给医药类大学生的职位有:药品采购专员、药品销售员、器械采购专员、采购数据分析专员、医药销售代表。

11. 医药贸易

医药贸易一般指医药产品或服务买卖或交易行为的总称,分国内贸易和国际贸易两部分。

其中医药国际贸易领域能够提供给医药类大学毕业生的职位有:国际贸易代表(专员)、国际贸易业务员助理、国际贸易销售员、国际贸易业务员、对外贸易专员、外贸跟单员、国际注册与贸易、国际商务专员、国际业务员、国际采购专员、国际药品注册专员、外贸公司单证操作、外贸医药市场开发等。

以外贸跟单员为例,医药类毕业生在医药贸易领域的发展路径大致为:外贸跟单员→外贸业务员→资深业务员→区域业务经理→销售经理。

12. 药学服务

药学服务是药师以提高病人生活质量为目的,以合理药物治疗为中心,运用最新的知识与技术,通过与其他医药专业人员合作,设计、执行和监测将对病人产生特定结果的药物治疗方案,这些结果包括疾病的痊愈、减轻、疾病进程的阻止或延缓、疾病或症状发生的预防等。今后一段时间,随着国家对药师队伍的重视和加强,药学服务领域对人才的需求将会倍增。

药学服务领域能够提供给大学毕业生的职位有:医院的药品质量管理岗、药品信息岗、中西药库房、大输液库房、临床药师岗、常规监测岗、科研岗、合理用药监测岗、药检科、配液中心等部门,连锁药店营业员、店员、理货员、导购员、储备店长、健康咨询、售后服务等。

药学服务领域目前主要涉及医院、连锁药店零售、批发和电子商务等方面。所以从岗位类别上分,有几大类:医院药剂科相关岗位、连锁药店门店销售岗位、批发岗位、电子商务岗位等。药房岗位的发展路径大致为:(中、西)见习药士→(中、西)药士→(中、西)药师→(中、西)主管药师→(中、西)副主任药师→(中、西)主任药师。连锁药店门店的职业发展分为管理路线和专业路线,管理路线:健康顾问→店长→门管片区经理→门管总监;专业路线:健康顾问→药师→执业药师。

13. 医药传媒

医药行业的迅猛发展,促进了医药信息产业的快速发展。一大批专门服务医药企业的网站、研究医药行业的刊物、咨询机构等应运而生。这些机构搭上了医药行业发展的顺风车,不断发展壮大。由于医药行业的特殊性,相关资讯和信息资料必须由医药类背景的专业人员采集整理,因而对医药类人才的需求也比较大。

医药传媒领域能够提供给大学毕业生的职位有:网络编辑、医药类记者、网络推广员、医药学编辑、翻译、文案策划、医药信息专员、医药情报岗、项目助理、企划专员、药学采编、药学主编、医药咨询师、新媒体运营专员等。

医药学传媒领域是传统媒体领域的一部分,因而在这个领域的发展路径可以参见类似领域,这里不再赘述。

14. 其他领域

除了以上领域外,医药企业对于环保、节能减排和能源管理、资源综合利用也将加大力度,相关领域的从业人员将成为医药行业的佼佼者。

这些领域能够提供给大学毕业生的岗位有:环保专员、GMP 专员、环境治理工程师、工程部污水治理员、工程部电气工程人员、工程部化工工程人员、工程部设备管理员、设备储备干部、水处理工艺设计工程师等。

除了以上就业领域外,随着新经济、新业态的出现,社会上还产生了一些新的职业岗位,2024年7月,人力资源社会保障部会同国家市场监督管理总局、国家统计局向社会发布的19个新职业:生物工程技术人员、口腔卫生技师、网络安全等级保护测评师、云网智能运维员、生成式人工智能系统应用员、工业互联网运维员、智能网联汽车测试员、有色金属现货交易员、用户增长运营师、会展搭建师、文创产品策划运营师、储能电站运维管理员、电能质量管理员、版权经纪人、网络主播、滑雪巡救员、氢基直接还原炼铁工、智能制造系统运维员、智能网联汽车装调运维员。19个新职业半数以上与新质生产力密切相关。如紧跟前沿技术的"数""智"职业:生成式人工智能系统应用员、智能网联汽车测试员、智能制造系统运维员、工业互联网运维员等;数字经济孕育的全新岗位:网络主播、用户增长运营师等。

链接职教

医药类专业职业院校学生的就业领域

1. 医疗机构:可成为药剂师、检验技师、放射技师、护理人员等,在医院的药房、检验科、放射科、护理部等部门开展工作。

2. 制药企业:能在药品生产环节负责具体的生产操作,或是投身质量控制工作,保障药品质量;也可参与研发工作,助力新药诞生;还可从事销售工作,推广企业药品。

3. 药品流通企业:包括药品批发与零售企业,可担任药品采购专员,负责药品的采购工作;或成为销售人员,拓展市场;也能从事药品管理相关工作。

4. 医疗器械企业:可参与医疗器械的销售,将产品推向市场;负责医疗器械的维护,确保其正常运行;也可投身研发工作,推动医疗器械的创新。

5. 公共卫生部门:在疾病预防控制中心、卫生监督所等公共卫生机构,从事疾病防控、卫生监督等相关工作。

6. 医药研发机构:参与新药研发的各个环节,如药物筛选、临床试验设计与执行等。

7. 教育培训单位:成为医药类专业的教师或培训讲师,为学生或从业人员传授专业知识与技能。

8. 第三方检验机构:承担医学检验、病理分析等工作,为医疗机构提供准确的检验结果。

9. 健康管理企业:为客户提供健康咨询服务,制定个性化的健康方案;也可参与体检服务的组织与实施。

10. 养老服务机构:担任护理人员,照顾老年人的生活起居;或成为康复治疗师,帮助老年人进行康复训练。

小贴士

最新发布的九个新职业你了解多少?

区块链工程技术人员:从事区块链架构设计、底层技术、系统应用、系统测试、系统部署、运行维护的工程技术人员。

> 城市管理网格员：运用现代城市网络化管理技术，巡查、核实、上报、处置市政工程（公用）设施、市容环境、社会管理事务等方面的问题，并对相关信息进行采集、分析、处置的人员。
> 互联网营销师：在数字化平台上，运用网络的交互性与传播公信力，对企业产品进行多平台营销推广的人员。
> 信息安全测试员：通过对评测目标的网络和系统进行渗透测试，发现安全问题并提出改进建议，使网络和系统免受恶意攻击的人员。
> 区块链应用操作员：运用区块链技术及工具，从事政金融、医疗、教育、养老等场景系统应用操作的人员。
> 在线学习服务师：运用数字化学习平台（工具），为学习者提供个性、精准、及时、有效的学习规划、学习指导、支持服务和评价反馈的人员。
> 社群健康助理员：运用卫生健康及互联网知识技能，从事社群健康档案管理、宣教培训、就诊、保健咨询、代理、陪护及公共卫生事件事务处理的人员。
> 老年人能力评估师：为有需求的老年人提供生活活动能力、认知能力、精神状态等健康状况测量和健康照护需求评估的人员。
> 增材制造设备操作员：从事增材制造设备安装、调试、维修和保养及生产操作和运行管理的人员。
>
> ——根据相关资料整理

第三节　医药行业相关职位岗位胜任力分析

当前国内就业市场在经济形势下行、毕业生总量逐年增大等因素的影响下结构化矛盾是比较突出的，一方面是大量的用人单位找不到有用之才，造成"有业难就"；另一方面毕业生找不到中意岗位，造成"无业可就"。造成就业结构化矛盾的原因有很多，比如岗位供给总量与人才供给总量不协调，人才需求层次与人才供给层次不协调，等等；但其中一个重要原因是高校人才培养滞后于就业市场的需求，这里不仅是"量"的问题，还有"质"的问题。人才的能力素质不符合行业发展需求，会造成想就业的就业困难，想招人的选人困难。因此，基于这样的现实，高校的人才培养不能无视社会的需求"闭门造车"，大学生的学习也不能无视雇主的需求随性而为。只有按照自己的职业规划目标，围绕着行业的发展和需求不断提升自己的能力和素质，才能在未来的职场竞争中立于不败之地。本节我们会简要介绍岗位胜任力的概念，同时为大家列举医药类毕业生就业常见职位的说明书，以期帮助大家盘点自己的能力素质，进而取长补短，促进人职匹配。

一、岗位胜任力概述

1. 胜任力

胜任力（Competency）一词来自拉丁语Competere，其含义是"适当的"，这一概念最早可追溯到古罗马时代。20世纪初，"科学管理之父"泰勒应用"时间—动作研究"分析方法来界定那些影响优秀工人高质量、高效率的工作过程和结果的因素。美国心理学家大卫·麦克利兰对前人的研究成果进行整合和发展,并以此来对员工绩效的个人条件和行为特征进行管理。

胜任力的概念提出以来,有多种界定和阐释,目前学术界比较赞同斯宾塞(Spencer)夫妇于1993年提出的概念,即胜任力指"能将某一工作(或企业、文化)中有卓越成就者与表现平平者区分开来的个人的潜在特征,它可以是动机、特质、自我形象、态度或价值观、某领域知识、认知或行为技能——任何可以被可靠测量或计数的并能显著区分优秀与一般绩效的个体特征"。简单地说,胜任力是一个知识领域或一个人为完成其角色成果必备的技能。

这一概念从三方面来考虑:深层次特征、引起或预测优劣绩效的因果关联和参照效标。深层次特征指人格中深层和持久的部分,它显示的行为和思维方式,具有跨时间和跨情景的稳定性,能够预测多种情景中人的行为。因果关联指胜任特征能引起或预测行为和绩效。参照校标是衡量某特征品质预测现定情景中工作优劣的效度标准,它是胜任特征定义中最为关键的方面。

2. 了解岗位胜任力的作用

岗位胜任力可以进行以下应用:

(1)工作分析。通过研究工作绩效更为优异的员工,将相关联的特征和行为用来定义本工作岗位的职责内容,为选拔、培训员工、个人职业生涯规划、奖励、薪酬的设计提供科学的参考标准,使工作分析更为科学有效。

(2)人员选拔。侧重寻找与岗位核心动机和特质相符的员工,可以更合理地反映应聘者的素质能力,为公司的人员选拔提供科学的参考依据,最大限度地减少不良影响和员工培训支出。

(3)绩效考核。根据绩效考核的结果进行奖惩,指导工作。奖励工作表现良好的员工,提高员工的工作积极性;对于工作绩效不够理想的员工,有针对性地帮助员工发现问题并解决,从而达到绩效考核真实地反映员工的综合工作表现的目的。

(4)员工培训。针对岗位要求和现有人员的素质状况定做培训计划,可以有的放矢,突出培训的重点,提高培训的效用,以最小的投入获得最大的收益。

(5)员工激励。帮助企业全面掌握员工的需求,从而有针对性地采取员工激励措施,提升企业的整体竞争实力。

3. 胜任力模型

胜任力模型是指承担某一特定职位角色所需具备胜任力要素的总和,是根据特定职位表现优异要求组合起来的胜任力结构。主要包括三个要素:胜任力名称、胜任力定义(即界定胜任力的关键要素)和行为指标等级(反映胜任力行为表现的差异)。根据适用范围,胜任力模型可分为三类:通用胜任力模型、核心胜任力模型和专有胜任力模型。通用胜任力模型适用于企业所有员工,主要反映企业的价值观、文化及业务需求;核心胜任力模型依据员工所在部门或需要相似知识、技能等而设置;专有胜任力模型依据具体岗位所需的独特知识、技能等而设置。

我们可以把胜任力描述为在水面漂浮的一座冰山,也就是我们常说的胜任力的冰山模型(如图2-3)。在冰山模型中,个人能力素质的组成是有层次的,就像浮在海洋中的一座冰山;露出海面的部分是一个人的行为、知识、技能等外在的可观察的特征,但这仅仅是能力的一部分;处于海平面以下的冰山是能力的另一部分,包括价值观、态度、自我形象、个性、品质、动机等,即素质。对胜任力而言,水面上的冰山部分,并不具有决定性意义,而水面下的冰山部分(即个人素质),才是区分成功者与普通人的关键所在。

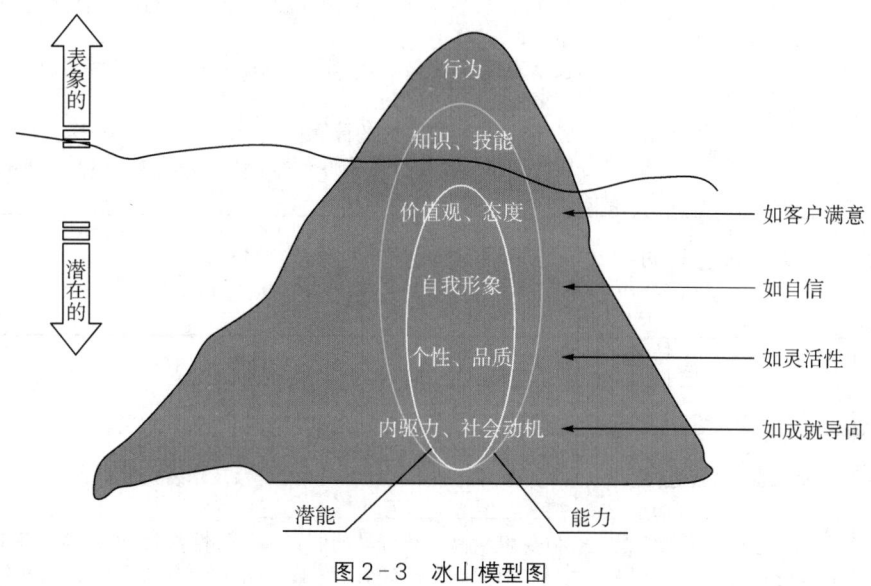

图2-3 冰山模型图

二、医药行业主要职业岗位胜任力

了解医药用人单位的岗位胜任力,即工作岗位的任职要求,有利于医药类大学生在校期间提高综合能力,缩小用人单位任职要求和毕业生现实能力的差距,增强医药类毕业生的核心竞争力。下面我们列出了15种常见医药类毕业生就业岗位职位说明书,期望对大家有参考作用。

1. 公务员职位说明书

表2-2 公务员职位说明书

岗位信息	岗位名称	主任科员	岗位编号	001
	所属部门	药品生产监管处	直接上级	
工作概述	负责药品生产质量安全监管工作。			
工作内容	1. 掌握分析药品生产安全形势、存在问题并提出完善制度机制和改进工作的建议; 2. 严格依照法律法规规定的条件和程序办理药品生产、医疗机构制剂许可并承担相应责任,督促下级行政机关严格依法履行监督管理责任,及时发现、纠正违法和不当行为; 3. 依法监管医疗用毒性药品、麻醉药品、精神药品、放射性药品和药品类易制毒化学品的生产; 4. 组织开展药品不良反应监测、评价和处置工作。			

(续表)

<table>
<tr><td rowspan="3">任职资格</td><td>教育水平</td><td>1. 硕士及以上学历；
2. 药理学、药物分析等医药类相关专业。</td></tr>
<tr><td>经验要求</td><td>2年以上基层工作经验。</td></tr>
<tr><td>能力要求</td><td>1. 政治素质高，思想品德好，遵纪守法，具有良好的社会公德、职业道德和个人品行；
2. 工作态度积极，爱岗敬业，事业心、责任感强，具有良好的团队协作和开拓创新精神；
3. 学习成绩优良，具有良好的计算机应用能力和英语水平；
4. 具备适合岗位要求的身体条件；身体健康，吃苦耐劳，具备履行岗位职责的身体素质和心理素质。</td></tr>
</table>

2. 药检所工作人员说明书

表2-3 药检所工作人员说明书

<table>
<tr><td rowspan="2">岗位信息</td><td>岗位名称</td><td>检验员</td><td>岗位编号</td><td>002</td></tr>
<tr><td>所属部门</td><td>药检所</td><td>直接上级</td><td></td></tr>
<tr><td>工作概述</td><td colspan="4">主要从事药品、生物制品、食品（保健食品）、化妆品等的检验、技术咨询和科研等工作。</td></tr>
<tr><td>工作内容</td><td colspan="4">1. 承担药品、生物制品、食品（保健食品）、化妆品的监督和评价性检验、委托检验等工作；
2. 承担相关内容注册技术复核和标准研究和制定等工作，承担质量控制新方法和新技术研究等科研攻关；
3. 承担作为国家药品监督管理局重点实验室的各项国家、省部级等重大项目课题研究。</td></tr>
<tr><td rowspan="3">任职资格</td><td>教育水平</td><td colspan="3">1. 硕士及以上学历；
2. 药学类相关专业。</td></tr>
<tr><td>经验要求</td><td colspan="3">具有相关工作经验者优先。</td></tr>
<tr><td>能力要求</td><td colspan="3">1. 热爱本职工作，思想品德端正，遵纪守法，有团结协作和吃苦耐劳精神；
2. 专业理论基础扎实，有较强的分析、解决问题的能力；
3. 具有较好的英语综合能力，计算机操作熟练；
4. 具备适合岗位要求的身体条件；身体健康，吃苦耐劳，具备履行岗位职责的身体素质和心理素质。</td></tr>
</table>

3. 专业教师职位说明书

表2-4 专业教师职位说明书

<table>
<tr><td rowspan="2">岗位信息</td><td>岗位名称</td><td>教学岗</td><td>岗位编号</td><td>003</td></tr>
<tr><td>所属部门</td><td>院部系</td><td>直接上级</td><td></td></tr>
<tr><td>工作概述</td><td colspan="4">按照学校安排从事教学和科研工作。</td></tr>
<tr><td>工作内容</td><td colspan="4">1. 积极参加药学教学研究、科研工作，刻苦钻研业务，不断提高自身素质和教学水平；
2. 积极开展各级教学改革工作，推动教学内容与教学方式改革，形成具有教学特色的教学成果，并积极参与创建品牌专业和特色专业；
3. 认真设计药学实验，积极指导实验教学工作，并加快实验教学体系与内容的改革，参与药学类教学实验中心的规划与建设，提高药学实验教学的综合性、设计性或研究性实验；
4. 重视教研互动，充分发挥自身科研优势，实现科研指导教学，教学反哺科研。</td></tr>
</table>

(续表)

任职资格	教育水平	1. 博士； 2. 药学类相关专业。
	经验要求	1. 教学相关工作经历； 2. 主持或参加科研项目的经验，并发表论文。
	能力要求	1. 专业基础知识扎实，视野开阔，具有创新精神； 2. 能够进行深入的教学研究，不断积累丰富的教学经验； 3. 能熟练运用教学技巧，促进学生自主学习，与学生教学相长； 4. 具备良好的语言表达能力和逻辑思维能力； 5. 具备履行岗位职责的身体素质和心理素质。

4. 药品研发员职位说明书

表 2-5 药品研发员职位说明书

岗位信息	岗位名称	合成研发员	岗位编号	004
	所属部门	研发部	直接上级	
工作概述	从事药物化学合成工艺的研究，同时负责研发新药等工作。			
工作内容	1. 收集行业研发信息，跟踪最新的研发态势； 2. 协助研发部经理制定公司产品的研发规划； 3. 积极关注行业发展动态，积极研发素材； 4. 进行新技术、新工艺、新产品的立项、调研和可行性分析； 5. 对生产或实验中工艺异常情况进行分析、处理。			
任职资格	教育水平	1. 本科及以上学历； 2. 药学类相关专业。		
	经验要求	1. 有相关工作经验； 2. 主持或参加科研项目的经验。		
	能力要求	1. 专业基础知识扎实并能熟练运用，知识结构完整有条理，具备较强的独立思考能力； 2. 具备较强的实验操作能力，能独立完成实验流程设计； 3. 具有较强的创新精神，能用不同方法、从不同角度进行实验研究； 4. 具备相应的项目管理、市场监测、临床试验、药理研究等技能，拥有较强的应变能力，可以及时进行计划的制定与调整； 5. 具备知识产权意识，熟练掌握英语。		

5. 药品注册专员职位说明书

表 2-6 药品注册专员职位说明书

岗位信息	岗位名称	注册专员	岗位编号	005
	所属部门	研发部	直接上级	
工作概述	填写、翻译、整理及审核申报资料，并依法向药品监管部门报送；接受药品监管部门的政策培训；及时将药品注册的信息、政策和结果反馈给企业高层。			

（续表）

工作内容	1. 审核报送药品注册资料，按照程序及时申报，并配合药品监管部门办理相关手续；跟踪药品注册进度，使注册申请得以顺利批准； 2. 通过多种途径，掌握药品注册政策和品种动态，及时办理药品注册；或对不公正的注册提出行政复议、行政诉讼，维护企业利益； 3. 承担药品监管政策法规宣传任务，向企业各部门提供药品监管的政策法规信息，为企业决策层做好参谋，对违法违规行为及时制止； 4. 为企业销售提供信息支持，及时将申报品种与市场同类品种的比较情况等反馈给企业市场部； 5. 为药品研发接轨国际提出指导性意见； 6. 设计出最适合企业的药品知识产权保护方案。	
任职资格	教育水平	1. 本科及以上学历； 2. 药学、医学或生物学等相关专业毕业。
	经验要求	1. 相关工作经验； 2. 有注册资料申报、新药报批等工作经验者优先。
	能力要求	1. 有较强的沟通能力、责任心、团队合作能力和学习能力； 2. 掌握相关医药基础知识和法律法规； 3. 具备较强的英语听、说、读、写能力； 4. 熟悉掌握计算机办公软件和互联网技术； 5. 熟悉药品注册各个环节。

6. 生产管理储备生职位说明书

表 2-7　生产管理储备生职位说明书

岗位信息	岗位名称	生产管理储备生	岗位编号	006
	所属部门	生产部	直接上级	
工作概述	在生产班组长的领导下，按照生产计划及安排，严格遵守生产操作规程，按照工艺操作要求进行生产，降低生产成本，保证生产安全，按时、保质保量完成生产任务。			
工作内容	1. 负责车间相关生产、质量、安全、成本、EHS、人员管理等工作或者协助开展工艺验证、清洁验证；拟定、管理车间质量相关文件；开展技术攻关，协助开展新品工艺放大等工作； 2. 负责工艺验证、清洁验证、公用系统、设施设备仪器确认和方法学验证文件的审核及归档工作； 3. 负责对生产区产品生产过程的质量进行监控，及时识别、处理生产过程中发生的异常，及时高效地做好质量问题的调查工作； 4. 监督生产人员对操作规程、工艺规程、设备运行及其他有关文件的严格执行，并不定时检查； 5. 遵守实验室相关法律法规以及实验室管理制度，严格按照相关 SOP 开展工作；负责成品、中间产品、原辅料等项目的检验；负责工艺验证及方法学验证/确认的实施。			
任职资格	教育水平	1. 本科及以上学历； 2. 药学类相关专业。		
	经验要求	有车间生产相关经验。		
	能力要求	1. 良好的沟通能力和团队合作能力； 2. 熟练操作相关设备的实际操作能力； 3. 具有一定的自控能力； 4. 吃苦耐劳。		

7. 质量检验员职位说明书

表2-8 质量检验员职位说明书

岗位信息	岗位名称	质量检验员	岗位编号	007
	所属部门	质量控制部	直接上级	
工作概述	负责具体原材料、半成品、成品的质量检验等工作。			
工作内容	1. 负责对公司内产品的原料、辅料、包装材料、成品及部分中间体的质量检验工作,并服从领导的工作安排; 2. 对研发部新产品质量标准的数据做复核工作; 3. 负责对车间质检员进行技术指导和技术培训; 4. 按规定的质量标准和检验规程对项目、指标、检验结果进行认真复核并签名; 5. 负责其他检验员的数据复核工作; 6. 协助验证工作做数据分析; 7. 负责处理生产中突发质量问题的数据检测工作; 8. 记录整理并开具检测报告。			
任职资格	教育水平	1. 本科及以上学历; 2. 药学、化学或生物类专业。		
	经验要求	有相关工作经验。		
	能力要求	1. 良好的沟通能力、团队合作能力、学习能力; 2. 熟练掌握物料及产品的检测方法并能熟练使用各类分析仪器具。		

8. 质量管理员职位说明书

表2-9 质量管理员职位说明书

岗位信息	岗位名称	质量管理员	岗位编号	008
	所属部门	质量控制部	直接上级	
工作概述	负责分管区域内的原料、辅料、中间体、成品质量管控。			
工作内容	1. 负责分管区域内的原料、辅料、中间体、成品的抽样和送检; 2. 对分管区域内的生产过程中的物料和中间产品,按规定项目监测,行使质量否决权; 3. 负责监督检查分管区域的生产活动、物料的流转和储存,对不符合质量管理要求的行为,有权行使质量否决权; 4. 对分管区域的生产场地和设备、设施的清场、清洁情况进行检查,签发清场合格证; 5. 负责及时反馈生产过程中发现的质量问题; 6. 审核批准在车间内部销毁的包装材料; 7. 监督车间内部报废物料(原辅料、中间产品、包装材料)的销毁过程,确保整个销毁过程按规定进行; 8. 参与和监督分管区域内的生产操作方法的改进或质量标准提高工作; 9. 参与分管区域内的各类验证工作。			
任职资格	教育水平	1. 本科及以上学历; 2. 药学类相关专业。		
	经验要求	有相关工作经验。		
	能力要求	1. 较强的学习能力和解决问题的能力; 2. 良好的沟通与协调能力、分析判断能力; 3. 认真负责、具有较强的责任感。		

9. 医药物流配送专员职位说明书

表2-10 医药物流配送专员职位说明书

岗位信息	岗位名称	配送专员	岗位编号	009
	所属部门	物流部	直接上级	
工作概述	根据配送要求,确保配送效率、质量及安全,并确保送货、退货手续及单据无差错。			
工作内容	1. 及时、准确地将配送物资送达指定地点; 2. 听取、收集客户对所供药品质量和品种的反馈意见,及时反馈至相关部门; 3. 保管好从客户处收到的货款,并及时交回公司; 4. 送货单据的回收及整理; 5. 协调配送过程中发生的问题; 6. 协助做好公司客户关系维护。			
任职资格	教育水平	1. 大专及以上学历; 2. 物流类相关专业。		
	经验要求	本行业相关工作经验。		
	能力要求	1. 具备相应的医药基础知识和物流知识,掌握《药事法规》等相关法律法规,熟悉药品储存与养护;熟悉物流管理、供应链管理的相关流程及知识,熟悉公司业务知识和财务基础知识; 2. 掌握计算机办公软件和互联网技术,熟悉医药电子商务流程; 3. 具备较强的专业英语应用能力,可以从事国际医药物流业务; 4. 具备良好的计划、管理、沟通和协调能力,能管理和优化承运商,降低整体运输成本,统筹安排日常配送任务,提高故障处理和恢复能力,确保及时供货; 5. 责任心强、诚信、细致,有较强的团队合作意识,配合并完成主管交付的日常物流管理工作。		

10. 销售专员职位说明书

表2-11 销售专员职位说明书

岗位信息	岗位名称	销售专员	岗位编号	010
	所属部门	销售部	直接上级	
工作概述	主要负责客户开发、沟通、跟进、签单及售后服务工作,维护好客户关系、提高品牌知名度、维护企业形象,确保销售目标的实现和销售资金的回笼。			
工作内容	1. 负责区域的市场开发、定期拜访、客户维护等工作; 2. 负责区域的产品宣传、推广,完成销售任务和回款指标; 3. 制订销售计划,并按计划拜访客户和开发新客户; 4. 负责销售订单的具体落实工作; 5. 负责销售货款的催收工作,及时回收销售货款; 6. 收集市场和竞争对手信息,反馈市场需求和动态及客户需求和其他信息,并向上级提供建议方案。			

(续表)

任职资格	教育水平	1. 大专及以上学历； 2. 医学、生物学、药学等相关专业。
	经验要求	有销售工作经验。
	能力要求	1. 专业医药知识； 2. 具备良好的沟通表达能力； 3. 敏锐的观察和分析能力； 4. 具有良好的团队合作能力； 5. 进行自我管理并且具备较强的执行力。

11. 医药代表职位说明书

表 2-12 医药代表职位说明书

岗位信息	岗位名称	医药代表	岗位编号	011
	所属部门	销售部	直接上级	
工作概述	负责医院、药店等单位相关药品的推广工作。			
工作内容	1. 熟悉产品的产品知识，向客户传达药品的信息，树立公司的良好形象； 2. 根据需要拜访医护人员，向客户推广产品，不断提高产品市场份额； 3. 开拓潜在的医院渠道客户，并对既有的客户进行维护； 4. 充分了解市场状态，及时向上级主管反映竞争对手的情况及市场动态，提出合理化建议； 5. 制订并实施辖区医院的推广行动计划，组织医院内各种推广活动。			
任职资格	教育水平	1. 大专及以上学历； 2. 医学、药学等相关专业。		
	经验要求	相关行业销售经验。		
	能力要求	1. 具有较强的专业推广能力，良好的人际沟通与表达能力； 2. 性格开朗，具有良好的沟通及组织协调能力，热爱销售工作，责任心强； 3. 具有高度的工作热情、吃苦耐劳的精神和学习能力，有良好的团队合作精神以及较强的抗压性； 4. 掌握扎实的产品知识及娴熟的推广技巧； 5. 有良好的职业道德。		

12. 医药贸易专员职位说明书

表 2-13 医药贸易专员职位说明书

岗位信息	岗位名称	贸易专员	岗位编号	012
	所属部门	销售部	直接上级	
工作概述	负责公司产品的国内、国外贸易业务。			

(续表)

工作内容	1. 在上级的领导和监督下定期完成量化的工作要求，并能独立处理和解决所负责的任务； 2. 按照公司贸易业务的操作流程及管理制度，执行和跟踪、监督贸易业务； 3. 协助实施公司贸易业务的工作目标、工作计划； 4. 完成上级交给的其他事务性工作。	
任职资格	教育水平	1. 大专及以上学历； 2. 外语、国际经济与贸易、药学类等相关专业。
	经验要求	有贸易相关实训或实践经验。
	能力要求	1. 具备医药贸易的基本理论，掌握药学、化学、医疗器械、生物医学工程等医药化工类相关专业知识，熟悉医药行业，熟悉药事法规、注册标准； 2. 良好的英语应用能力，能用英语进行业务谈判，书写外贸信函，进行发盘还盘； 3. 沟通交流能力较强，进行国际合作项目的跟踪和管理，协调并维护与国外客户、合作伙伴和供应商之间的关系； 4. 掌握计算机办公软件和互联网技术，熟悉医药电子商务流程； 5. 良好的团队合作意识，责任心强，乐观进取； 6. 具备较强的信息搜集能力。

13. 药剂科（中、西）药士职位说明书

表2-14 药剂科（中、西）药士职位说明书

岗位信息	岗位名称	药士	岗位编号	013
	所属部门	药剂科	直接上级	
工作概述	在科主任的领导和上级药师的指导下，负责药剂科一定范围内的业务、教学、科研工作。			
工作内容	1. 认真执行各项规章制度和技术操作规程，严防差错事故发生； 2. 在科主任领导和上级药师的指导下进行工作； 3. 编制本岗位目标计划，按照目标计划，保质、保量完成工作。 4. 参加药品调配、制剂等日常业务工作，负责药品请领、保管、采购、报销、登记及统计工作； 5. 检查毒、麻、限剧、贵重药品和其他药品的使用、管理情况，发现问题及时处理； 6. 深入临床科室，了解用药情况，征求意见。不断改进药品供应工作，检查科室药品的使用、管理情况，发现问题及时研究处理，并向上级报告； 7. 经常检查和校正天平、冰箱等设备，保持性能良好。			
任职资格	教育水平	1. 本科及以上学历； 2. 药学相关专业。		
	经验要求	执业资格：获药士职称。 工作经验：本科学历见习一年期满，受聘担任专业技术工作满一年。		
	能力要求	1. 掌握药学专业的基础理论知识和专业理论知识，熟练掌握药物的基本作用及合理使用，了解掌握特殊人群用药的相关知识； 2. 熟悉掌握药剂科相关管理事务的处理原则和应备的知识； 3. 身体健康，恪尽职守，具有良好的职业道德素质； 4. 具有良好的团队合作精神，环境适应性、忍耐性； 5. 较强的组织管理能力、决断能力，良好的沟通、协调能力和人际关系。		

14. 临床监察员职位说明书

表 2-15　临床监察员职位说明书

岗位信息	岗位名称	临床监察员	岗位编号	014
	所属部门		直接上级	
工作概述	与临床医院及相关临床试验人员建立良好、牢固的关系，及时有效地进行监察，确保临床试验严格遵守相关法规、GCP、公司的SOP、研究方案进行执行和实施。此外，需定期进行现场监察并完成相关报告，确保研究人员收集的临床试验数据真实、准确和完整性。			
工作内容	1. 能够按照GCP、临床方案规定的各项SOP，以及项目计划进度表完成规定工作和计划； 2. 负责组织协调临床研究项目在相应的中心启动、实施并开展临床监查工作； 3. 负责所辖项目的参研中心，按计划完成筹备、启动、建档、入组、访视、药品资料的发放和管理、数据的溯源，确保资料的完整和试验的质量； 4. 与内部同事和临床医生有效沟通和紧密合作，并共同协商解决临床试验过程中出现的问题及突发事件，协调研究项目各方关系； 5. 汇总临床试验数据并完成临床试验报告； 6. 完成项目负责人和研究者交予的其他临时工作。			
任职资格	教育水平	1. 本科及以上学历； 2. 医学、临床药学、药学等相关专业。		
	经验要求	有相关工作经验者优先。		
	能力要求	1. 积极主动、具有团队合作精神，良好的沟通协调能力与学习力，高度的责任感与良好的职业品质； 2. 有丰富的医学知识； 3. 形象气质佳，能适应出差。		

15. 医药编辑职位说明书

表 2-16　医药编辑职位说明书

岗位信息	岗位名称	医药编辑	岗位编号	015
	所属部门	编辑部	直接上级	
工作概述	从事约稿、稿件的采稿、编辑、校对等工作。			
工作内容	1. 完成资料查阅、采编、选题调研，稿件撰写、编辑、终审、修改和校对等工作； 2. 提出组稿计划及约稿意向，建立作者群体和网络； 3. 代表对外联系，加强宣传和交流； 4. 收集并及时研究和处理作者、读者意见和反馈信息； 5. 协助责任编辑解决编校过程中出现的问题； 6. 加强与相关部门的沟通与协作。			

（续表）

任职资格	教育水平	1. 本科及以上学历； 2. 所学专业为药学相关专业。
	经验要求	具有编辑工作经验者优先，熟悉医学论文及综述的撰写。
	能力要求	1. 具备较强的语言表达能力及文字编辑能力，熟悉刊物出版流程； 2. 具有一定的选题策划能力以胜任刊物的宣传、组稿活动； 3. 对药学专业信息具有较强敏感性，能及时捕捉当前研究热点； 4. 具有较强的英语资料翻译能力； 5. 具有较强的计算机应用水平，能熟练运用新媒体，适应未来期刊发展需要； 6. 有较强的沟通能力、执行力及团队协作精神。

三、医药类毕业生通用岗位胜任力

上面我们提供了医药类大学生毕业后所从事的常见岗位的职位说明书。我们会发现，每种岗位都会有其需要的独特技能要求和通用技能要求。我们这里所说的技能是通过后天学习和练习而获得的能力，通常表现为某种动作系统和动作方式。关于技能的分类，在第三章职业规划知识部分还会专门提到，这里就不再赘述了。

通过分析医药类用人单位对相关岗位的任职要求，我们发现，虽然很多岗位工作内容不同，但岗位胜任力的核心部分还是一致的，我们把部分胜任力称之为医药类大学生通用岗位胜任力。医药类大学生在校期间有意识地提高这些技能，对今后的就业是大有裨益的，如表2-17所示。

表2-17 医药类大学通用岗位技能

技能类别	内 容
专业知识技能	1. 专业知识（药学基础知识、行业专业知识）与仪器设备操作能力 2. 学历（专科及以上，越是核心岗位要求越高） 3. 英语（良好的听、说、读、写能力） 4. 计算机（能够熟练操作）
自我管理技能	1. 积极主动性 2. 团队合作精神、责任意识、敬业精神 3. 诚实守信 4. 职业道德
可迁移技能	1. 沟通协调能力 2. 人际交往能力 3. 适应能力 4. 创造性思维与分析和解决问题的能力 5. 创新能力 6. 学习能力

四、大学生的核心就业能力

核心就业能力,是关键就业能力。就业能力可促成个体获得职位并在职业中获得发展,而核心就业能力,则决定了个体获得职位的高低与职业发展的好坏,是就业能力中最重要的部分,甚至起着决定性作用。核心就业能力,是高阶就业能力。就业能力的培养,自个体接受教育起就已开始,而造成个体发展差异的,是就业能力的普遍与高阶之别。高阶的核心就业能力可使个体实现对普遍就业能力的超越,从而实现自身应有的价值。核心就业能力,是可迁移就业能力。就业能力的形成,须结合其发挥作用的情境。核心就业能力虽面向求职与职业发展,但其培养可迁移到校园中,即在学校便可开始对它进行体会并加以提升。

核心就业能力分为五部分:

1. 思维能力

思维是感知世界(获取信息)、对信息进行加工(分析推理),进而得出结论(决策)的过程。如数据处理中对有价值信息的充分挖掘,强调的是个体对外部环境有意识的学习和应对,而绝非简单、机械的思考(即非简单的描述性统计)。

2. 创新能力

创新能力是个体在发展进程中所具备的创新素质,及由此带来的创新思维与形成的创新力。它属于高阶就业能力,让个体实现更好的发展而不落于平庸。

3. 沟通能力

沟通无处不在,但真正做到有效沟通并不容易。沟通能力是个体与外界进行有效沟通的能力,它涉及个体对人性的了解、沟通方式的把握、影响因素的体会,并在过程与环节中进行有效沟通。

4. 自我管理能力

自我管理,是对自身思想、心理和行为等表现进行管理,是对符合社会发展需要的个人素养进行管理。自我管理能力涉及生涯发展中合理的定位,包括"积极、利他、务实、变通、独立与批判"的素质与对身心健康正确的管理。

5. 实践能力

实践是个体与外部环境进行互动并在互动中提升认识、切实履行的过程。核心就业能力所涉及的实践能力,是外显的、可被观察的,它涉及思维、创新、沟通与自我管理能力的综合运用,具体表现在:是否具备较强的行动力?是否能所学有所用?是否能根据现实反馈不断地调整与修正?从这个角度,实践能力决定了外界对个体能力高下的评价。

五、医药类高校大学生素质与能力提升

医药类大学生是宝贵的人才资源,担负着促进国家医药事业发展,维护和增进人民健康的重要任务。为了承担起自己的历史使命,在校期间应该不断提升自己的素质与能力,使自己早日成为德才兼备的精英人才。

理想信念是青年学生思想行动的"总开关"。理想指引人生方向,信念决定事业成败,医药类大学生一定要坚定理想信念,没有理想信念,就会导致精神上缺"钙"。青年一代有理想、有担当,国家就有前途,民族就有希望。历史和现实证明,青年学生追求理想的高度决定着中华民族未来发展的高度,青年学生坚定信念的程度影响着中国特色社会主义事业发展

的进度。

价值养成是引领青年学生人生航向的"定盘星"。社会主义核心价值观具有深厚的历史底蕴和坚实的社会基础，是当代中国精神的集中体现，是保持民族独立性的重要支撑。青年的价值取向决定了未来整个社会的价值取向，而青年又处在价值观形成和确立的时期，抓好这一时期的价值观养成十分重要，就像穿衣服扣扣子一样，从一开始就要扣好。在校大学生要勤学、修德、明辨、笃实，成为社会主义核心价值观的坚定信仰者、积极传播者、模范践行者。

勤学苦练是青年学生成长成才的"助推器"。青年时代是学习的黄金时期，应该把学习作为首要任务，作为一种政治责任、一种精神追求、一种生活方式，树立梦想从学习开始、事业靠本领成就的观念，让勤奋学习成为青春远航的动力，让增长本领成为青春搏击的能量。大学是学生系统形成知识体系的文化殿堂，在校期间要静心学习、刻苦钻研、加强磨炼，求得真学问、练就真本领。

意志品质是青年学生砥砺奋斗的"原动力"。青年学生要把远大志向变成现实，必须有锲而不舍、自强不息的奋斗精神；青年学生要迈稳步子，夯实根基，久久为功。要培养奋勇争先的进取精神，历练不怕失败的心理素质，保持乐观向上的人生态度，敢于面对各种困难和挫折；要正确对待一时的成败得失，处优而不养尊，受挫而不短志，使顺境逆境都成为人生的财富而不是人生的包袱。

科学思维是青年学生认识改造世界的"总钥匙"。思维能力是人类认识世界、改造世界能力的最直接体现，青年时期是培养训练科学思维方法和思维能力的关键时期，学会用正确的立场观点方法分析问题，善于把握历史和时代的发展方向，善于把握社会生活的主流和支流、现象和本质。在校期间一旦养成了运用历史思维、辩证思维、系统思维、创新思维的习惯，将会终身受用。

创新创造是推动青年学生成就事业的"新引擎"。青年是社会上最富活力、最具创造性的群体，理所当然应该走在创新创造的前列，做锐意进取、开拓创新的时代先锋；青年学生富有想象力和创造力，是创新创业的有生力量，要敢于做先锋，而不做过客、当看客。要有敢为人先的锐气，勇于解放思想、与时俱进，敢于上下求索、开拓进取，树立在继承前人的基础上超越前人的雄心壮志；要扎根中国大地了解国情民情，在创新创业中增长智慧才干。

社会实践是青年学生练就过硬本领的"大熔炉"。青年要成长为国家栋梁之材，要读万卷书、行万里路，既多读有字之书，也多读无字之书，注重学习人生经验和社会知识，注重在实践中加强磨炼、增长本领；要不怕困难、攻坚克难，到基层、到西部、到祖国最需要的地方去，做成一番事业、做好一番事业。要重视和积极参与第二课堂，积极参与生产劳动和各类社会实践，在参与中认识国情、了解社会，受教育、长才干。

责任担当是检验青年学生家国情怀的"试金石"。国家的前途、民族的命运、人民的幸福，是当代中国青年必须和必将承担的重任；每一代青年都有自己的际遇和机缘，都要在自己所处的时代条件下谋划人生、创造历史；紧跟时代砥砺前行，担当责任奋发有为是我国青年的光荣传统，也是党和人民对广大青年的殷切期望。广大青年要勇做时代奋进者、开拓者、奉献者，同全国各族人民一起，共同担负起党和人民赋予的历史重任，努力在实现中华民族伟大复兴的历史舞台上书写华丽青春、创造辉煌人生。

资源链接

推荐书籍:

1. 理查德·尼尔森·鲍利斯:《你的降落伞是什么颜色?》,中信出版社,2002年版。
2. 田志刚:《你的知识需要管理》,辽宁科学技术出版社,2010年版。
3. 彭剑锋、荆小娟:《员工素质模型设计》,中国人民大学出版社,2003年版。
4. 李可:《杜拉拉升职记》,陕西师范大学出版社,2007年版。

推荐电影:

《穿普拉达的女王》,美国,导演:大卫·弗兰科尔。

第三章

医药类高校大学生自我探索

> 知人者智,自知者明。胜人者有力,自胜者强。
>
> ——老子

案例导读

小张,一名医药类高职院校的学生,怀揣着对医疗事业的热爱与对家乡医疗条件改善的渴望,正努力规划着自己的未来。

在校园里,小张深知专业知识与实践经验的重要性。他不仅在学业上刻苦钻研,还积极参加各类药用植物识别与应用等实践活动,以此提升自己的专业技能。

面对未来就业,小张有着清晰的规划。他计划毕业后,首先进入一家知名的医药企业实习,通过实践进一步巩固和提升自己的专业知识与技能。他相信,在企业的平台上,他能够接触到更多的医药研发与生产流程,从而为自己的职业发展打下坚实的基础。

在实习期间,小张还打算考取相关的职业资格证书,如执业药师证等,以增加自己的就业竞争力。同时,他也将利用业余时间,通过网络课程等方式,学习更多的医药前沿知识,保持自己的专业竞争力。

长远来看,小张梦想着能够回到家乡,开设一家自己的诊所,为乡亲们提供便捷、有效的医疗服务。他深知家乡医疗资源的匮乏,希望通过自己的努力,能够改善这一状况,让更多的人享受到优质的医疗服务。

前进的道路从不会一帆风顺,实现中华民族伟大复兴的中国梦需要一代一代青年矢志奋斗。同学们生逢其时、肩负重任。希望全国广大高校毕业生志存高远、脚踏实地,不畏艰难险阻,勇担时代使命,把个人的理想追求融入党和国家事业之中,为党、为祖国、为人民多作贡献。"青年一代要正确地认知自我,把个人的理想追求融入党和国家事业之中,让青春之花盛开在祖国和人民最需要的地方。本章我们将带着大家完成一趟全面的自我探索之旅。

第一节 认识自我

你想拥有一份既能满足自身需求、完善个人性格、激发未知潜能,又能帮你实现人生愿景的职业吗?你是一个谨慎选择自己生活方式而不随波逐流、随遇而安的人吗?如果是这样,你需要设定目标引领你走向你所希望的未来。但是,若要实现这些目标,目标本身一定要反映你的经历、愿望、态度、需求、兴趣、价值、使命和对未来的构想。

《道德经》里讲:"知人者智,自知者明。"中国古代先贤早已将认识自我提升到了哲学水平,而当代大学生里一部分同学直到毕业仍然会有迷茫的感觉和"不知自己适合做什么"的困惑,这是对大好年华的浪费,也没有形成高中学业、大学专业、社会职业连续主动选择的过程,无法将自己的优势持续积累,实在是一件遗憾的事情。

为什么要在职业生涯开始规划之前谈自我认知呢?"自我"这一概念涉及多个学科和领域,包含哲学和心理学等方面,其中,社会心理学强调:自我是认识组织、印象处理和动机激发的源泉。换句话说,认识自我对认知并协调个人与外界环境、养成正确人生观、激发上进心和成功欲望具有积极的催化作用。那么,如何认识自我呢?

一、认识自我的内容

认识自我是建立在自我观察和分析基础上的,是对自身条件和状态的全面评估,这些因素影响着个体对待自身和外界的方式和态度。心理学家将自我认知的内容划分为四部分,并以橱窗的方式展现出来,如图3-1所示。

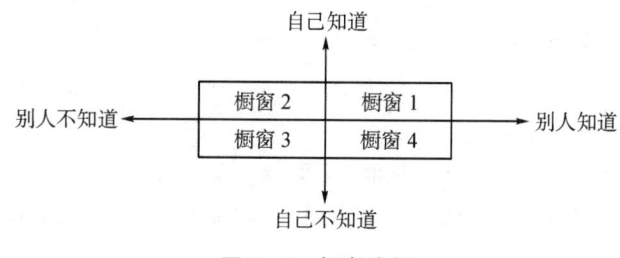

图3-1 橱窗分析

橱窗1:"公开我",即自己知道,别人也知道,指个人外在表现。
橱窗2:"隐私我",即自己知道,别人不知道,指个人内在隐私。
橱窗3:"潜在我",即自己不知道,别人也不知道,指个人未经开发的部分。
橱窗4:"背脊我",即自己不知道,别人知道,指个人对自己认识的盲区。
个体对自我认识是有据可依的,通过橱窗展示的形式,可以更好地对"公开我""隐私我""潜在我""背脊我"进行分类和认识,这将促进我们对个人能力的管理和开发。

二、认识自我的方法

自我是由态度、情感、信仰和价值观等众多成分构成的,可以通过非正式评估和正式评估两类方法来明晰。我们可以通过与家人、朋友和同学等交流的方式进行探索。也可以通过使用心理量表进行心理测验,以便于更精准地了解自我,比如通过测评了解自我的兴趣、性格、能力和价值观,并把个体各种特征整合起来,形成一个自画像,可以让个人特质更好地为职业生涯规划服务。

三、认识自我的意义

正确认识自我,可以促进个人对自身兴趣、特长、性格的认识和管理,卡耐基在《人性的弱点》和《人性的优点》中写道:"人是一个神奇的物种,优点和缺点共存,只能看哪一个占优势。"认识自我可以帮助我们明确自身的优缺点,寻找人生的自我平衡点,更好地树立发展目标,最终找到最适合自己的职业。同时,根据自己特点,不断强化擅长的能力,有助于不断打造个人核心竞争力,因为往往你最愿意做的事情,也是你的天赋所在,职业发展中不断地扬长避短,不断地明晰自己的价值观,就能将自身的能动性、创造性和自主性发挥出来,也能够在切实可行的发展道路上走向成功。

当然了,自我认知不是一朝一夕的事,而是一个长期的过程。这个过程随着外在条件的变化而变化,需要不断地进行 PDCA 循环,也就是通过计划、执行、检查和调整这四步的循环,改变我们思路,每天进步1‰,不断复盘成长,迈向成功。

生涯活动

目标三问

活动场地:室内

活动人数:不限

材料准备:纸和笔

活动目的:帮助我们探索内在智慧,了解内心需求。

活动流程:

1. 请回答下面三个问题:

第一,如果你心血来潮,买了一张彩票,结果中了5.7亿元大奖,你想完成哪些事情?

第二,假如你在一条少有人走的路上,捡到一本《成功学笔记本》,上面记载着各种事物成功的方法,你想完成哪些事情?

第三,如果只剩下六个月的时间,你想完成哪些事情?

2. 两人一组,分享讨论。

活动总结:这三个问题,都在替"生命"向你追问:你的未来想过什么样的生活?你有什么梦想或者更具体的追求目标?这些都是生涯规划的议题,而自我认知是生涯规划最初的部分。有目标,知道自己要走的路,才能集中力量,努力朝向目标迈进。工作和生活也会由被动转为主动,由被人操纵转为向自我负责,由空想转为力行,由退缩转为进取,由悲观转为乐观。

课后作业:自我盘点

(1)自己的爱好兴趣盘点

(2)自己的优势盘点

(3)自己的劣势盘点

(4)自己的优点盘点

(5)自己的缺点盘点

(6)生活中成功经验的盘点

(7)生活中失败案例的教训

(8)如何解决自我盘点中的劣势和缺点

第二节　兴趣与职业

案例导读

张伟，一名医药类职业教育的学生，怀揣着对医药行业无尽的好奇与热爱，踏上了寻找自己职业兴趣方向的旅程。

张伟的故事始于他对医药行业的初步接触。在课堂上，他听老师讲述新药研发的艰辛与成就，被那些科学家们不畏艰难、勇攀科学高峰的精神深深打动。那一刻，他心中种下了一颗梦想的种子——成为一名药物研发科学家。

然而，梦想与现实之间总是隔着一段距离。为了更清晰地了解自己的职业兴趣，张伟开始广泛搜集医药行业的职业信息。他利用网络资源、图书馆资料和职业咨询中心的帮助，逐渐揭开了医药行业的神秘面纱。他发现，医药行业不仅涵盖了药剂师、药品销售代表等传统职业，还有药物研发科学家、质量控制分析师、临床试验协调员等新兴角色。这些信息如同一盏明灯，照亮了他前行的道路。

2023年的夏天，张伟迎来了他职业生涯中的一次重要转折。他成功申请了在本地知名制药公司的实习机会。在为期两个月的实习期间，他分别在研发部门、质量控制部门和临床医疗部门进行了轮岗学习。在研发部门，他亲身参与了新药研发的整个过程，从分子设计到合成、筛选、优化，再到临床试验，每一步都让他兴奋不已。他发现自己对实验室环境有着天然的亲近感，对药物研发的奥秘充满了无限的好奇与渴望。那一刻，他确信，药物研发就是他的职业兴趣所在。

同学们，如果是你，一边是自己"感兴趣"的职业，另一边是自己"适合"的职业，你会怎样选择？如果你也一样感觉两难，就和我们一起去探索职业与兴趣的关系吧！

一、兴趣与职业兴趣

（一）兴趣与职业兴趣

兴趣是带有情感色彩的认知倾向，它表现为一个人对某种事物或从事某种活动的选择性态度和积极的情绪反应。例如一个人对英语阅读感兴趣，就会主动地、积极寻找阅读素材，并且在阅读过程中感受到愉快、满足及乐趣。由此可见，兴趣其实是促使我们在某一领域追求成功的驱动力。

一个人对某种职业感兴趣，就会对这种职业活动表现出肯定的态度，并积极思考、探索、追求，这就是职业兴趣。职业兴趣是一个人对待工作的态度，对工作的适应能力，表现为有从事相关工作的强烈愿望和兴趣，拥有职业兴趣将增加个人的工作满意度、职业稳定性和职业成就感。

（二）职业兴趣与职业

职业兴趣在人的职业活动中起着重要作用。主要表现为影响人的职业选择，激发人去努力工作，增强人的职业适应性和稳定性。

第一，职业兴趣会推动职业目标的实现。兴趣能推动个人为了自己的职业目标去努力追求。有的同学毕业了想升学深造，在大学期间就会认真学习、积累科研能力、提升综合素质,争取出国、保研或者考研;而有的同学则梦想成为一名优秀的营销管理者,大学期间一边夯实专业基础,一边寻找实习实践机会,加强自我认知与职业探索,为进入职场做好充分准备。

第二,职业兴趣会提升工作主动性。一个人如果对所从事的职业有兴趣,就会积极主动地工作,主动思考、谋划甚至开创事业,不断激发自己的灵感、求知欲和创新能力。相反,如果一个人对所从事的职业不感兴趣,那么就会产生职业倦怠,并且很难有所成就。

第三,职业兴趣能增加工作稳定性。当一个人选择了自己所感兴趣的职业,职业会回馈给个体满足、成就和愉悦,在"相互成就"的关系中,个体会不断增加对工作的投入,工作会再次反馈给个体更多的愉悦与满足,良性循环,不断推动个体在该领域积累经验,进行更深入的研究探索。

二、霍兰德职业兴趣理论

约翰·霍兰德(John Holland)是美国约翰·霍普金斯大学心理学教授,著名的职业指导专家,他于1959年提出职业兴趣理论。

(一)职业兴趣与职业环境

霍兰德认为择业体现了人格,某一类型的职业通常会吸引相同人格特质的人群,这种人格特质也可以称为职业兴趣;职业兴趣可以分为现实型、研究型、艺术型、社会型、企业型和常规型六种类型。

霍兰德认为职业环境由该职业中具有相同或相似人格特质的人群所塑造,具有特定价值观念、态度倾向和行为模式,与职业兴趣分类一致,因此职业环境也可以分为六种类型,其代码也与职业兴趣一致,具体可查看参考霍兰德于1996年出版的《霍兰德职业代码字典》。

霍兰德人格特质类型特点及其相对应的职业环境及典型职业可参照下表进行了解。

表3-1 霍兰德职业兴趣理论对照表

类型名称	特　点	职业环境	典型职业
现实型 (R)	此类型的人通常具有较好的身体技能。他们可能在自我表达和向他人表达方面感到困难,不善于与人打交道。他们喜欢在户外活动,喜欢使用和操作工具,尤其是操作大型机械。他们愿意从事操作性工作,偏好于具体任务,动手能力强,做事手脚灵活,动作协调。 他们遵守规则,对新观点和新变化兴趣不大。这种类型的人不善言辞,喜欢独立做事。	喜欢使用工具、机器,需要基本操作技能的工作,倾向于需要技能、体力和合作等方面的职业。	计算机硬件人员、飞机检修工、汽车驾驶员、工地检查员、钳工、建筑工、制图员、机械装配工、木匠人、厨师、技工、修理工等。
社会型 (S)	此类型的人关心社会的公正和正义,比较看重社会义务和社会道德,责任感强,关心社会问题,渴望发挥自己的社会作用,具有较强的人道主义倾向,社会适应能力强。 他们善于表达,善于与周围的人相处,追求广泛的人际关系网,喜欢处于集体的中心地位,喜欢通过与他人交流讨论来解决存在的难题。他们不喜欢需要剧烈的身体运动的工作,不喜欢与机器打交道,具有与他人相处共事的能力。	喜欢参加提供信息、启迪、帮助、咨询、培训、开发、治疗、教学和各种理解、帮助他人的活动,倾向于需要人际交往技能方面的、与人打交道的工作。	教师、学校校长、临床医师、导游、营业员、教育行政人员、咨询人、公关人员、临床心理学家、就业指导顾问、护士和律师等。

(续表)

类型名称	特 点	职业环境	典型职业
企业型（E）	此类型的人通常精力充沛、热情洋溢，做事有较强的目的性，喜欢竞争，富有冒险精神，自信，支配欲强，有野心和抱负。	善于辞令，爱好商业或与管理人有关的职业，倾向于要求具备经营、管理、监督和领导才能的工作，适合做推销工作和领导工作。	经理、推销员、主持人、宣传人员、营销管理人员、企业领导、法官、律师和社会活动家等。
	他们喜欢争辩，总是力求使别人接受自己的观点，通常追求权力、财富、地位，有领导才能，为人务实，习惯以利益得失，如权力、地位、金钱等来衡量做事的价值。		
常规型（C）	此类型的人通常谨慎保守、忠诚、尽职尽责，忠实可靠、自我控制能力强，尊重权威和规章制度，喜欢按计划办事，细心、有条理，习惯接受他人的指挥和领导，不喜欢冒险和竞争，缺乏创造性，富有自我牺牲精神。	倾向于规则较多、高度有序性的工作，包括语言方面和数量方面等规范性较强的工作，倾向于要求注意细节、精确度、有系统、有条理的职业。	秘书、计算机操作员、办公室人员、统计员、打字员、记事员、会计、行政助理、出纳员、投资分析员、审计员、图书管理员、税务员和交通管理员等。
	他们既不喜欢从事笨重的体力劳动，也不喜欢在工作中与别人形成过于紧密的联系，对于明确规定的任务可以很好地完成，喜欢关注实际和细节情况，不喜欢模棱两可的指示，希望能精确地了解自己所要做的事情。		
研究型（I）	此类型的人抽象思维能力强，求知欲强，善于思考，对科学研究和科学探索有热情，并表现出对工作的极大热情，对周围的人并不感兴趣。他们习惯于通过思考来解决所面临的难题，而并不一定实现具体的操作。	喜欢各种与生物、物理科学有关的活动，不喜欢那些必须遵循许多固定程式的任务，倾向于需要认知能力、独立和富有创造性的工作。	科学研究人员、教师、工程师、计算机编程员、医生、系统分析员、工程设计员、生物学研究员、社会科学研究员、实验研究员、物理学研究员、气象学者等。
	他们常常具有非传统的观念，倾向于创新和怀疑。此类型的人知识渊博，不善于领导他人，考虑问题理性，做事喜欢精确，喜欢逻辑分析和推理，并不断探讨未知的领域。		
艺术型（A）	此类型的人天资聪慧，喜欢具有较多自我表现机会的艺术环境，不喜欢从事粗重的体力活动和高度规范化与程式化的任务，喜欢单独活动，有强烈的自我表现欲望，往往过于自信。	具有语言、美术、音乐、戏剧或写作等方面的技能，爱好能发挥创造才能的职业，倾向于需要艺术修养、创造力、表达能力和直觉性的工作，不善于事务性工作。	艺术家、艺术设计师、雕刻家、建筑师、摄影家、广告制作人、画家、作家、作曲家、歌唱家、戏剧导演、诗人、记者、演员、音乐演奏家、剧作家等。
	他们的独立性、自主性、自发性、非传统性和创造性都较强，好表现，不拘小节，自由放任，不受常规约束，情绪变化大，比较敏感。		

也有学者对于我国13个本科专业类别的职业兴趣进行了梳理，下附简表供同学们参考了解。

表 3-2 本科专业类别与兴趣类型

专业类别	相关的兴趣类型	备注
工学类	R,I	现实型、研究型
农学类	R,I	现实型、研究型
医学类	I,R,S	研究型、现实型、社会型
理学类	I,C	研究型、常规型
哲学类	A,I,S	艺术型、研究型、社会型
文学类	A,S	艺术型、社会型
历史学类	I,A,S	研究型、艺术型、社会型
艺术学类	A,S	艺术型、社会型
法学类	S,E	社会型、企业型
教育学类	S,A	社会型、艺术型
管理学类	E,C	企业型、常规型
经济学类	E,C,I	企业型、常规型、研究型
军事学类	R,E	现实型、企业型

（二）兴趣与现实的冲突

当然在实际生活中，有人会因为客观条件的限制而很难从事自己喜欢的工作。这里需要提醒大家的是：首先，兴趣与职业并不是简单的一对一关系，一种类型的职业兴趣有很多职业可以从事，要加强对职业环境的了解；其次，职业兴趣是可以在工作中逐渐培养的；最后，虽然倡导在职业选择上寻求个人兴趣与职业环境之间的适配，但"完全"的适配只是一个理想目标。职业的选择不仅仅是兴趣所决定的，还受到自身胜任力、行业情况等因素的影响，所以职业兴趣可以为职业选择提供方向，但不可过于片面地强调职业兴趣的意义。

三、探索兴趣的方法

（一）兴趣岛

兴趣岛职业测试是通过选择岛屿，探索职业兴趣，思考定位自己的职业方向。活动实施如下：

在苍茫的大海上，你们是一群游客，由于轮船搁浅，你们必须上岛，而这些岛很有可能就是你们今后一辈子要待的地方，而你只能待在其中的某一个岛上，那么你会如何选择？

岛屿 R：自然原始的岛屿。岛上保留有原始森林，自然生态保持得很好，有各种各样的野生动物。岛上居民生活状态还相当原始，他们以手工见长，自己种植花果蔬菜、修缮房屋、打造器物、制作工具，喜欢户外运动。

岛屿 I：深思冥想的岛屿。岛上人迹较少，建筑物多僻处一隅，平畴绿野，适合夜观星象。岛上有多处天文馆、科技博览馆以及科学图书馆等。岛上居民喜好观察、学习、探究、分析、崇尚和追求真知，常有机会和来自各地的哲学家、科学家、心理学家等交换心得。

岛屿 A:美丽浪漫的岛屿。岛上充满了美术馆、音乐厅、街头雕塑和街边艺人,弥漫着浓厚的艺术文化气息。当地的居民很有艺术、创新和直觉能力,他们保留了传统的舞蹈、音乐与绘画,许多文艺界的朋友都喜欢来这里找寻灵感。

岛屿 S:友善亲切的岛屿。岛上居民个性温和、十分友善、乐于助人,各社区有密切互动的服务网络,人们重视互助合作,重视教育,关怀他人,充满人文气息。

岛屿 E:显赫富庶的岛屿。岛上的居民善于企业经营和贸易,能言善道,以口才见长。岛上的经济高度发展,处处是高级饭店、俱乐部、高尔夫球场。来往者多是企业家、经理人、政治家、律师等,曾数次在这里召开财富论坛和其他行业巅峰会议。

岛屿 C:现代、有序的岛屿。岛上建筑十分现代化,是进步的都市形态,以完善的户政管理、地政管理、金融管理见长。岛民个性冷静保守,处事有条不紊,善于组织规划,细心高效。

你总共有 20 秒时间回答以下问题:

1. 如果你必须在 6 个岛之中的一个岛上生活一辈子,成为这里岛民的一员,你第一会选择哪一个岛?
2. 你第二会选择哪一个岛?
3. 你第三会选择哪一个岛?
4. 你无论如何都不愿意选择哪一个岛?选好之后,依次记下 4 个问题的答案。

【测试分析】

6 个岛事实上分别代表了 6 种职业类型,即 A 岛—艺术型、C 岛—常规型、E 岛—企业型、I 岛—研究型、R 岛—实用型、S 岛—社会型。第一个是主要兴趣,第二、三个是辅助兴趣。

问题 1 的答案体现了你最显著的职业性格特征、最喜欢的活动类型以及最喜欢(很可能是最适合)的大致职业范围。反之,问题 4 的答案则是你最不喜欢的活动。

需要注意的是,这只是对兴趣类型的一个初步判断。因为社会期望和自我认识不甚明确等,此活动可能并不能准确地判断一个人的职业兴趣类型,可以通过职业兴趣测试来加以确认。

(二)基于霍兰德职业兴趣理论的测评

国内目前已有多种引进或自主研发的霍兰德兴趣测试版本。在选择测评工具时,需要注意它必须合乎心理测量的一些基本标准,如具有良好的信度和效度、提供参照常模样本,如果是自助式测评还需要有较为详细清晰的测评报告等。学校就业网站上也有关于霍兰德职业倾向测试的链接,感兴趣的同学可以自行测评并查看测评结果。

(三)职业兴趣测试

【测试说明】

请根据自己的实际情况对下列问题快速作答,不要花时间去揣摩答案。回答时如果符合,得 1 分;不符合,得 0 分,回答结束后将分数填入表 3-3 中。

表 3-3 职业兴趣测试表

1. 我喜欢不时地夸耀一下自己取得的成就。	1(　)0(　)
2. 在工作中我喜欢独自筹划,不愿受别人干涉。	1(　)0(　)

(续表)

3. 我喜欢在做事情前对事情做出细致的安排。	1(　　)	0(　　)
4. 我喜欢做广告、音乐、歌舞等方面的工作。	1(　　)	0(　　)
5. 每次写信我都要反反复复,不能一挥而就。	1(　　)	0(　　)
6. 我经常不停地思考某一个问题,直到想出正确的答案。	1(　　)	0(　　)
7. 我喜欢小心谨慎地做每一件事情。	1(　　)	0(　　)
8. 我喜欢抽象的工作,不喜欢动手的工作。	1(　　)	0(　　)
9. 我喜欢成为人们注意的焦点。	1(　　)	0(　　)
10. 良好的人际关系对我来说非常重要。	1(　　)	0(　　)
11. 在集体讨论中,我常常积极主动、表现活跃。	1(　　)	0(　　)
12. 当我独处时,我会感到不舒服。	1(　　)	0(　　)
13. 我曾渴望有机会参加探险。	1(　　)	0(　　)
14. 我喜欢修理机械的工作。	1(　　)	0(　　)
15. 我不喜欢参加各种各样的聚会。	1(　　)	0(　　)
16. 我喜欢说服别人按照计划行事。	1(　　)	0(　　)
17. 音乐能使我陶醉。	1(　　)	0(　　)
18. 我办事总是瞻前顾后。	1(　　)	0(　　)
19. 我喜欢经常请示上级。	1(　　)	0(　　)
20. 我喜欢需要运用智慧的游戏。	1(　　)	0(　　)
21. 那种需要持续集中注意力的工作我很容易做到。	1(　　)	0(　　)
22. 我喜欢亲手制作一些东西,并能从中获得满足。	1(　　)	0(　　)
23. 我的动手能力很强。	1(　　)	0(　　)
24. 和不熟悉的人交谈对我来说毫无困难。	1(　　)	0(　　)
25. 和别人谈判时,我不轻易放弃自己的观点。	1(　　)	0(　　)
26. 我很容易结识同性别的朋友。	1(　　)	0(　　)
27. 对于社会问题,我很少持中庸的态度。	1(　　)	0(　　)
28. 当我开始做一件事时,碰到再多困难,我也要执着地做下去。	1(　　)	0(　　)
29. 我是一个沉静不易动感情的人。	1(　　)	0(　　)
30. 当我工作时,我喜欢避免干扰。	1(　　)	0(　　)
31. 我的理想是当一名科学家。	1(　　)	0(　　)
32. 与推理小说相比,我更喜欢言情小说。	1(　　)	0(　　)

(续表)

33. 我有时太倔强,明知道对方是对的,也要和他们对着干。	1( )	0( )
34. 我爱幻想。	1( )	0( )
35. 我总是主动向别人提出自己的建议。	1( )	0( )
36. 我喜欢使用锤子一类的东西。	1( )	0( )
37. 我乐于解决别人的痛苦。	1( )	0( )
38. 我愿意冒险一点以求进步。	1( )	0( )
39. 我喜欢按部就班地完成工作。	1( )	0( )
40. 我不希望经常换不同的工作。	1( )	0( )
41. 我总留有充裕的时间去约会。	1( )	0( )
42. 我喜欢阅读自然科学方面的书籍或杂志。	1( )	0( )
43. 如果掌握一门手艺,并以此为生,我会感到非常满意。	1( )	0( )
44. 我曾渴望当一名汽车司机。	1( )	0( )
45. 当听到别人家中被盗一类的事,我会感到同情。	1( )	0( )
46. 如果待遇相同,我宁愿去做商品推销员,而不是图书管理员。	1( )	0( )
47. 我喜欢跟各类机械打交道。	1( )	0( )
48. 我小时候经常把玩具拆开,把里面看个究竟。	1( )	0( )
49. 当接受一项新任务,我喜欢以自己独特的方式去完成它。	1( )	0( )
50. 我有文艺方面的天赋。	1( )	0( )
51. 我喜欢把一切安排得整整齐齐、井井有条。	1( )	0( )
52. 我喜欢做一名教师。	1( )	0( )
53. 在大家面前,我总能找到恰当的话来说。	1( )	0( )
54. 看情感影片时,我常常禁不住眼圈湿润。	1( )	0( )
55. 我喜欢学物理。	1( )	0( )
56. 在实验室独自做实验让我很高兴。	1( )	0( )
57. 对于急躁、爱发脾气的人,我依然能以礼相待。	1( )	0( )
58. 遇到难解答的问题,我常常能坚持到底。	1( )	0( )
59. 大家公认我是一名勤劳踏实、愿为大家服务的人。	1( )	0( )
60. 我喜欢在人事部门工作。	1( )	0( )

表 3-4 职业兴趣测试得分汇总表

类　型	对应的题号及得分	合计得分
现实型(R)	2(　)3(　)14(　)22(　)23(　) 36(　)43(　)44(　)47(　)48(　)	
传统型(C)	5(　)7(　)18(　)19(　)29(　) 39(　)40(　)41(　)51(　)57(　)	
企业型(E)	11(　)13(　)16(　)24(　)25(　) 28(　)35(　)38(　)46(　)60(　)	
社会型(S)	10(　)12(　)15(　)26(　)27(　) 37(　)45(　)52(　)53(　)59(　)	
研究型(I)	6(　)8(　)20(　)21(　)30(　) 31(　)42(　)55(　)56(　)58(　)	
艺术型(A)	1(　)4(　)9(　)17(　)32(　) 33(　)34(　)49(　)50(　)54(　)	
得分最高的三项		
得分最低的三项		

【测试分析】

测试完毕后,计算得分最高的 3 种类型,并按照分数高低依次排序,此排列就是你的霍兰德兴趣编码。

严格地讲,兴趣测评的结果不能被解释为"哪种职业适合我",只能是一种常模样本的推荐,即拥有该类型兴趣特征的人在此类型中通常会更多选择的职业,并且在这样的职业中感到愉快、满足。做兴趣测试的目的是帮助同学们增进对自我及工作世界的认识,拓宽其在职业前景上的思路、为未来发展提供方向性的指导。但我们不要局限于测试结果所建议的职业,也不要简单地用某些类型给自己贴标签、限制自己。

正如本章案例导读中的小唯一样,他的困惑在于要不要放弃自己感兴趣的职业,但是仅仅停留在想象层面的兴趣并不一定是真的兴趣,职业兴趣应接受真实职业环境的检验,同时感兴趣的职业最终转化为职业还需要能力的支撑。

第三节　职业性格探索

古语《荀子》云:"积行成习,积习成性,积性成命。"性格作为职业生涯探索中的一个重要部分,明晰自我性格特征且能与职业实现最佳匹配,将助力我们成为更有效的工作者。

一、性格与职业

(一) 什么是性格

现代心理学家对性格的定义各不相同,其中相对一致的看法是:性格是一个人较稳定的对现实的态度以及与之相应的习惯化的行为方式。人们的性格特征通常具有情绪化的外在表现,比如活泼或文静、热情或内敛、积极或稳重等。但性格的本质特点是一个人对现实事物的稳定态度和行为方式,即一个人的性格会经常地、习惯地体现于他的语言、行为等方面。比如某人一向稳重内敛,有一次却一反常态向别人发了脾气,这时此人的性格还是稳重内敛,急躁是他的偶然表现,不能算作他的性格。性格一旦形成就比较稳固,但也不是不可以改变的。生活中某些重大打击会使一个人的性格变得判若两人,比如一个活泼的人遭遇了重要亲人的离世,可能会变得沉默寡言。

（二）性格的表现形式

性格作为个性心理特征中的核心部分,可以充分体现出人与人之间的个性差别。同时由于性格是在社会生活实践中逐步形成的,每个个体先天条件及所处的客观环境不一样,便会形成各种各样类型的性格。性格通常有以下几种表现形式：

通过态度表现出来。如对待他人的态度,体现为对人际关系的处理,如热忱或虚伪、同情或冷酷、亲密或疏离等。又如对待学习、劳动、工作、任务的态度,包括勤劳与懒惰、认真与马虎、细致与粗心、富有首创精神或墨守成规、节约或浪费等。还有对待自己的态度,包括谦虚与骄傲、自信或自卑等。

通过意志表现出来。如行为是否具有独立性、目的性、组织性、纪律性、冲动性、盲目性、散漫性等。又如是否具有主动性和自制力,遇到困难时是否镇定、果敢、勇敢、顽强,工作是否有恒心、坚韧性等。

通过情绪表现出来。如情绪感染和支配程度、情绪起伏和波动程度、情绪持久或短暂、心境的稳定程度等。

通过认识心理特点表现出来。如认识是否受环境干扰、是否注意细节、是否善于概括、能否进行持续性认识,判断是否敏锐而精细,是否善于想象、善于提出问题或喜欢借用现成答案,是否爱好分析或爱好综合等。

（三）性格与职业的关系

通常意义上讲,性格是一个具有很强道德评价的词。有些性格(如热情、和善、体贴等)被认为是积极的,而有些性格(如刻薄、呆板、愚钝等)则被认为是消极的。但是,从职业选择这一角度来说,每一种性格都有其优势。职业选择与发展不是弥补性格中存在的劣势,而是要发挥个体的性格优势。比如,张飞的"暴躁"性格使他在打仗时不畏生死,敢于冲锋陷阵,为蜀国的建立立下汗马功劳,但也最终让他死于非命。

性格类型与职业之间存在一定的关联性：一方面是不同的性格类型适应不同的职业环境和要求;另一方面是从事某种特定职业的人,会按照职业要求不断巩固或者调整原有的性格特征,甚至改变原有的一些特点。但是,性格与职业之间并不存在严格的一一对应关系。不同性格类型的人在同一职业领域中能够各具特色;同一性格的人在不同的职业领域中也会各显魅力。比如情绪型的人,如果从事文学创作,会因其感情丰富细腻而将人物的心理活动刻画得惟妙惟肖;如果从事社会科学研究,会因为其善于想象而在非逻辑思维上比理智型的人更胜一筹。

二、MBTI 职业性格测试

MBTI 是一种性格测试工具,用以衡量和描述人们在获取信息、做出决策、对待生活等方面的心理活动规律和性格类型。

MBTI用四个维度的指标来评估一个人的性格偏好,每个维度都采用二分法进行分类。以下是MBTI维度解释表:

表3-5　MBTI维度解释表

能量倾向:你更喜欢将自己的注意力集中于何处?你从何处获得活力?E—I维度	
外倾 extroversion(E) 注意力和能量主要指向外部世界的人和事,而从与人交往和行动中得到活力。 ·关注外部环境; ·喜欢用谈话的方式进行沟通; ·通过谈话形成自己的意见; ·用实际操作或讨论的方式能学得最好; ·兴趣广泛; ·好与人交往,善于表达; ·先行动,后思考; ·在工作和人际关系中都很积极主动。	内倾 introversion (I) 注意力和能量集中于自己的内心世界,从对思想、回忆和情感的反思中得到活力。 ·关注自己的内心世界; ·更愿意用书面方式沟通; ·通过思考形成自己的意见; ·用思考、在头脑中"练习"的方式学得最好; ·兴趣专注; ·安静而显得内向; ·先思考,后行动; ·当情境或事件对他们具有重要意义时会采取主动。
接收信息:你如何获取信息?S—N维度	
感觉 sensing(S) 用自己的五官来获取信息。喜欢收集实实在在的、确实已出现的信息。对于周围所发生的事件观察入微,特别关注现实。 ·着眼于当前的实际情况; ·现实、具体; ·关注真实的、实际存在的事物; ·观察敏锐,并能记住细节; ·经过仔细周详的推理一步步得出结论; ·通过实际运用来理解抽象的思维和理论; ·相信自己的经验。	直觉 intuition(N) 通过想象、无意识等超越感觉的方式来获得信息。喜欢看整个事件的全貌,关注事实之间的关联。想要抓住事件的模式,特别善于看到新的可能性。 ·着眼于未来的可能; ·富于想象力和创造性; ·关注数据所代表的模式和意义; ·当细节与某一模式相关时才能够记得; ·靠直觉很快得出结论; ·希望在应用理论之前先能对之进行澄清; ·相信自己的灵感。
处理信息:你是如何做决定的?T—F维度	
思考 thinking (T) 通过分析某一行动或选择的逻辑后果来做出决定。会将自己从情境中分离出来,对事件的正反两方面进行客观分析。从分析和确认事物的错误并解决问题中获得活力。目标是要找到一个能应用于所有相似情境的标准或原则。 ·好分析的; ·运用因果推理; ·以逻辑的方式解决问题; ·追求一个合乎真理的客观标准; ·爱讲理的; ·可能显得不近人情; ·公平意味着每个人都能得到平等的待遇。	情感 feeling (F) 喜欢考虑对自己和他人来说什么是重要的。会在头脑中将自己放在情境所牵涉的所有人的位置上并试图理解别人的感受,然后在此基础上根据自己的价值判断做出决定。从对他人表示赞赏和支持中获得活力。目标是创造和谐的氛围,把每一个人都当作一个独特的个体来对待。 ·善于体贴他人、感同身受; ·受个人价值观的引导; ·衡量决定对他人产生的后果和影响; ·寻求和谐的气氛和积极的人际交往; ·富于同情心; ·可能会显得心肠太软; ·公平意味着每个人都被作为独特的个体来对待。

(续表)

行动方式:你如何与外部世界打交道？J—P 维度	
判断 judging（J） 喜欢将事情管理得井井有条，过一种有计划的、井然有序的生活。喜欢做出决定，完成后继续下面的工作。生活通常会比较有规划、有秩序、喜欢把事情敲定下来。照计划和工程安排办事对他们来说很重要。从完成任务中获得能量。 • 有计划的； • 再次组织管理自己的生活； • 有系统的； • 按部就班； • 爱制订短期和长期计划； • 喜欢把事情落实敲定； • 力图避免最后一分钟才做决定或完成任务的压力。	知觉 perceiving（P） 喜欢以一种灵活、自发的方式生活，更愿意去体验和理解生活而不是去控制它。详细的计划或最后决定会使他们感到被束缚。愿意对新的信息和选择保持开放，直到最后一分钟。足智多谋，善于调节自己以适应当前场合的需要，并从中获得能量。 • 自发； • 灵活； • 随意； • 开放； • 适应，改变方向； • 不喜欢把事情确定下来，以留有改变的可能性； • 最后一分钟的压力会使他们感到活力充沛。

以上四个维度仅仅对人的性格倾向做了简单的划分，MBTI 类型还将以上四个维度结合起来，形成了 16 种类型，以下是 MBTI 16 种性格类型通常具有的特点以及适合的职业：

表 3-6 MBTI 16 种性格类型的职业倾向

ISTJ—视察者 代表职业:管理者、行政管理、执法者、会计 职业特征:能够利用经验和对细节的注意完成任务的职业	ISTP—公益者 代表职业:手工艺者、技术领域、农业、执法者、军人 职业特征:能够动手操作，分析数据或事情的职业	INTP—建筑师 代表职业:工程师、计算机技术人员、作家 职业特征:能够基于自己的专业技术知识，独立、客观地分析问题和职业	INTJ—策划者 代表职业:科学家或技术领域、计算机技术人员、法官、律师 职业特征:能够运用智力创造和技术知识去构思、分析和完成任务的职业
ISFJ—保护者 代表职业:教学/督导、健康护理（生理、心理）、社会援助者 职业特征:能够运用经验帮助别人的职业	ISFP—创作者 代表职业:健康护理（生理、心理）、商业、执法者 职业特征:能够运用友善、专注于服务的职业	INFP—治疗师 代表职业:咨询服务者、作家、编辑、艺术工作者 职业特征:能够运用创造性和集中力服务于他人的职业	INFJ—咨询师 代表职业:教学/教导、咨询服务者 职业特征:能够促进自己情感、智力或精神发展的职业
ESFJ—提供者 代表职业:社会援助者、健康护理（生理、心理）、教育 职业特征:能够运用个人关怀为他人提供服务的职业	ESFP—表演者 代表职业:教学/教导、健康护理（生理、心理）、教练 职业特征:能够利用外向的天性和热情去帮助别人的职业	ENFP—获胜者 代表职业:教学/教导、艺术工作者、咨询服务者 职业特征:能够利用创造和交流去帮助促进他人成长的职业	ENFJ—教师 代表职业:教学/教导、艺术工作者、社会援助者 职业特征:能够帮助别人在感情、智力或精神上成长的职业
ESTJ—督导者 代表职业:管理者、行政管理、执法者 职业特征:能够运用对事实的逻辑和组织完成任务的职业	ESTP—促进者 代表职业:销售人员、工程技术人员、商业、执法者、应用技术 职业特征:能够利用行动关注必要细节的职业	ENTP—发明家 代表职业:艺术工作者、管理者、技术 职业特征:能够有机会不断承担新挑战的工作	ENTJ—指挥官 代表职业:销售人员、管理者、律师、领导者 职业特征:能够运用实际分析、战略计划和组织完成任务的职业

保罗·B.法瑞尔在他的畅销书《发现你的财富密码》中提出,16种MBTI人格类型,每种类型都拥有事业成功的机会。影响MBTI理论的卡尔·荣格是一名理想主义者,拥有INFP(内倾、直觉、情感、知觉)的人格特质;荣获两届奥斯卡影帝并获得终身成就奖的好莱坞著名影星汤姆·汉克斯则是ESFP(外倾、感觉、情感、知觉)的人格类型;而深刻地改变了人类现代通信、娱乐与生活方式的已故苹果公司创始人史蒂夫·乔布斯,则是典型的NT(概念主义者)人格类型。

三、探索性格的其他方法

(一)自我评估

通过生活中的行为方式和过往经验,我们能更多地了解自己和性格,这可以通过"我是谁""自画像"等活动来完成。

1. 我是谁

每人写"我是一个____的人"。(从性格方面描述自己的特点,尽量多写一些)

我是一个_____的人;
我是一个_____的人;
我是一个_____的人;
我是一个_____的人;
我是一个_____的人;
我是一个_____的人;
我是一个_____的人。

2. 他人眼中的我

(1) 10人一组,最好相互之间比较熟悉,如果时间允许的话,可以增加人数,毕竟人越多,你了解自己的机会就越多。

(2) 每个人拿一张A4大小的纸,首先在纸的正面写下自己的名字,接着把这张纸轮流转给每一个人,要求每个人在纸上写下自己所了解到的这个人的性格特征。

(3) 统计别人对你的评价最多的词汇,它们是……

结合这两个活动,我们可能会发现自己原来是如此"多样"。这其中有正确的,也有错误的,此时我们可以对照正式测评结果,它们当中比较一致的部分可能就是我们真正的性格特点。

(二)9种典型职业性格

近年来,一些教育学、心理学研究人员根据我国的实际情况,将职业性格总结为9种基本类型,其主要特征及其较适合的职业如下表:

表3-7 9种典型职业性格

性格类型	性格特征	较合适的职业
变化型	在新的或意外的活动或工作情景中感到愉快,喜欢多样化的工作,善于转移注意力。	记者、推销员、演员等。

(续表)

性格类型	性格特征	较合适的职业
重复型	适合连续从事同样的工作,按固定的计划或进度办事,喜欢重复的、有规律的、有标准的工作。	纺织工、机床工、印刷工、电影放映员等。
服从型	喜欢配合别人或按别人的指示办事,而不愿意自己独立做出决策、担负责任。	办公室职员、秘书、翻译等。
独立型	喜欢计划自己的活动或指导别人活动,喜欢对未来的事情做出决定,在独立负责的工作情景中感到愉快。	管理人员、律师、警察、侦查员等。
协作型	在与人协作工作时感到愉快、善于引导别人,并想得到同事们的喜欢。	社会工作者、咨询人员等。
劝服型	通过谈话或写作等方式使别人认同自己的观点,对别人的反应有较强的判断力,善于影响别人的态度和观点。	辅导员、行政人员、宣传工作者、作家等。
机智型	在紧张和危险的情况下能自我控制与沉着应对,发生意外和差错时能不慌不忙出色地完成任务。	驾驶员、飞行员、警察、消防员、救生员等。
自我表现型	喜欢表现自己的爱好和个性,根据自己的情感做出选择,通过自己的工作来表现自己的思想。	演员、诗人、音乐家、画家等。
严谨型	注重工作过程中各环节与细节的精准性。愿意按一套规划和步骤工作,希望尽可能做得完美。倾向于严格、努力地工作以看到自己出色完成工作的效果。	会计、出纳员、统计员、校对员、图书档案管理员、打字员等。

第四节　能力与职业

知己知彼,百战不殆。知己包括能力探索。心理学某项研究表明:一个人从零开始成为某个领域里的专家,需要7年的时间,假设你能活到88岁,从11岁开始,只要你努力,我们一生有7次机会成为某个领域里的专家。

能力是目前用人单位对求职者最感兴趣的部分,在职场中也是我们安身立命的资本,它决定着我们是否胜任工作。有句玩笑是"不想当司机的厨师,不是好老师",在当今社会,这已经不再是一句笑话。职场的变化速度令人应接不暇,就业市场更是变幻莫测。许多公司正在裁员、精简、重组、外包,以及经历技术巨变。人的一生有可能改变5次以上的职业轨迹,许多人甚至在35岁以前就从事过9份以上的工作,而且工作、生活、学习、娱乐之间并无明显界限。你的生命可以多姿多彩,但是一切要以具备一定的能力为前提。

一、什么是能力

能力是人们解决问题的个性心理特征,是完成任务或达到目标的必要条件。能力直接影响活动的效率,是活动完成的重要内在要素。

二、能力分类概述

按照能力的获得方式:先天具有和后天培养,可以将能力划分为能力倾向和技能两大类。

(一)能力倾向

1. 能力倾向概念

能力倾向是指先天禀赋的特殊才能,如音乐、绘画、运动能力等,它是与生俱来的,是一个人能学会做什么,以及一个人获得新知识和技能的潜力如何的表现。但也可能因未被开发而荒废。遗传、环境、文化都会影响到能力倾向的发展。

2. 能力倾向的分类

美国哈佛大学教授霍华德·加德纳,是当代世界著名心理学家和教育学家,他提出了一种相对于传统智能理论的一种理论,即多元智能发展理论,它强调的是教育要尊重人的智能差异以及人的智力潜能的挖掘。截至目前,霍华德·加德纳共计提出了八种智能,即言语—语言智能、逻辑—数理智能、音乐—节奏智能、视觉—空间智能、身体—运动智能、自我认识智能、人际关系智能、自然观察智能。

表3-8 霍华德·加德纳多元智能与职业

智力类型	能力特点	职业	代表人物
语言智能	指听、说、读、写的能力,表现为个人能够顺利而高效地利用语言描述事件、表达思想并与人交流的能力。	记者、编辑、作家、演讲家和政治领导等。	由记者转变为演说家、作家和政治领导的丘吉尔
数理智能	指运算和推理的能力,表现为对事物间各种关系如类比、对比、因果和逻辑等关系的敏感以及通过数理运算和逻辑推理等进行思维的能力。	侦探、律师、工程师、科学家和数学家等。	相对论的提出者爱因斯坦
音乐智能	指感受、辨别、记忆、改变和表达音乐的能力,表现为个人对音乐包括节奏、音调、音色和旋律的敏感以及通过作曲、演奏和歌唱等表达音乐的能力。	作曲家、指挥家、歌唱家、演奏家、乐器制造者和乐器调音师等。	音乐天才莫扎特
空间智能	指感受、辨别、记忆、改变物体的空间关系并借此表达思想和情感的能力,表现为对线条、形状、结构、色彩和空间关系的敏感以及通过平面图形和立体造型将他们表现出来的能力。	画家、雕刻家、建筑师、航海家、博物学家和军事战略家等。	画家毕加索

(续表)

智力类型	能力特点	职业	代表人物
动觉智能	指运用四肢和躯干的能力,表现为能较好地控制自己的身体、对事件能够做出恰当的身体反应以及善于利用身体语言表达自己的思想和情感的能力。	运动员、舞蹈家、外科医生、赛车手和发明家等。	美国运动员迈克尔·乔丹
内省智能	指认识、洞察和反省自身的能力,表现为能够正确地意识和评价自身的情绪、动机、欲望、个性、意志,并在正确的自我意识和自我评价的基础上形成自尊、自律和自制的能力。	哲学家、小说家、律师等。	哲学家柏拉图
人际智能	指与人相处和交往的能力表现为觉察、体验他人情绪、情感和意图并据此做出适宜反应的能力。	教师、律师、推销员、公关人员、节目主持人、管理者和政治家等。	美国黑人领袖、社会活动家马丁·路德·金
自然智能	这种智能主要指观察自然界中事物的各种形态,对事物进行辨认和分类,能够洞察自然或人造系统的能力,表现为能够辨识植物,对自然万物分门别类,并能运用这些能力从事生产的能力。	生物学家、生态学家、化学家、植物学家等。	生物学家达尔文

(二) 技能

一般来说,对个人技能的认识,通常建立在对技能分类的了解上。辛迪·梵和理查德·鲍尔斯将技能分为三种类型:知识技能、自我管理技能、可迁移技能(或称通用技能)。通常人们比较容易想到自己所具有的知识技能,但实际上后两种技能更为重要。这两种技能使我们有可能不局限于自己所学的专业,可以在更广的范围内选择职业;它们对于我们在竞争中胜出具有关键性的作用,并且使我们能够在工作中得以更长久地发展;而用人单位对它们的重视程度,也往往超过了对单纯知识技能的重视。

1. 知识技能

知识技能是指那些需要通过教育或者培训才能获得的特别的知识或能力,也就是个人所学的科目、所懂得的知识。比如:你是否掌握药学、中药学、外语等知识?专业知识技能一般用名词来表示。在我们的简历当中,教育背景所提到专业课程往往展示的就是这一部分的内容,同时这些专业课程的成绩优秀与否又在一定程度上证明了个人学习能力的强弱。当然,专业知识技能并非只有通过正式的专业教育才能获得。除了学校课程,课外培训、专业会议、讲座、研讨会、自学、资格认证考试等方式都可以帮助个人获得专业知识技能。

在知识更新迭代不断加快的情况下,个人所在的单位所提供的学习或培训平台是非常重要的,大量多频次的专业培训,会给职场中的个人提供更强大的发展动力。在就业市场,雇主更看重求职者是否具备扎实的专业知识及较强的学习能力,而求职者也很看重雇主能否为自己的职业发展带来更多的培训机会,供求双方其实都是聚焦在专业知识技能上。

2. 自我管理技能

自我管理技能经常被视为个性品质而非技能,因为它们被用来描述或说明人具有的某些特征。它涉及个体在不同环境下如何管理自己:是勇于创新还是循规蹈矩,是认真还是敷衍了事,能否在压力下保持镇定,是否对工作有热情,是否自信,等等。

良好的自我管理技能能够帮助个体更好地适应周围的环境、应对工作中出现的问题,因此它也被称为"适应性技能"。一个人是如何使用自己的专业知识,以什么样的态度从事工作的,这甚至比工作内容本身更为重要。正是这样一些品质和态度,将个人与许多其他具有相同知识技能的候选人区别开来,最终得到一份工作,并能够适应新的环境和规则,在工作中取得成就,获得加薪和晋升的机会。因此,有人称它们为"成功所需要的品质、个人最有价值的资产"。自我管理技能无论是一个人先天具有的还是后天习得的,都需要练习。它们可以从非工作(生活)领域迁移转换到工作领域。

小贴士

自我管理技能词汇表

诚实	正直	自信	开朗	合作	耐心	细致	慎重	认真	负责	可靠	灵活
幽默	友好	真诚	热情	投入	高效	冷静	踏实	积极	主动	豪爽	勇敢
忠诚	直爽	现实	执着	机灵	感性	善良	大度	坚强	随和	聪明	稳重
乐观	朴实	渊博	机智	敏捷	活泼	敏锐	公正	宽容	勤奋	镇定	坦率
慷慨	清晰	明智	坚定	亲切	好奇	果断	独立	成熟	谦虚	理性	周详
客观	平和										
有创意	有激情	有远见	有抱负	有条理	想象力丰富	善于观察	坚韧不拔				
足智多谋	精力旺盛	头脑开放	多才多艺	彬彬有礼	善解人意	吃苦耐劳					

3. 可迁移技能

可迁移技能就是一个人会做的事。比如教学、组织、说服、设计、安装、帮助、计算、考察、分析、搜索、决策、维修等。可迁移技能的特征是它们可以从生活中的方方面面,特别是工作之外得到发展,却可以迁移应用于不同的工作中。基于这样的原因,可迁移技能也是一个人最能持续运用和最能够依靠的技能。与知识技能相比,可迁移技能无所谓更新换代,而且无论求职者的需求和工作环境有什么样的变化,它们都可以得到应用。因而,在求职的时候,尽管从来没从事过某个职务,但只要实际上具备这个职务所要求的这种技能,就可以证明自己有资格去从事它。

用人单位通常在大学毕业生身上寻求的,也是使得这些学生有资格担任某一职位的东西,包括了他们的教育背景、经验和态度的综合素质。有些领域需要专门的知识或证书,但大部分职业并不需求有什么特殊的知识技能,而需要一些更为普遍、一般性的技能和素质(即可迁移技能和自我管理技能)。根据美国"全国大学与雇主协会"的调查,美国雇主们最为重视的技能和个人品质按顺序排列如下:

(1) 沟通能力；

(2) 积极主动性；

(3) 团队合作精神；

(4) 领导能力；

(5) 学习成绩；

(6) 人际交往能力；

(7) 适应能力；

(8) 专业技术；

(9) 诚实正直；

(10) 工作道德；

(11) 分析和解决问题的能力。

我们可以看出，其中的(1)(4)(6)(7)(11)都属于可迁移技能，第(2)(3)(9)(10)都是自我管理技能，而知识技能排在(5)和(8)。

美国劳工部及美国生涯咨询和发展协会对雇主进行的另一份调查结果也显示：雇主们非常重视员工的自我管理技能和可迁移技能。具体如下：

(1) 善于学习；

(2) 读、写、算的能力；

(3) 良好的交流能力，包括听、说能力；

(4) 创造性思维和解决问题的能力；

(5) 自尊、积极、有奋斗目标；

(6) 有个人和事业开拓能力；

(7) 交际、谈判能力及团队精神；

(8) 良好的组织和领导能力。

事实上，中国雇主们所看重的同样也是这些能力。许多用人单位在招聘人才时不仅看学习成绩，更重视其他的综合能力，如良好的沟通、表达能力，较强的分析、组织能力及领导能力，尤其是团队精神。

三、发现你的优势

管理大师彼得·德鲁克曾说："大多数人都自认为知道自己最擅长什么。其实不然……然而，一个人要有所作为，只能靠发挥自己的优势。"你每天都有机会做自己擅长的事吗？答案大多是否定的，在过去的十年里，盖洛普就员工敬业度这个话题在全球范围内对1000多万人进行了调查，结果显示只有三分之一的人"强烈赞同"这个"在工作中每天都有机会做我最擅长的事"的选项，而对这个选项"不认同"或"极其不认同"的人，没有一个能做到全心全意投入工作中。

为帮助人们发现自身优势，《盖洛普优势识别器2.0》包含了全新的升级版测试，并且给出了行动建议。知识、技能和实践也是优势的重要组成部分，没有基本的常识和技能，再有天赋也无用武之地，好在获得知识和技能并不是什么难事。把天赋纳入优势的组成部分，也需要实践和努力，比如说，你天生就有演奏乐器的天赋，但是你不经过系统训练的话，你也无法成为演奏家。研究发现，做得最成功的人都是先从突出的天赋着手，然后学习技能和知识,再加以练习。以这样的方式,天赋就会产生乘数效应。

天赋(天生的思考方式、感受方式和行为方式)
× 投入(投入练习和开发技能、学习基础知识上的时间)
= 优势(持续做出近乎完美表现的能力)

如果一个人极具天赋,又很努力,同时又碰上了机遇,想不成功都难。在任何一个行业,做任何一项工作,都有必要了解自己擅长什么,下表中有34个关键词,看看你是否发现了自己的优势所在。

表3-9 盖洛普34个主题及行动建议

成就	行动	适应	分析	统筹	信仰	统率
沟通	竞争	关联	公平	回顾	审慎	伯乐
纪律	体谅	专注	前瞻	和谐	理念	包容
个别	搜集	思维	学习	完美	积极	交往
责任	排难	自信	追求	战略	取悦	

有太多的人一生都没能找到正确的努力方向,不清楚自己最大的天赋和潜能是什么,以及如何避免自身的盲区。所以,尽早发现并发展自身天赋,帮助自己和朋友找到各自合适的岗位,或者找到正确的努力的方向,或许会改变命运,进而为世界做出贡献。

我们可以相信:人不可能事事皆行,但可以人尽其才。

生涯活动

活动1:用STAR法来撰写成就故事

活动场地:室内

活动人数:不限

材料准备:纸和笔

活动目的:掌握撰写成就事件的方法,通过对成就事件进行分析,了解自己的能力

活动流程:

1. 请写下生活中令你有成就感的具体事件。在撰写成就故事时,每一个成就故事都应当包含以下要素:

● 当时的背景(Situation)

面临的任务/目标(Task/Target)

采取的行动/态度(Action/Attitude)

取得的结果(Results)

2. 至少写出7个成就故事(越多越好)。

3. 试着分析其中所反映的个人能力。

4. 小组成员一起进行分析讨论。

活动总结:

所谓的"成就事件"不必是惊天动地的大事,只要符合"你喜欢做这件事的感受"和"你为完成它所带来的结果感到自豪"就可。分析这些成就故事中是否有重复出现的能力,它们就

是你喜欢施展也擅长的能力。还可以将这些能力按优先顺序加以排列。

活动2：寻找核心技能

仔细思考一下：

1. 你喜欢做的事情有哪些？
2. 你擅长做的事情有哪些？
3. 你能用于谋生的技能有哪些？

活动总结：喜欢做也擅长做，但是不能用于谋生的事情，只能作为业余爱好，平衡我们的学习和生活。

擅长做但是不喜欢做的事情，可以先作为谋生手段养活自己。

喜欢做也能谋生，但是自己不擅长的，是你需要努力的方向。可以通过不断的学习、练习、升级、探索、思考、创新，由不擅长变得擅长。只有三者交汇的地方，才是我们的核心竞争力。理想的工作＝兴趣＋能力＋社会需要，也就是我们常说的，求职中择己所爱、择己所能和择世所需。

第五节　价值观与职业

是什么原因使一些人坚持学习多年最终进入医生和律师行列，而另外一些人却寻求相对快而便捷的直播带货、淘宝网店等职业？什么原因使一些人花费多年光阴通晓某一领域并在该领域享有盛誉却又中途转行？

面对两家大公司的录取通知（offer），我不知该如何选择。人们常说"鱼和熊掌不能兼得"，但在现实生活中，哪个是"鱼"，哪个是"熊掌"？什么样的工作是"好工作"，或者说是最适合的工作？

上述问题的答案就是价值观。

一、什么是价值观

价值观就是我们在生活和工作中所看重的原则、标准和品质。它在深层次上影响、制约和指导人们的实践活动，并为价值选择提供依据。

生涯大师舒伯（1970）认为，职业价值观是个人追求的与工作有关的目标，亦即个人在从事满足自己内在需求的活动时所追求的工作特质或属性，它是个体价值观在职业问题上的反映。

选择什么样的职业就要准备迎接什么样的生活方式，而什么样的人生观又会决定你可能选择的职业。美国著名的职业指导专家埃德加·H.施恩（Edgar H. Schein）教授提出了职业锚（又称职业定位）理论，是指当一个人不得不做出选择的时候，他无论如何都不会放弃的职业中的那种至关重要的东西或价值观。实际就是人们选择和发展自己的职业时所围绕的中心。职业锚理论的提出，让我们更深刻地认识到职业价值观的重要意义。

二、职业价值观的类型

职业价值观反映了人们对职业的基本价值取向，是大学生价值观的重要组成部分，又是极其活跃、极不稳定的部分。根据不同的划分标准,人们对职业价值观的类型划分也不同。舒伯把职业价值观分为三大部分:一是内在职业价值,指与职业本身有关的一些因子,如职业的利他性、创造性、独立性、智力激发、美感、成就满足、管理权力等;二是外在职业价值,是指与职业本身性质无关的一些因素,如工作环境、同事关系、领导关系及多样变化等;三是外在报酬,包括职业的安全稳定、声望地位、经济报酬和职业所带来的生活方式等。这些职业价值的具体内涵如表3-10所示:

表3-10 舒伯职业价值因子表

15项职业价值因子
利他主义:工作的价值在于提供机会让个人为大众的幸福和利益尽一份力。
美的追求:致力使这个世界更美好,并能得到美的享受。
创造性:能让个人发明新事物,设计新产品或发展新观念。
智力激发:提供了独立思考、学习与分析事理的机会。
独立性:能允许个人以自己的方式或步调来进行。
成就感:能看到自己工作的具体成果因此获得精神上的满足。
声望地位:能提高个人身份或声望,声望来自他人的敬佩,而非权力和地位。
管理权力:能赋予个人权力来策划、分配工作且管理属下。
经济报酬:能获得优厚的报酬,使个人有能力购置想要的东西。
安全感:能提供安定生活的保障,即使经济不景气也不受影响。
工作环境:可以追求比较舒适、轻松、宜人的工作条件与环境。
上司关系:能与主管平等相处且相处融洽。
同事关系:能与志同道合的伙伴一起愉快地工作。
多样变化:富有变化,能尝试不同内容的工作。
生活方式:能选择自己的生活方式,并实现自己的理想。

三、需求对职业价值观的影响

美国心理学家亚伯拉罕·马斯洛将人类需求从低到高按层次分为五种(见图3-2),分别是:生理需求、安全需求、社交需求、尊重需求和自我实现需求。只有当低层次的需求满足以后,个人才能够更好地满足更高层次的需求。这些需求体现在我们的生活中,就成为我们的价值观,它们具有强大的驱动力。比如,有些学生找工作比较重视工资待遇,而有些学生可能更多地考虑自己在工作中能否得到发展和成长。这两者选择的不同很大程度上归结于他们所处的需求层次不同,前者处在生理、安全需求的层次,而后者是在低层次的需求得到满足后,追求自我实现需求的层次。

需求不是价值观,但它会影响人的价值观,越是底层的需求对价值观的影响越大,所以职业价值观会在不同的人生阶段表现出不同的倾向。刚刚毕业的大学生的价值观大多和利益相关,因为人首先要生存,所以毕业生找工作往往期望工资高一些,是无可厚非的。一个人小时候的价值观是好好学习,天天向上,等到大学毕业时价值观已经不止于此了,所以我

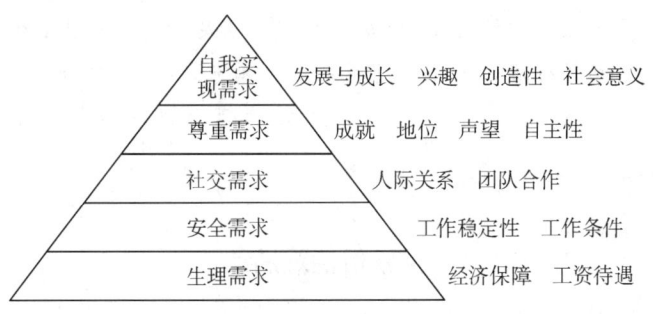

图 3-2 马斯洛需求层次模型与对应的价值观

们也会说价值观分短期价值观、中期价值观和终极价值观,随着对需求满足程度的提高,价值观会向终极价值观靠拢,这个终极价值观才是稳定恒久的。

价值观会帮助我们做出选择:有什么是不可或缺的,有什么是没那么重要的;哪些即使不能满足也能生活,哪些一旦抽离就会让生命的大厦坍塌。保护好最重要的,找机会去做次等重要的,一旦确认了重要性的顺序,我们就能明确生活的重心。当你找到真正有价值的目标,即使胆小的人也会变得坚韧和强大。

链接职教

一代国药工匠:冯根生

1949年1月19日,冯根生小学毕业才4天(旧时学校是寒假毕业的),就穿上祖母新缝的长衫去胡庆余堂当学徒了。祖母送他到店门口,不到5分钟的路,祖母叮咛了再叮咛:"根生啊,本来应该让你读初中的,但家里穷,只能让你学生意了!但穷要穷得有志气,老板给你的钱拿着,别的一分也不能拿。要规规矩矩做人,认认真真做事,多做积德的事,好帮人尽量帮人,千万不可做缺德害人的事。"

就这样,冯根生成了胡庆余堂的学徒。因为新中国成立前胡庆余堂一年只收一个学徒,当年5月杭州解放,传统收徒制取消,冯根生成了胡庆余堂的"关门弟子",也成了江南药王的最后一个传人。他60多年的中药生涯也由此开启。

3年学徒,冯根生每天凌晨5点到晚上9点,16个小时专心其中。2000多种药的品相、药性、配伍、功效烂熟于心,丸、散、膏、丹的制作也驾轻就熟。满师后他又站了2年柜台,撮药配制不在话下,此后又煎药2年,每天300贴,10多万贴药从他手中出去,当年杭州人都知道冯根生煎的药地道见效。

冯根生就这样开始他的中药人生。1972年7月,杭州市要组建第二中药厂,冯根生出任厂长。

冯根生不畏艰辛,硬是将胡庆余堂这个远离城区、只是一座破庙的驴皮车间,发展成为我国中药行业规模最大、经济效益最好的现代化企业之一,资产从36万元增加到近50个亿。从借钱发工资到累计上交国家税收几十亿的中国(杭州)青春宝集团有限公司。

冯根生曾说,自从工作到现在大大小小的事情经历无数,可说是历经沧桑,"但我从不灰心,因为我太爱中药了,我们家祖孙三代都是胡庆余堂出身,国药不兴,我人生不畅。20世纪90年代初,一个外国老板出几百万美元的年薪叫我去搞中药,我拒绝了,因为那是出卖祖宗的。"

冯根生这棵中国企业家中的常青树,把一个先天不足的婴儿带大,为青春宝他当了一辈子的保姆,回眸往事,他曾对自己总结道:"我就是一味中药,成分很多,疗效也不错。"

——来源:《浙江工人日报》,2017年7月5日

探索价值观活动

活动1:有关工作的一分钟联想

我希望工作……

请在一分钟的时间内尽可能地写下你头脑中所联想到的任何短语。

● 请思考:你在工作中寻找的是什么?

你判断工作"好""坏"的标准是什么?

活动2:价值交换

以6—8人为一个小组,在小组内进行此项活动。

基于舒伯的15种职业价值因子,请大家写下5条最认可的价值因子,并思考为什么选择这些价值因子。

※将选出的这5条价值因子分别写在5张小纸条上,在纸条的反面给每条价值因子下定义,即达到什么样的水平才满意。

※按照重要性1—5分(1表示不重要,5表示非常重要)给这些价值因子赋值,思考为什么是这样。

※如果不得不放弃其中一条,你会放弃哪一条?将准备放弃的这一条与小组内其他一名同学交换,并保留别人给你的,放在一边。

※如果你不得不继续放弃剩下的四条中的一条,你会放弃哪一条?再次与小组内另一名同学交换。

※如果再放弃一条、两条……继续下去(每次找不同的同学交换),直到最后一条,这一条是不是你无论如何也不愿意放弃的?

讨论:

※你最后留下了哪一条?为什么它是你无论如何都不愿意放弃的?

※你交换得到了哪些价值因子?它们对于你来说重要吗?

※参加这个活动,你有什么感受和体会?

活动3:职业价值观探索

活动场地:室内

活动人数:不限

材料准备:纸和笔

活动目的:辨识自己核心职业价值观,真正认识和了解自己。

活动流程:

1. 阅读"舒伯15种职业价值因子",选择最看重的5条,并标记最吸引你的是什么。

2. 请对这5条价值因子进行重要度排序,并回答以下问题。

你重视的职业价值观是什么?

你所选择的5个职业价值因子是你一直都重视的吗?如果曾经有改变是在什么时候?

有哪些职业价值观是你的父母认为重要的,而你自己却不同意的?有哪些职业价值观是你和父母共同认同的?

职业价值观的改变是否曾经改变了你安排的生活方式?

你理想的工作形态与你的职业价值观之间是否有任何关联?

你是否因为谁说的一句话或者某件事,例如考试成绩,而对自己的职业价值观感到怀疑?

以前你曾经崇拜哪些人?他们对你有什么影响?

你的行为反映你的职业价值观吗?例如,原本重视工作的变化、成长与突破的你,会从事一成不变的工作吗?

3. 两人一组进行分享。

4. 讲解。

活动总结:很少有工作能够完全满足一个人所有重要的价值观,生活中也是如此。我们需要对自己的职业价值观进行澄清和排序,才能知道如何取舍。

第六节 独特的你与职业规划

20世纪中叶,在布里奇特·A.赖特撰写的《成功的职业生涯规划》一书中,第一次出现"职业生涯"一词。职业生涯规划又叫职业生涯设计,是指个人与组织相结合,在对个体职业生涯的主客观条件进行测定、分析、总结的基础上,对自己的兴趣、能力、性格和价值观等特质进行综合权衡,结合时代特点,根据自己的职业倾向,确定最佳职业奋斗目标,并为实现这一目标做出行之有效的安排。个体的职业生涯规划并不是一个单纯的概念,它和个体所处的家庭以及社会存在密切的关系,并且要根据实际条件具体安排。因为未来的不确定性,职业生涯规划也需要适当的变通性,即有规划但也不是一成不变的,可以根据各阶段实施后的结果进行评估和调整。

了解自己是职业生涯规划的重要起点,看似统一、固定的测评背后却是一个个独特又鲜活的个体,他们中有人喜欢研究思考,有人想在工作中实现"研发普惠良药、贡献幸福人生"的行业使命,也有人具有极强的学习能力,在大学期间就完成了多门专业课程的学习。他们在不断认知自我、探索自我中提升自我。他们积极地将自身的兴趣、性格、能力及价值观进行整合,以便确定自己职业之舟行进的方向。下面我们就通过身边的实际案例来帮助大家自我探索。

一、案例概述

小煜,女,是药学专业大二年级的一名学生。从幼年、少年、高中直至大学期间,她一直对于教师这一行业有着无限的向往,来到大学之后,她进一步明晰了自己的职业理想——成为一名医药类院校的专业教师。

二、自我探索

（一）职业兴趣

测评发现小煜的职业兴趣类型、人格类型得分如下：

社会活动型 S(9.5分)

探索研究型 I(7.1分)

艺术创作型 A(6.4分)

经营管理型 E(6分)

常规事务型 C(5分)

现实技能型 R(2.5分)

由此可见，小煜的职业兴趣类型是社会型(S)。小煜对此测评结果的解读是：社会型人格特征与教育工作者的职业环境高度匹配，同时她对科学研究有较高的热情，且善于思考、思维缜密、勇于创新。

（二）职业能力

小煜的职业能力测评结果显示其优势能力是学习能力、言语能力，劣势能力为空间判断能力、动手能力。正如小煜自己所言：我的职业能力与我的职业兴趣是比较符合的，社会交往不仅是我的兴趣，我在这一方面也具备较强的能力，这也与我自小就喜欢与人交流的经历密不可分。但是这一测试也暴露了我在某些能力上的欠缺。对此，我认为目前药物设计与开发运用计算机手段进行靶点模拟和大数据分析，能有效避开我动手能力较弱的缺点。

（三）职业价值观

在职业价值观测评中，小煜确认了自己最重要的职业价值观分别为：同事关系、生活方式、利他主义。

（四）职业性格

测试系统显示小煜同学的个性特征类型是ENFP(外倾、直觉、情感、知性)，小煜自己认为这一测评结果与其自我认知是符合的，她在某些重复性或例行的事务中会表现出效率低下的情况；同时她也会尽可能地恪守规则、明辨是非，确定目标后就会坚定地执行目标。了解了自己的职业人格后，小煜表示会尽量避免或改正自己性格中可能给职业带来的不良影响，全力向梦想职业进发。

（五）自我分析小结

小煜同学属于外倾型，热情、喜欢与人相处、反应快、乐于分享；喜欢从事和人打交道的工作，但又喜欢研究思考；同时她追求自身价值的实现，愿意帮助别人，期待得到别人的认可和赞许；她拥有药学相关专业的知识，言语能力和学习能力较突出。

综上所述，小煜同学喜欢与人合作完成任务，在互动或灵活自由的工作环境中，效率更高；善于为他人提供指导与帮助；喜欢工作中有认识、接触他人的机会；偏好有具体实效成果的工作。其职业类型及行业与其职业目标基本吻合，即教育、科研、服务管理等。

三、描绘独特的自己

在看完小煜同学的案例后，大家是不是也急切地想描绘出独特的自己呢？接下来，将为大家提供一份空白的自我探索记录表，请大家运用课程中所学习到的探索兴趣、性格、能力、价值观的方法，对自己进行一次认真的探索吧！

自我探索记录表
基本信息
个性特征
自我评估的结果
职业测评的结果
个性特征探索小结
职业兴趣
自我评估的结果
职业测评的结果
职业兴趣探索小结

(续表)

职业能力	
自我评估的结果	
职业测评的结果	
职业能力探索小结	
职业价值观	
自我评估的结果	
职业测评的结果	
价值观探索小结	
自我探索小结	

第四章

医药类高校大学生生涯决策与调整

> 人生的道路虽然漫长,但紧要处常常只有几步,特别是当人年轻的时候。没有一个人的生活道路是笔直的、没有岔道的。有些岔道口,譬如政治上的岔道口,事业上的岔道口,个人生活上的岔道口,你走错一步,可以影响人生的一个时期,也可以影响一生。
>
> ——(作家)柳青

案例导读

小周,一个来自某职业技术学院药学技术专业的学生。在校期间,小周不仅学习成绩优异,还积极参与各类实践活动。他深知,理论知识与实践经验相结合,才能在未来的职场中立于不败之地。因此,当学院安排实习机会时,小周毫不犹豫地选择了本地一家知名药企。在为期半年的实习期间,他深入生产一线,从药品的原料采购、生产流程到质量控制,每一个环节都力求做到精益求精。这段宝贵的实习经历,不仅让小周对药学技术有了更深刻的理解,也让他积累了宝贵的职场经验。

转眼间,毕业季来临。小周带着对未来的无限憧憬,开始了他的求职之路。在一次校园招聘会上,小周凭借扎实的专业知识和丰富的实习经验,成功吸引了某药企的注意。经过几轮面试的严格筛选,小周终于如愿以偿,收到了录用通知书。他成为了该公司药学技术部门的一员,负责药品的生产、质量控制以及药品销售等工作。初入职场的小周,虽然面对诸多挑战,但他凭借着不懈的努力和积极向上的态度,很快便适应了新的工作环境。

第一节 常用择业理论种类与使用

我们在进行生涯决策时往往只考虑到外部职业世界的情况和自身的选择,在了解和掌握一定内部和外部信息后便开展相应规划并付诸行动,但实际上我们这种行动多少会有些非理性的因素包含在里面,如果大家了解一些择业理论,可能会对生涯规划和决策起到积极的作用。

一、择业理论

择业理论源于19世纪官能心理学的研究,是以特质因素理论为基础,核心是人与职业之间的匹配。帕森斯、威廉姆斯等职业指导专家进一步发展了该理论。随着心理学的发展、职业信息资料的建立,职业选择理论得以充实和丰富,成为职业生涯管理中的奠基性理论。

1. 特质因素理论

该理论最早由美国波士顿大学的弗兰克·帕森斯教授提出,是用于职业选择与职业指导的最经典的理论之一。

(1) 职业选择的三大要素和条件

帕森斯认为,在择业的过程中,涉及三个主要因素:①对工作性质和环境的了解;②对自我爱好和能力的认识;③两者之间的协调与匹配。这就是所谓的"职业选择的三大原则"。

第一个原则:了解自己,包括了解个人的能力、能力倾向、兴趣、资源、限制及其他特质;

第二个原则:了解各种职业成功所必须的条件、优缺点、酬劳、机会及发展前途;

第三个原则:合理推论以上两类资料的关系。

帕森斯强调,择业首先是要在做出选择之前评估个人的能力。因为个人择业的关键,就在于个人的特质与特定行业的要求条件是否相匹配。其次是要进行职业调查,即强调要对工作进行分析,包括研究工作流程、参观工作环境、与工作人员和管理者交谈。最后要以个人和职业的适配作为择业最终目标。只有如此,求职者才能适应工作,并且使个人与社会同时受益。

(2) 人职匹配的两种类型

①条件匹配(因素匹配)。需要专门技术和专业知识的职业与掌握该种特殊技能和专业知识的人员相匹配;劳动条件较差的职业,需要吃苦耐劳、体格健壮的劳动者与之相匹配。如药物研发岗位需要药学基础知识扎实、动手能力强、创新能力强的人员与之相匹配。

②特长匹配(特性匹配)。需要具备一定特长的职业与具有此特长人员相匹配。如具有较强人际沟通能力、学习能力、社会活动能力、组织协调能力、较强适应能力等特征的医药类毕业生,宜从事社会型的药学服务类、学术沟通类、临床监察类的职业。

③人职匹配过程。根据帕森斯所揭示的职业选择三要素,我们可以把职业选择过程分为三个步骤:

第一,特性评价。通过心理测量及其他手段,分析个人的身体状况、能力倾向、兴趣爱好、气质与性格等方面的个人情况,以及有关家庭文化背景、父母职业、经济收入、学业成绩、闲暇兴趣等,从而获得全面的材料,做出综合评价。

第二,因素分析。分析各种职业对自身的要求(因素),并且广泛收集相关职业信息,如职业性质、工资待遇、工作条件以及晋升的可能性;求职的最低条件,如学历要求、所需的专业训练、身体要求、年龄、各种能力及其他心理特点等,为准备就业而需要参加的教育课程训练计划等。

第三,二者匹配。根据个人的特性评价与社会职业因素分析结果,来选择一个既适合自己的特点,又可能获得的职业。

2. 人格类型理论

这一理论由霍兰德提出。这是一种在特质因素理论基础上发展起来的人格与职业类型相匹配的理论。

(1) 霍兰德划分的六种人格类型及职业类型的具体内容

在前面第三章已经学过霍兰德的相关理论,他认为:①择业是人格的一种表现,某一类型的职业通常会吸引具有相同人格特质的人,这种人格特质反映在职业上就是职业兴趣。②大多数人的职业兴趣可以归纳为六种类型,即现实型(Realistic,简称 R)、研究型(Investigative,简称 I)、艺术型(Artistic,简称 A)、社会型(Social,简称 S)、企业型(Enterprising,简称 E)和常规型(Conventional,简称 C)。③个人的职业兴趣往往是多方面的,很少只是集中在某一种类型上。人们可能或多或少具备所有六种兴趣,只是偏好程度不同。因此为了比较全面地描绘个人的职业兴趣,通常用最强的三种兴趣的字母代码来表示一个人的兴趣,这个代码就称为"霍兰德代码"(Holland code)。这三个字母的顺序表示了兴趣的强弱程度的不同。比如,SAI 和 AIS 的人具有相似的兴趣,但他们对同一类型事务的兴趣强弱程度是不同的。

这里需要注意的是"实用""事务"等只是霍兰德用来概括某一人格特征的词,在此具有特定的含义,与我们日常用语中的含义不完全等同。因此,不要受我们日常用语的褒贬含义误导。另外,在阅读每一种类型的描述时,要知道这些特质的描述是一种理想的、典型的形式,不可能恰好符合个人的情况。

(2) 职业环境类型

霍兰德认为:①同一职业群体内的人有相似的人格特质,因此对情境和问题会有类似反应,从而产生特定的职业氛围亦即职业环境,它具有特定的价值观念、态度倾向和行为模式。②因此工作环境也可以分为六种类型,其名称及性质与兴趣类型的分类一致。③具体职业通常也采用上述三个字母代码的方式来描述其工作性质和职业氛围。为了鉴别不同职业的代码,霍兰德及其同事做了一项非常庞大的研究并于 1996 年出版了《霍兰德职业代码字典》,为 12000 多个工作提供了霍兰德代码,可以作为参考。

(3) 六种类型之间的关系

霍兰德提出了六角形模型来解释六种职业类型之间的关系:在六角形模型(如图 4-1)中,任何两种类型之间的距离越近,其职业环境及人格特质的相似程度就越高。例如,企业型和社会型在六角形模型中是相邻的类型,它们的相似性也最高,因为这两种类型的人都比其他类型的人更喜欢与人打交道,只是他们打交道的方式不同而已。而常规型和艺术型处于对角线的位置上,它们就缺少一致性而具有相反的特质:常规型的人喜欢循规蹈矩,而艺术型的人则追求自由与个性化。六角形模型可以帮助我们对兴趣类型与职业环境之间的适配性进行评估。

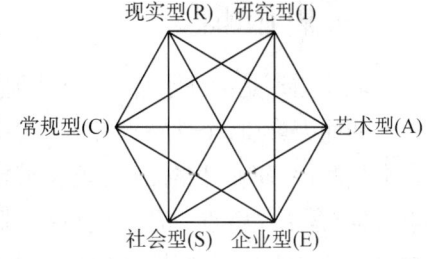

图 4-1 霍兰德六角形模型

(4) 个人与环境的适配

霍兰德提出,个人兴趣类型和职业环境之间的适配将增加个人的工作满意程度、职业稳定性和职业成就感。因此,占主导地位的兴趣类型可以为个人选择职业和工作环境提供方向。可以使用霍兰德类型来了解并组织自己的兴趣,并根据它来探索及理解工作世界。通过自我探索活动或测评工具得出自己的兴趣代码后,就可以对照找出与之相匹配的职业,从而了解可能有哪些适合自己的工作领域。

需要说明的是,在实际生活中,同时拥有相对的两种兴趣类型的人并不少见。在寻找这样的兴趣类型完全匹配的工作时往往会出现困难,因为同一个工作环境很少会包含相对立的两种状况。这种情况下,可以考虑从事包含自己某种兴趣类型的工作,而在业余生活中寻求在工作中未能满足的兴趣。

另外,人们常常因为客观条件的限制而感到难以单纯从事自己喜欢的工作。比如自己的专业与自己的兴趣类型不一致甚至完全相反。这时要注意几点:首先专业与职业并不是简单的一对一关系,同一个专业其实有相当多的职业可以从事。我们在现实中会发现很多学生在择业时会受到固定思维的限制,比如学中药学的一定要做跟药有关的工作或者一定要去中药类的用人单位,这样很容易主观地缩小自己的职业选择范围。其次,专业类型可以与兴趣类型相结合,哪怕是相对的两种类型也是如此。如现实型跟社会型处在对角线的位置上,我们会发现有的擅长园艺、厨艺的人能够通过这项专业特长来开展社会活动,将专长同兴趣相结合,成为"交际明星"。再次,当我们倡导在职业选择上寻求个人兴趣与职业环境之间的适配时,"完全的"适配只是我们不断接近的一个理想目标。比如有的药学专业学生因为不善言辞和处理人际关系而选择了药品质检工作,而这样的工作实际上也需要与本部门及外部门人员经常开展沟通交流,所谓适配也只是相对而言。

第二节　职业选择与择业决策

经过外部职业世界的了解和自我探索,大学生要综合把握所获得的外部和内部信息,根据相应的择业理论,进行初步职业选择,设定未来目标,确定发展方向。本节我们会介绍大学生在职业选择时经常使用的测评工具以及择业决策的相关内容。

一、职业测评

职业测评是一种了解个人与职业相关的各种心理特质的方法,是通过一系列科学手段对人的能力素质、个性特点等基本心理特质进行测量与评估的过程。职业测评一般包括职业潜能测评、职业性格测评、职业兴趣测评、职业倾向测评等,是通过评估分析人的各种特点,再结合工作特点,帮助求职者择业,以实现"人职匹配"的有效工具。科学开展职业测评并对测评结果进行评估,是做好择业决策和职业选择的重要前提。

常见的职业测评类型主要有以下几种:(1)职业兴趣测验——了解个人对职业的兴趣;(2)职业价值观及动机测验——了解个人在职业发展中的价值观和驱动力;(3)职业能力测验——考察个人基本的或特殊的能力素质;(4)个性测验——考察个人与职业相关的个性特点;(5)职业发展评估测验——主要评估求职技巧、职业发展阶段等。

职业测评的主要用途有两个:一是服务于企事业单位——帮助单位选择人才,以挑选合适的人从事某一工作;二是服务于个人——帮助个人选择职业,对不同特点的人给予选择何种职业或专业的建议。此外,职业测评也用于各种专业资格的鉴定,如用于不同行业的各种资格考试等。

职业测评的方式有纸笔测试、网上测试、信函测试等,其中网上测试因为便捷易行而受到青睐,在大学生职业规划、毕业生求职测试时经常使用,系统生成的测评报告往往会作为重要的参考。在校大学生可以到教育部门的网站或学校就业部门的网站开展相应的职业测评,同时寻求老师的专业解读,进而对自己的职业选择提供必要的参考。

二、择业决策

择业决策是职业生涯规划的高级阶段,是最终整合并检验职业生涯规划的每一个部分(兴趣、价值观、技能、性格),基于现有的信息、情形和感受而做出决定。然而决策是非常复杂和困难的事情,同时也是每个人无法回避的事情。每天我们从睁开眼起就在不断做决定:着装如何搭配?早饭吃什么食物?乘坐什么交通工具去学校?等等。生活里充满了成百上千个决定。一般来说,决定对我们越重要,决策起来也就越困难。既然决策不可避免,我们就要掌握一些决策的方法。

1. 决策风格

丁克里奇(Dinklage,1966)提出,人们通常采用以下几种决策模式:

苦恼型:花大量时间和精力搜集信息,确认有哪些选择,反复比较,最终迷失在各种信息里,苦恼不堪。比如有的同学既想做研发,又想做质量,还想做销售,在找工作的时候多头出击,结果最后还是没有想清楚到底是哪种职业适合自己。

冲动型:决策者很少进行思考和调查,按照大脑中出现的第一个选择去做事。比如有的同学在找工作时不做事先的调研了解,直接认定要去哪个地方的某个单位,这个单位给通过了就毫不犹豫地签订了协议,不管是否还有更好的选择。

直觉型:将自己的直觉感受作为决定的基础,是基于内心的一种自发或潜意识的选择。比如有的学生本身对理想岗位的薪酬、工作环境等有自己的标准,当参加某场宣讲会时,虽然没有做相应比较,仍然认为这个岗位是适合自己的。

拖延型:决策者会拖延、逃避,寄希望于某些人或事的出现可以使自己免于做决定。有的学生进入毕业季以后对自己的未来仍没有太多想法,不去准备求职材料,也很少去招聘现场了解情况,打算暂不就业或等同专业、同班级的同学找了工作以后观察一下再说。

宿命型:决策者相信宿命,相信该发生的自然会发生,让外部的因素来决定。比如有的同学认为某个公司的研发岗位以往都是招研究生学历层次的毕业生,而本科生无论多么优秀也不可能进这个公司的,所以就不去尝试投递简历。

顺从型:决策者倾向于顺从别人的计划而不是自己独立地做出决定。这种情况是比较普遍的,尤其是在考研究生或公务员这类选择上。很多本科毕业生进入大四年级后没有慎重考虑自己将来的职业选择,而是随大流,不管适合不适合、有没有基础,别人考研自己也考研,别人考公务员自己也考公务员,把其他的事情都放一边了,这也导致"考研热""考公热"久久不能"退温"。

瘫痪型:决策者在理性上接受了应当自己做决定的观念,却无法开始决策过程。

计划型:决策者既倾听自己内在的声音,也考虑外在的因素,从而明智地做出决定。

在生活中,这些决策模式或多或少都会发生在我们身上,最常用的模式便成为我们的行事

风格。根据对"自己"和"环境"认知的多少,还可以将上述几种决策类型做如下(表4-1)划分:

表4-1 决策风格分类

		自己	
		未知	已知
环境	未知	困惑和麻木性决策 苦恼型、拖延型、瘫痪型	直觉性决策 冲动型、直觉型
	已知	依赖性决策 顺从型、宿命型	信息性决策 计划型

以上几种类型的决策模式,根据情境及其后果重要性的不同,会产生相应程度的作用。但是,这些决策模式用在一些重大的决定当中就不合适了,往往会导致懊悔、耽误时间、浪费精力等后果。从上表中,我们可以看出,这些决策模式都存在对自我和外部环境的"未知"因素。存在大量"未知"因素的情况下决策,很容易导致风险过大而结果差强人意。

2. 决策的风险与责任

我们每天无时无刻不在做决定,那么,决定可以分为那几类呢?

(1) 确定无疑的决定

所有的选择及其结果都是清楚明白的决定。

(2) 有一定风险的决定

有多种选择,每种选择的后果虽然不完全确定,但在一定程度上知道可能会有什么样的选择和结果。

(3) 不确定的决定

对于有哪些选择,各种选择相应会产生什么样的结果,几乎完全不清楚。

生活中的决定大多不会是第一种,更多时候与第二种的情形比较接近,我们可以获得某些信息,做出某种预测。当我们面临第三种决定时,最好尽可能去搜集一些信息以便把它变成第二种决定。从决定的分类可以看到,做决定时我们通常都不可能拥有全部的信息。大多数决定都会有预测的成分包含其中,都有不确定性和风险。如果做决定,我们就要为该决定承担相应的风险和责任,但是我们无法确保决策的结果总是有利的。决策的风险使得很多人采取了听天由命、盲从或让父母和他人代为决定,试图逃避对决策结果要承担的责任。但这类人在逃避决策和责任的同时,也逃离了自由。

3. 影响决策的因素

决策难的原因除了要承担相应的责任和结果外,还有其复杂性——有诸多因素可能会影响到决策。著名职业辅导理论家克朗伯兹将影响个人职业决策的因素分为四类:

(1) 遗传和特殊能力

即个人得自遗传的一些特质,如性别、外表特征、智力、个人天赋等,在某种程度上决定了个人的职业表现或影响到个人的生涯。

(2) 环境和重要事件

包括人类活动的影响和自然力量的影响。家庭的社会经济地位、家庭对于个人的期望、所在地区的教育水平等,都会在很大程度上影响个人的求学背景和发展机会。

(3) 学习经验

即每个人在生活中不断积累的经验和认识。每个人在成长过程中都积累了无数的学习经验,个体的学习经验是独特的,而这对于个体的职业生涯选择又具有重要影响。

(4) 任务取向的技能

受到以上因素的作用,个人在面临某项任务时,会表现出特定的工作习惯、解决问题的能力、心理状态、情绪反应和认知的历程。比如,求职时大家基本没有什么经验,多少都会有些茫然。但其中有些同学会迎难而上,会想到利用学校的资源(职业规划或就业指导课、企业参观见习活动)和自己的人脉资源(亲友、老师、学长等),并结合自己的兴趣、能力等进行求职决策。而有的人则是得过且过,不到最后一刻不做决定,在此过程中不同的人所表现出来的心态、习惯和能力,反映了他们不同的任务取向的技能。

这四类影响职业决策的因素中,前两类因素通常都在个人控制之外,而后两类因素则是个人在成长过程中可以不断积累和更新的。克朗伯兹认为:上述四种因素交互作用的结果,形成了个人对自我和世界的推论或信念。这些推论不一定正确,要视个人阅历是否丰富而定。

4. 应对择业决策挑战的方法

对于择业决策中的挑战,通常可以通过多种方法进行调整和优化。

(1) 计划型决策:CASVE 循环(图 4-2)

在进行重大决策时,为了减少风险,要尽可能考虑决策所涉及的因素。计划型决策是通常使用的一种方法,由沟通(Communication)—分析(Analysis)—综合(Synthesis)—评估(Valuing)—执行(Execution)五个步骤组成,英文缩写为"CASVE"。

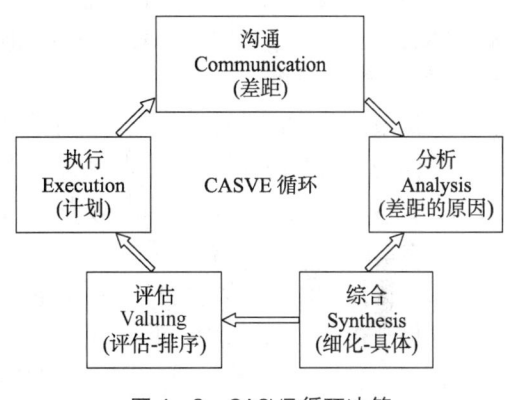

图 4-2 CASVE 循环决策

①沟通。个人发现理想与现状有差距,意识到问题的存在。

②分析。将问题的各个组成部分相互联系起来,对现状进行评估,了解自己和自己可能的选择,对所有的信息进行分析。

③综合。在分析的基础上,个人形成可能的解决方法并进一步收集相关信息,确认自己的选择。

④评估。从可行性和满意度两方面评估信息,并按评估结果对所有选项进行排列,得出最终的选择。

⑤执行。根据自己最终的选择制订计划,采取行动。

需要指出的是,决策是一个循环过程,采取行动之后还要对决定及结果进行评估,从而进入新一轮的决策过程。

(2) 决策平衡轮

在我们通常开展的择业决策中,常常会面临多种选择,比如:是考研、出国还是就业?考研的话是选 A 学校还是 B 研究所?就业的话是考公务员、事业编,还是去国有企业、外资企业或民营企业?面对如上选择,一种有效的工具是"决策平衡轮"。这是一种图形的方式,帮助我们比较直观、全面地了解和掌握情况,从而做出选择。

首先,在一张白纸上画一个尽可能大的圆,将之八等分。将自己在某种情景下最重要的价值标准列出八个,依次写在圆的外围。在另外一张白纸上做同样的事情。有几个选项就画几个圈,并等分和写下同样的价值标准。

其次,给选择一打分:如果圆心是1分,圆周代表10分,那么选择一在这八个方面的分各是多少。用一条弧线在八个扇区中标示出来,再将得分的部分涂黑。

接着给其他的选择同样进行打分并在图上标示(如图4-3)。

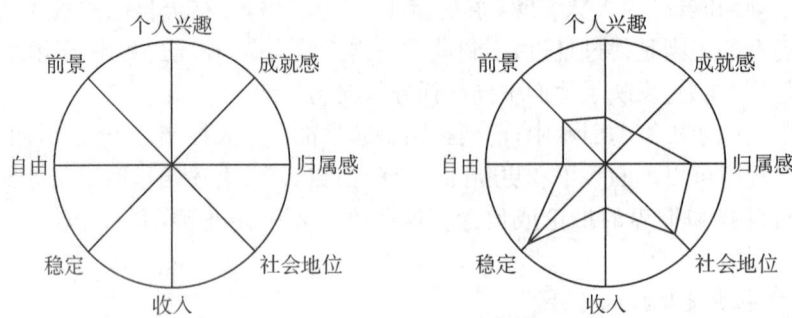

图4-3 决策平衡轮

最后,将完成了的几张图并排在一起进行观察,感受每个选择在不同方面的得分和布局。体会自己对每一种选择的整体感受和倾向。

(3) 决策平衡单

在决策过程中对多种选择进行评估排序时,可能会感受到该决定所涉及的各方面因素会有不同的重要性,需要以权重来体现。对于惯于理性思维的人来说,一个有效的方法是使用"决策平衡单",它将重大决策的思考方向集中在四个主题上:个人物质方面的得失,他人物质方面的得失、个人精神方面的得失、他人精神方面的得失。在择业决策的时候往往会遇到很难做决定的时候,这个时候如果能够巧用决策平衡单,往往会起到拨云见日的效果。

决策平衡单应用主要有如下步骤:①明确选项;②细化四个主题的具体指标;③给每个指标标注权重(-5至+5);④对照具体指标,填写每一项的具体分数(-10至+10);⑤计算系数,并且分别计算总分;⑥做出分析与思考。下面我们以工作和考研为例列一个决策平衡单:

表4-2 决策平衡单

考虑因素		权重	选项一:工作		选项二:读研究生	
		-5至+5	正面预期(+)	反面预期(-)	正面预期(+)	反面预期(-)
个人物质得失	1. 个人收入	3				
	2. 未来发展	4				
	3. 休闲时间	2				
	4. 对健康的影响	1				
	5. 升迁状况	1				
	6. 社交范围	1				

(续表)

考虑因素		权重	选项一：工作		选项二：读研究生	
		−5至+5	正面预期(＋)	反面预期(一)	正面预期(＋)	反面预期(一)
他人物质得失	1. 家庭收入	3				
	2. 家庭地位	2				
个人精神得失	1. 个人成就感	5				
	2. 改变生活方式	3				
	3. 进修需求	2				
	4. 所学应用	1				
他人精神得失	1. 父亲支持	3				
	2. 母亲支持	3				
	3. 男/女朋友支持	2				
	4. 老师支持	1				
总 分						

计划型决策是一种理性的决策方式，它主要采用归纳、演绎和推理的方法进行思考。在实际生活中，我们却很难完全用理性的方法开展决策，因为人不但有理性，也有情感。在很多选择上，并无绝对的好坏之分。比如，我们在选择工作地域时，有的同学选择了经济相对比较发达的省份，希望在一线城市的大企业发展，而有的同学为了照顾年迈的父母选择回家乡发展，还有的同学则不计个人物质的得失，响应党和政府的号召到西部艰苦地区扎根创业。在决策面前，理性和情感有时会产生冲突，只有当情感和认知一致时，人们才会感到内在的和谐，才会感觉自己是一个统合的、高度一致的人，也会更容易信任自己的选择，从而更有力量去承担决策的责任。

5. 择业决策的原则

作为即将走上社会的医药类毕业生，不可避免要面临人生中最大或最重要的选择之一——择业决策。择业不仅仅是对职业的选择，也是个人对将来人生道路和生存方式的选择。站在人生的多岔路口，有的同学选择了就业，有的同学选择了国内外升学，有的同学选择了自主创业和服务地方，等等。所有这些选择，看似方向不一样，但还是有基本原则可供遵循的。择业原则是个体认识和处理就业选择问题时的准绳。择业决策受到诸多外部因素和自身素质条件制约，是需要周密思考、认真对待的事情，不能随心所欲、感情用事，而必须遵循一些基本原则：

（1）符合社会需要

个人择业时，应把社会需要作为出发点和归宿，以社会对个人的要求为准绳去认识和解决择业问题，进而决定自己的发展方向。

首先，要明确现实职业岗位的重要性和岗位工作的目的、意义。职业岗位有分工的不同，而无高低贵贱之别。但是，目前职业的层级差别又确实客观存在。这种状况必然影响人们对具体职业岗位的选择。对此，既要正视现实，又要理智决策。在选择职业岗位时，既要看到眼前,更要预见未来,自觉服从社会职业的总体需求,到社会需要的职业岗位上去。

其次,把个人兴趣、爱好、专长与社会实际需要有机统一起来。人才市场化并不等于人才市场自由化,个人自主择业也不等于完全凭个人兴趣、爱好选择。自主择业、人才市场配置和国家宏观调控三方面是相辅相成的,共同服务于社会全面的发展和进步。要找到理想的职业岗位,就必须把个人兴趣、爱好和社会实际统一起来。

(2) 能发挥个人素质优势

在面临职业选择时,必须从客观现实出发,将个人的职业意愿、专业所长、自身素质与能力结合起来,加以充分考虑,估计一下自己能否胜任某项职业的要求。

如何发挥个人素质优势呢?

①要发挥专业所长。经过大学阶段的学习,不仅具有较为扎实的基础理论知识,而且具有一定的专业知识。在选择职业岗位时,要从所学专业特点出发,做到专业基本对口,以便在职业岗位上发挥所长,大显身手。

②要发挥能力所长。根据不同的能力选择不同的职业岗位,是充分发挥个人素质优势的有效方式。根据自己的能力所长选择职业岗位,既是胜任工作的需要,也是发挥个人最大潜力、进行创造性劳动的需要。

③要适当考虑性格特点。性格本身并不能决定一个人的成才方向和成就高低。但在选择职业时,如果能把自己的性格特点与职业的特点要求适当结合,则能更好发挥个人优势,找到自己的最佳位置,牢牢把握职业选择的主动权。

(3) 有利于发展成才

成才是每个人的渴望,但只有把握好成才的规律,按照有利于自己发展成才的原则办事,才能梦想成真。不少毕业生在选择职业时,往往会被社会时尚、从众心理、利益因素等所干扰,为了某一个愿望的满足,而忽视有利于成才的原则,结果影响了个人的发展。

(4) 能争取及时就业

毕业生不能及时就业,不仅造成人才的闲置,不利于社会人才资源的合理配置,而且也会给学生及其家长带来一定的心理负担和经济压力,不利于毕业生的身心健康、事业发展和家庭幸福。为此,毕业生自身应首先把握好及时就业的原则和机遇。一是要调整好择业心态和就业期望值。要使就业期望值符合自身实际和社会现实,注意克服脱离现实、盲目攀比等不良情绪的干扰,避免因择业观念不当而导致有岗不上、有业不就。二是要正确看待职业流动。要改变"一次就业定终生"的观念和对初次就业过分谨慎的做法,避免错失就业良机。三是要有顽强竞争、不怕挫折的态度。要积极主动地探寻就业机会,避免在消极等待中贻误就业时机。

链接职教

从事医药卫生行业是否要专升本?

随着社会经济的发展和人民生活水平的提高,对医药卫生行业的需求日益增长,同时对从业人员的专业素质和技能要求也越来越高。在这样的背景下,许多从事医药卫生行业的专科毕业生面临一个重要的选择:是否要通过专升本的方式继续深造,以提升自己的学历和专业能力。我们将从多个角度分析从事医药卫生行业是否需要专升本。

一、专升本的必要性

(一)提升学历层次

专升本是提升学历层次的重要途径之一。在医药卫生行业中,高学历往往意味着更高的起点和更多的发展机会。对于专科毕业生而言,通过专升本可以获取本科学历,从而在求职、晋升等方面具有更大的竞争力。

(二)拓宽知识面和专业技能

专升本课程通常涵盖更广泛的知识领域,有助于学生拓宽知识面,提升专业技能。在医药卫生行业中,专业知识的深度和广度直接影响到从业者的专业判断和工作能力。通过专升本,学生可以系统地学习更高级的医学理论和实践技能,为未来的职业生涯打下坚实的基础。

(三)增强职业发展潜力

专升本不仅有助于提升当前的职业能力,还能为未来的职业发展提供更多的可能性。在医药卫生行业中,许多高级职位和专业岗位要求具备本科及以上学历。通过专升本,专科生可以为未来的职业晋升和转型创造条件。

二、专升本的可行性

(一)政策支持

近年来,国家和地方政府出台了一系列政策,鼓励专科生通过专升本等方式继续深造。这些政策包括提供奖学金、助学金、学费减免等,降低了专升本的经济负担,提高了专升本的可行性。

(二)多样化的学习方式

随着教育技术的发展,专升本的学习方式越来越多样化。除了传统的全日制学习方式外,还有成人教育、远程教育、自学考试等多种形式。这些灵活的学习方式为在职人员提供了便利,使得专升本更加可行。

(三)社会认可度提高

随着专升本教育质量的提升和社会认可度的增加,专升本学历在就业市场中的竞争力逐渐增强。许多用人单位开始认可专升本学历,并将其作为选拔人才的重要标准之一。

综上所述,从事医药卫生行业是否要专升本,需要根据个人职业规划、行业发展需求以及个人实际情况综合考虑。专升本在提升学历层次、拓宽知识面、增强职业发展潜力等方面具有明显优势,同时政策支持、学习方式多样化和社会认可度提高也为专升本提供了可行性。然而,专升本过程中也存在学习与工作平衡、学习压力、经济负担等挑战。因此,专科毕业生在决定是否专升本时,应充分考虑自身情况,制定合理的学习计划,克服挑战,实现个人职业发展。

第三节 正确就业观的树立

就业观是大学生对就业的认知和态度,是大学生职业理想、择业动机、择业标准和方向的根本观念和看法,它既是大学生职业理想的直观体现,也是大学生价值观、人生观和世界观在就业方面的具体体现。就业观与大学生的自身利益和日常生活最为密切,是大学生价值观体系中的一个组成部分。

就业观对大学生就业具有导向和动力作用,并将影响到大学生未来职业发展。具体表现在:第一,就业观对大学生的就业行为具有导向作用,指导着就业主体对未来职业进行评价和选择,做出择业决策。第二,就业观是就业行为的动力,它支配着就业主体对就业目标的期望、定位和选择,支配着就业主体的行为。

1. 当前大学生就业观的主要特点

就业思想比较务实。个人利益与国家利益、社会利益相统一的价值观,也即利与义相统一的价值观为广大学生所认同。但当代大学生所理解的"义",不是只讲奉献不求索取的纯利他主义,更不是金钱至上的拜金主义,而是以主体意识、公民意识逐渐增强为基础,以自主、自由、平等交换为实质内容的新的价值观。他们并没有丧失社会责任感,但在求职择业时,往往也会考虑社会地位、经济地位、发展前途等因素。

择业动机自我突出。据调查,毕业生择业中考虑最重要的因素依次是:能否发挥自身专长、经济收入、单位前景、工作环境;希望就业单位提供的最重要条件:发展机会、深造机会、工资待遇。"发挥自身才能"已成为当代大学生择业时考虑的首要因素。这说明大学生求职观念更加灵活,择业时更注重个人兴趣爱好、能力的发挥和事业的发展。

择业期望标准较高。大学生在选定择业目标时,求高薪、求舒适、求名气的心态仍较普遍。选择地域时,多数大学生向往大中城市,尤其是沿海的中心城市,选择到基层单位和偏远地区工作的人较少。选择职业时,大部分大学生愿意从事与自己所学专业匹配度较高的工作,以发挥自己的专业优势,但更愿意从事高层的管理工作和高收入的工作,不愿到艰苦行业工作。选择单位时,虽然对国家机关、事业单位、国有企业等热情不减,但重心逐渐转向非公有制企业。

择业多向性与不稳定性强。大学生从学校步入社会时,受到就业岗位和就业环境不适应、个人职业期望与社会现实有差距等因素的影响,大学生择业时多变性强。具体表现在:部分人专业目标不明确,择业时茫然无措;部分人想到基层和艰苦行业锻炼自己,但怕自己才能难以发挥;等等。由于定位不准确,很多人在择业时反复无常,甚至随意违约,给自己、学校声誉和用人单位都带来不利影响。

2. 树立正确的择业观

就业是每个大学生要面对的人生选择,就业"入行"正确与否,将直接影响今后的发展。树立正确的就业观,恰当地确定就业目标,对大学生顺利走向社会、服务社会,实现自身的价值是非常重要的。

那么,当代大学生应树立怎样的就业观呢?

第一,树立能上能下的就业思想。要客观地看待社会上的各种职业,对自己的发展做出理性规划。在发达地区人才市场近于饱和、竞争异常激烈的情况下,积极响应国家和社会的召唤,到基层去、到西部去、到生产第一线去、到祖国和人民最需要的地方去建功立业。

第二,树立全方位就业思想。在市场经济体制形成过程中,社会需求方式发生了转变,就业形式向多渠道多层次发展,大学生要转变观念,打破传统思想的束缚,把职业视作基本的谋生手段,只要职业合适,并能实现自己的价值,任何区域、行业、所有制都可以跨越。

第三,树立先就业再择业的思想。市场经济配置劳动力资源的特征是人才流动,市场优化配置资源的方式是合理流动。因此,大学生不必急于在短时间内找到一个固定的"铁饭碗",要先就业,再择业,在工作历练中提升自我。

第四,树立竞争就业思想。物竞天择,适者生存,永远是市场经济下选择职业的不变的游戏规则。大学生要树立"有为才有位"的思想,打破"等、靠、要"的消极观念,不断学习新的知识与技能,不断提高自身素质,把自己培养成为适应竞争环境的人才。

第五,要正确看待自主创业。当前国家宏观政策鼓励大学生自主创业;社会主义市场经济体制的建立和市场经济的发展,为广大毕业生的自主创业提供了良好的社会环境。有创业激情和创业梦想的大学生应当把握好这一机遇,在创业的道路上施展才华。

做好基层服务的"一颗星"

初夏,伴着蝉鸣,办公室的灯依然明亮,核算党费,补充经济困难家庭的档案……小小的身影忙碌着,如一颗小小的星星,努力地照亮一角。她就是中国药科大学2016级中药学专业毕业生马云倩。她是全国优秀共青团员,听党话、跟党走;她是江苏省大学生年度人物,是青年同学的榜样力量;她是江苏省暑期社会实践先进个人,是民族医药的传承者;她更是脱贫攻坚战场上的一名基层工作者。

知行:源于耳濡目染的感动

马云倩出身于云南省楚雄彝族自治州,在少数民族众多的西南边陲,从小就受到少数民族文化熏陶。她的外婆是一名回族土医,她从小跟在外婆身边,闻着药香一天天长大,外婆佝偻着身躯背着药箱快步行走的身影,是她童年最深刻的记忆。乡村小道弯弯曲曲,有的村民住在山顶,外婆要拄着拐棍走上半天才能到,但她总是耐心地给病人诊断,一遍又一遍地交代注意事项。已经年近古稀的她,每逢季节交替,还在家门口支起熬药的大锅给乡亲们免费发放预防感冒的草药汤。外婆无私地奉献和大爱之心一直感染着她,她刻苦学习,想到外婆临终前一直遗憾没有人能传承她的衣钵,想到千千万万受到病痛折磨的人们,她决定投身于医药事业。

筑梦:始于日夜行走的积累

秉着对民族医药的坚持,马云倩愈加刻苦学习,最后考入中国药科大学。"祖国赋我重托,人民健康所系,我志愿献身于崇高的医药事业,爱国爱校,勤奋学习,全面发展,求实创新。弘扬神农伟业,建树万世之功。为了人类的健康和发展而努力奋斗!"开学典礼上的誓词,马云倩一直记在心中,她不敢忘,也不能忘,因为这就是她一直以来努力的目标。

2013年伊始,马云倩带领志愿者开始了少数民族医药的探访。从西双版纳州热带雨林学习傣医,到云南药物研究所学习彝医;从采访蒙医,到了解回医。每一次都有感动的故事:彝族医生张之道几经波折和质疑仍然没有放弃彝药研究,潜心三十年,研制成功"香藤戒毒胶囊";回族医生马全华传承太极推拿法,为每位小儿麻痹病人平均治疗10个月但只收取少量的医药费;蒙医研究所几十年如一日翻译、研究蒙医古籍……这让马云倩感受到少数民族医药文化作为中医药文化的重要组成部分,还有很多未知的领域亟待被发掘,作为新时代的药学生,对少数民族医药的发展更是有不容推辞的责任。

从2013年5月开始,马云倩带领400余名志愿者,在32个省、自治区、直辖市采访著名少数民族医生30余位,用微视角记录2000余张美丽中国;收集道地中药168株移至校药用植物园、制作标本300余个赠予中药资源教研室;在她的不懈努力下,越来越多的人关注少数民族医药,教育部中国大学生在线网、江苏省教育发布、江苏青年频道等媒体都对她的事迹进行了报道。

追梦:诠释无悔奉献的青春

毕业后,马云倩放弃了出国的机会,放弃了企业的高薪工作,她毅然决然地回到了家乡,成为一名基层工作人员。发展中医药让少数民族地区富起来、让少数民族医药留下来,成了她每天努力不变的初心。

云南省姚安县大河口乡,总面积171.66平方千米,境内最高海拔2422米,最低海拔1720米,森林覆盖率78.2%,少数民族人口占总人口的65.5%。这里自然资源丰富,民风淳朴。风土人情深深地吸引着马云倩,她努力学习工作所需的各项规章制度、相关文件和会议精神,不断提升思想政治素质和业务水平,快速转变角色。对每一次会议记录、每一期会议纪要、每一个文稿撰写、每一种材料归档,都认真负责。基层工作量大,烦琐且复杂,她总是耐心对待,不叫苦不叫累,不懂就学,不会就问,多思考多总结,做到交办事情有回音,以"接受任务就负责到底""扎实走好每一步"的干劲,不推迟,不拖延,尽职履职,得到领导和同事的好评。

大河口乡有着优美的风景,但也因为交通不便利、没有支撑产业等原因,全乡6个建制村就有5个建档立卡贫困村,2016年贫困发生率达到18.76%。为让贫困群众增收,如期实现脱贫目标,不在走向小康的路上掉队,乡党委政府因户施策,因人帮扶,抓好抓实产业扶贫。马云倩积极投入脱贫攻坚一线,为摸清贫困群众生产生活情况,在村委会与村干部同吃同住,走遍负责小组的每家每户,认真记录情况,耐心解释相关政策,为精准帮扶打好基础。在脱贫攻坚工作中,她思考着"能用自己的专业为贫困群众做些什么?"2017年7月,她邀请母校专家教授到大河口乡对全乡境内气候、土壤条件、植物资源、药材种植情况进行考察。在考察期间,随行的专家在乡内举办安全用药知识讲座,切实提高群众日常用药安全意识,同时与乡内中草药种植户开展种植座谈会,分析当前中草药市场及前景,解决中药种植过程中的难题,介绍讲解种植新技术,为促进大河口乡产业结构调整,对全乡中药材产业种植发展提出了许多建设性意见,2017年末,乡党委政府在专家的指导下探索种植红花、百合、重楼等中草药。2018年,大河口乡通过了国家级验收,成功实现脱贫任务,其中中草药种植增收成为群众增收的重要组成部分。

多年来,她始终不忘母校"精业济群"的教诲,在岗位上发挥药学生不怕苦不怕累、严谨细致的作风,展现了药大学子的风采;她始终牢记"为人民服务"的初心和共产党员的使命,做到心中有民,时刻为民,做人民群众最期盼的事情,帮助人民群众解决最迫切需要解决的问题,努力做好基层服务的"一颗星"。

——根据相关资料整理

第四节　生涯决策的实施与调整

生涯决策的实施是一个动态的不断循环的过程,这个过程需要根据掌握到的外部信息和个体情况进行必要的调整,调整之后会进入下一个循环。

一般而言，合理有效的决策程序通常包括如下步骤：

(1)明确决策的问题。即要意识到必须对择业的什么问题做出决策。比如，是就业还是创业？是工作还是升学？是正规就业还是非正规就业？以什么标准选择职业？等等。要认真思考分析，清楚地确定将要做出的决策的问题和性质。

(2)收集和处理有关信息。做决策需要收集大量信息资料。本步骤是要了解什么是择业决策所需要的信息资料，搞清楚这些信息资料的最佳来源和收集渠道，并进行有效的收集和处理。

(3)排列出各种备选方案。通过收集资料、处理信息，确定两种或几种可能的行动方案，还可以根据手中资料，发挥自己的想象力，组成各种新的选择方案。在择业决策的这一步，要排列出所有可能的、理想的选择方案。

(4)权衡利弊。要根据所掌握的信息资料，尽可能分析预测各种选择方案执行后可能出现的结果，看看执行这些方案后，在步骤(1)中确定的问题能否得以解决。经过认真分析，挑选出那些有利于问题解决或达到最终目标的选择方案，并根据自己的价值标准，将各种选择方案按优劣排序。

(5)做出选择。在权衡利弊的基础上，根据所选的最优方案，做出正确选择。

(6)采取行动。开始采取一些积极的行动来实施步骤(5)中的决策。

(7)检查已做出的决策及其后果。在实践中检验决策，验证它是否已解决或是否有助于解决步骤(1)中提出的问题。如果答案是肯定的，可维持原决策不变；如果决策的实施没有解决所确定的问题，就需要按程序从头开始，通过收集更详细的资料或寻找新的选择方案等，重新做出决策，以使问题得以解决。符合上述程序的决策方式，被称为周密计划型决策。

小贴士

决策中如何设定目标

我们通常所说的目标往往包含许多小目标。

目标是对目的的一种更为广义的陈述。它以我们所期望的结果为重点，内容明确具体，期限可长可短。它是一种持续进行的过程，是一项能拓展人生局限性的挑战。

小目标是指一些具体的、操作层面的、为实现目标而采取的步骤，是短期而具体的步骤。在达目标的道路上，小目标是明确的、具有衡量功能的路标，它能显示出你离最终目标还有多远。小目标可以帮助人们树立责任心，并充当衡量进步的准绳。

在设定目标和小目标时，应注意以下四点：

第一，要考虑清楚，为了得到你想要的，你愿意放弃什么。大部分人在决定就业方向时，生活方式也可能随之发生了改变，你可能必须放弃娱乐和休息时间去准备研究生考试；也可能放弃学历晋升的机会而去职场放手一搏；也可能要放弃大城市的繁华到艰苦边远地区努力奋斗。

第二,为达成目标要制定一个切实可行的时间表。如果能将具体步骤(小目标)和时间表融为一体,就更容易达成目标,因为时间表能够有效地将所有目标以时间顺序排列起来。

第三,把目标设定得高远一些。当然,它必须切合实际,而且能够实现。提醒自己,这是你应该有能力达到的;如果你能设定一个具体、清晰的起点,并循序渐进、按部就班地前进,那你的目标就一定会实现。

第四,在完成每个阶段目标并达到某个整体目标之后,一定要奖励自己。这相对简单却非常重要,当外部和内部奖励同时作用时,我们才会有更强的动力走向成功。

宽天阔地在城外

毕业意味着另一种生活的开始,在什么地方、哪个城市开始新生活的问题,总会给人带来纠结和烦恼。经历了"北上广的逃离"之后,人们对大城小城的认知正逐渐趋于理性,选择也由唯一变得多元,到二、三线城市就业不再是一线城市留不下的无奈之举。在求职中,如果能够仔细地去寻找,而不是先入为主地排斥,你同样也会在二、三线城市发现丰富机遇和广阔平台。

机会也很多

每到毕业季,都会有很多外地高校的同学不辞辛苦地来到北上广这些大城市,以期能获得一份心仪的工作,但给人的感觉却像潮汐,来了没多久又离开了,第二年还会再来另一批人,坚持一段时间之后再离开。已经在这里就读的同学则像是困在城中的人,在他们的意识里,别人都紧着来,自己更不会走,留下来是顺理成章的事,他们基本不考虑其他地方的就业机会,更不愿意主动离开到外地去,结果就是每年都有一部分同学"主动"失业。

不管是别处来的,还是本地的,大家都把发达地区的大城市作为求职的首选地,就是因为觉得大城市的机会多,求职成功的概率高,可以让自己更容易找到工作,但事实却并不如此。

大城市提供岗位的绝对数量确实不少,但求职的人也更多,求职人数与岗位比以及竞争激烈程度要远超二、三线城市,几百人上千人争夺一个岗位的情况屡见不鲜。机会多少是一个相对概念,有可能抓住的才算是机会,希望渺茫的岗位,即使再多也没有多少意义。竞争也同样如此,当人们都把大城市想象成机会遍地,以为竞争不激烈的时候,竞争便开始变得白热化了。与之相对的则是二、三线城市岗位数量多于求职人数,招不到人也是常有的事。可见,机会多少不能笼统定义,二、三线城市的机会也很多,而且成功的概率要更大。

待遇也不错

有机会还不够,还要看待遇、看薪酬,这是人们在求职时的普遍心态,谁都想选择薪酬高、待遇好的工作,而在人们的印象里,薪酬高的白领金领大都生活在大城市的高档写字楼里,想成为他们那样的人自然也要奔向写字楼最多的一线城市。的确,在大城市拿高薪的不少,但并不代表每一个留在大城市的人都能拿到高薪,很多强留在一线城市的人其实是在薪水低、不稳定的底层岗位上挣扎,他们宁肯怀揣希望过着苦日子,也不愿意到二、三线城市去,就是认为那里工作薪酬太低。

其实,为了能够吸引到需要的人才,现在很多地方城市提供的薪资水平还是比较高的。某些专业在一线城市已经饱和,从业人员很多,工资已经低于平均水平,但在二、三线城市则可能刚刚兴起,还是朝阳产业,薪资和待遇都很好,甚至比一线城市的绝对数还要高。如果再把薪酬折算成实际购买力,那就可以看得更清楚了。大城市的生活成本很高,许多人的大都市梦都因此而破灭。

城市的大小不能直接成为衡量待遇好坏的标准,大城市的薪酬不是都高,小城市的薪酬也不是都低,关键要看你所进入的行业和公司的实力,以及职位本身。如果你即将从事的工作是传统和平稳的,薪水不会有突飞猛进,行业内的平均工资本身就不是太高,进入一线城市也不会有多少改观,却要承受巨大的生活成本,就有些得不偿失了。

发展也很好

面对待遇不错的二、三线城市工作机会,很多人因为担心工作后的发展而犹豫不决,生怕工作不久就碰到职业天花板,但在多年和毕业生接触的工作中,我们发现了一个与这种担忧相反的现象。当初为了寻求广阔平台而留在大城市的同学,在若干年后依旧在底层职位上拼搏,而那些去了二、三线城市的同学大部分已经进入中层,其中的情况很值得深思。

大城市的舞台看似很大,可以辐射全国,甚至沟通海外,但具体到每个人的发展就不一定了,不是所有在这个舞台上的人都是大角色,职场里的小角色比比皆是。如同求职时的竞争一样,大城市职场上的竞争也是非常激烈的,同一层次水平的人太多,大家的资质和能力又相差不大,脱颖而出的难度可想而知,以至于很多人工作多年都没能获得锻炼和展示的机会,所以在看到大平台的同时,也不要低估竞争的激烈程度。二、三线城市因为人才相对稀缺,有人工作没多长时间就被安排负责具体的工作而独当一面,他们有更多的机会,并在其中充分地锻炼成长,获得提升和发展。

匹配最重要

求职是选择一线城市,还是选择二、三线城市,最重要的是和自己的具体情况相匹配,不能把视野局限在某个城市,那会让我们的求职之路更加曲折。如果你的能力需要一个大舞台才能展示,那就进入一线城市尽情地施展;如果你的优势并不能在一线城市发挥,那就去寻找它真正的用武之地。如果工作带来的薪酬足以让你在一线城市安居乐业,那就留下来努力奋斗;如果二、三线城市的生活节奏才最适合你的步调,那就勇敢选择未来的方向,不要犹犹豫豫错失机会。

千万不要为了面子上好看,不惜找一份拿着低工资、不适合自己、也没有多少出路的工作,强留在一线城市。求职中攀比心理太强会让我们失去判断的理智,这样做出的决定十有八九是不合适的,最终难过的还是我们自己。因时因地考虑问题,不笼统地认为哪个好哪个不好,更不能为了虚荣选择不适合自己的城市。如果你已经看到了二、三线城市的机会,那就去试一试,到二、三线城市就业不会低人一等,更不是求职竞争中的失败者,宽天阔地就在我们自我设置的围城之外。

——王圣宇,《中国大学生就业》,2014年第5期,有改动

资源链接

推荐书籍:

1. 尼可拉斯·劳尔:《天才也怕入错行》,吉林大学出版社,2000年版。
2. 斯科特·普劳斯:《决策与判断》,人民邮电出版社,2004年版。
3. 埃德加·施恩:《职业锚》,中国财政经济出版社,2004年版。
4. 罗杰·道森:《赢在决策力》,重庆出版社,2010年版。

推荐网站:

1. 北森生涯培训:http://www.beisenedu.com/
2. 郎识测评:http://www.lstest.com/

推荐电影:

1. 《三傻大闹宝莱坞》,印度,导演:拉库马·希拉尼。
2. 《棒球新秀》,美国,导演:约翰·李·汉考克。
3. 《遗愿清单》,美国,导演:罗伯·莱纳。

第二篇

医药职场扬帆篇

第五章

医药类高校大学生求职途径

> 求职就是一场特殊的马拉松,它只有终点,没有固定的起点和路线。选择好的起点和正确的路线是胜出的关键。
>
> ——佚名

案例导读

小赵是药学专业的学生,大学期间他逐步明确了自己的就业目标——到知名外资企业从事医药代表工作。进入招聘季,小赵开始忙碌起来。制作简历、在网上投递简历、参加社会上组织的招聘会、参加校园宣讲会……可是一段时间下来,他发现很多简历投出之后都石沉大海,参加了好多宣讲会却并未发现有适合自己的岗位。看到班里有的同学已经拿到实习通知书,一向非常自信的小赵心里开始打鼓:是自己简历有问题,还是求职的途径不对?是自己的定位有问题,还是找工作不够努力?虽然不够自信,他依然不敢懈怠,还是按部就班地参加各种招聘活动。

当前,"市场导向、政府调控、学校推荐、毕业生和用人单位双向选择"是高校毕业生就业的主要模式,用人单位在全国范围选聘人才,毕业生也是多方选择心仪的就业单位,就业形势复杂严峻,就业市场瞬息万变,找准适合自己的有效求职渠道显得非常重要。正如我们要到一条小河的对岸,已经知道目标,是通过划船过去还是找到一座桥过去,是蹚水过去还是游泳过去,方法不同但最终结果都将是一样的,无非有的费力有的省力而已。就像案例中的小赵一样,想要到知名外资企业从事医药代表工作,是通过双选会还是企业的宣讲会,是通过熟人推荐还是网上投递简历自荐,效果都是不一样的。本章将会立足于医药类大学生就业工作的实际,向大家介绍大学生求职的主要途径以及利用这些途径找工作时的注意事项。

第一节 线 下 求 职

线下求职,亦即通过现场参加单位招聘的方式,求职者与用人单位双方在同一时空直接进行交流洽谈的求职形式。一般有固定的场所、地点、举办时间及特定对象参加,是求职者与招聘者双方进行交流和双向选择的最常见平台。参加线下求职是最为传统也是大学生最为重要的求职途径,也是供需双方普遍比较接受的一种方式。

一、线下求职的类别及特点

1. 高校举办的现场招聘会

这种招聘会一般在特定时间举行,规模有大型的也有中小型的,一般为开放式(同时面向社会开放),也有封闭式(只对本校学生开放)。在招聘会上,高校一般会邀请医药行业内知名单位或与本校专业较为对口的用人单位前来参加,这些单位往往与学校形成固定的用人关系,与学校的关系比较密切。

学校举办的毕业生现场招聘会特点是:①针对性强,参会单位与学校专业相关性比较大,岗位匹配度高,一般针对本校毕业生投放;②安全性高,单位经学校就业部门审核过,资质信誉及雇主品牌有保障;③竞争激烈,在比较集中的时间内大量同层次和综合素质相似的求职者与单位接触,很难凸显求职者个体优势;④效率较高,招聘会上岗位信息集中,求职者可以集中与多家招聘单位面谈,选择空间较大。

2. 高校联办的现场招聘会

高校自发联合或高校在其他部门的组织下联合举办的专业类或综合性双选会。

高校联办的现场招聘会有如下特点:①资源高度整合,可以集中各高校用人单位的资源,优势互补;②招聘会规模大,参会单位多,招聘岗位涉及的专业齐全;③招聘会辐射面大、影响力强,会吸引众多同类高校的毕业生参加;④招聘效率高,因为联盟内各高校办学水平差异较大,求职者层次差异明显,用人单位容易找到不同需求的人才。

3. 地域性、区域性的招聘会

为了毕业生充分就业,各级地方教育主管部门或人社部门都会定期举办招聘会,各种层次的人才中介机构也会主办类似的招聘会。另外,在一些医药产业集聚带,部分医药产业园区如南京医药谷、苏州工业园、泰州医药城等也会定期组织园区内医药企业集中开展招聘活动。

这种地域性、区域性的招聘会主要有以下特点:①参会单位地域性比较强,一般是本地具有代表性的单位,毕业生可以很方便地找到意向地域的单位;②参会单位比较宽泛,针对性不强;③求职者比较复杂,涉及各种社会人员;④监管力度差,企业可信度低,部分参会单位未在学校就业部门审核过,可能存在招聘失范的风险;⑤用人单位的规模和实力参差不齐,不过求职者刚好借这个机会对意向地域的单位有一个全面了解和把握。

4. 用人单位专场招聘会

每年一些知名用人单位都会到高校开展宣讲会。宣讲会上,用人单位往往会详细介绍单位的各方面情况,是求职者了解单位情况的好机会;而且,求职者可以就自己感兴趣的问题和招聘人员当面交流,有些用人单位还会在招聘会现场进行笔试和面试。

用人单位专场招聘会的特点有：一是针对性强，这种招聘一般以储备新生力量为目的，对社会工作经验要求较少，适合应届生应聘，成功率也会比较高。二是可靠性强，参会用人单位都需经过学校审核，且很多是与高校建立长期联系的单位，雇主品牌值得信赖。三是信息量大，便于求职者深入了解用人单位情况。四是应聘成本低，毕业生参加校园招聘会省去了外出求职的差旅花销，节省了应聘成本。

二、线下求职注意事项

1. 做充分的提前准备

一般情况下现场招聘会的单位会很多，毕业生要在参会前"备足功课"，仔细查看相关预告信息，对意向单位、意向职位有充分的了解，这样才能在参会时有的放矢，针对自己锁定的单位和岗位开展信息搜集确认工作，提高现场求职效率。要提前印制多份不同版本的求职简历，在参会时要有指向地投递多份简历，切忌事前不做准备现场走马观花式地乱投简历。

2. 保持良好的精神面貌

在招聘会现场与用人单位洽谈，往往只是很短的时间，短时间内把自己最优秀的一面展现给对方是很不容易的。此时应聘者应该朝气蓬勃，充满自信，言吐有致。

3. 选择最佳入场时间

线下招聘的时间非常有限，用人单位往往没有过多时间和求职者接触。早进入招聘会现场，可以有充足的时间收集信息、了解行情、掌握到会单位的情况，也能和招聘单位工作人员进行充分有效的交流，从而提升面试成功率。

4. 有所侧重地选择单位

在招聘会现场参会单位往往较多，越是好单位，前往求职的人会越多，往往是有的单位前门庭若市，有的单位前门可罗雀。进入现场后，要尽快浏览一遍，对到场单位情况做初步了解，然后根据自己的求职意向，确定几个重点，排好主次，再去交谈。

5. 重视自己的形象举止

应聘者与用人单位见面，第一印象是非常重要的，应聘者的衣着装饰和言谈举止往往会影响到用人单位对人才的选用。应聘者要根据应聘岗位需求进行形象设计，着装整齐，大方得体，并掌握必要的礼仪和谈话技巧。

6. 独立参加应聘活动

参加招聘会时，最好独立与用人单位展开交流，不要让家长或朋友在身边出谋划策，否则会给用人单位留下"缺乏主见"的不良印象。

7. 主动跟踪联系

在招聘会上很多单位往往不会当场签约，还要继续面试或考核，求职者就要留下自荐书、简历等材料。留下资料后，自己还要做好记录，向哪些单位、哪些岗位投递了简历，同时还应积极地与单位取得联系，主动确定是否进入下一招聘环节。

第二节 线上求职

线上求职如今是求职找工作的重要渠道。用人单位在线上通过图文或者视频的方式来进行企业宣传,毕业生根据自己的判断通过网络投递求职信息,同时也可以在线开展信息采集、测评,供需双方通过网络互相选择、直接交流,最终达成意向。互联网的兴起为线上招聘创造了条件,一台电脑、一部手机就可以成为交流的平台。相比于线下招聘,线上"云招聘",于供需双方可算得上双赢:对于招聘方来说,他们能足不出户就实施招聘程序,在短时间内面试足够多的对象;对于应聘方来说,则减少了中间的成本耗费。

一、线上求职的类别及特点

1. 通过就业网站查看就业信息,投递简历

目前通过高校就业部门网站、各省市就业指导中心的门户网站、各大人才中介机构的门户网站、地方性综合人才网站、细分行业的人才网站等寻找招聘信息并投递简历仍然是高校毕业生求职的主流方式。下面我们对主要的平台进行简要介绍:

(1) 高校就业部门网站

各高校就业部门的网站作为学校就业信息发布的官方平台,能够提供各类校园招聘信息,及时、准确、权威,信息量足,能够满足求职者的基本需求。网站上设置有公务员考试、选调生考试、实习生招聘、应届毕业生招聘等不同的板块,这些门户网站一般会同用人单位、其他高校、国家和地方人事部门等实现信息资源共享,并将这些信息分类汇总后进行发布,求职者可以很方便地找到自己想要的信息。高校就业指导中心门户网站信息的真实性、针对性、时效性比较强,是求职者获取就业信息的主要渠道。

(2) 各省市就业指导中心的门户网站

各级政府劳动保障部门、教育部和各级省市就业指导中心为了促进大学生就业,也会建立公益性招聘网站,如教育部的"新职业网""江苏省高校毕业生就业网络联盟"等,这些网站实现了毕业生和用人单位一站式注册及求职、招聘信息定向发布和精准配送,极大方便了用人单位招聘和毕业生求职。

(3) 各大人才中介机构的门户网站

目前,很多招聘服务公司成立了大而全的综合性人才网站。这些网站经过长期的运营,招聘人才的模式一般比较成熟,会有比较固定的程序。用人单位通过这些专业的网站发布招聘信息以获得专业人才,甚至招聘过程都会借助这些公司介入。用人单位会借助这些网络平台进行网上面试和测评,比如在线心理测试或者智力测验等。

(4) 细分行业的人才网站

该类网站以一个行业为中心来做细分市场,突出了专业和行业的特点,被称为"行业垂直人才网站"。这类网站往往会集成行业内的知名单位,就业领域涵盖广,就业岗位门类

齐全。

(5) 用人单位网站

用人单位尤其是事业单位或国有大中型企业在招聘计划制订完成以后，往往会在自己的门户网站上发布招聘信息，以吸引来访者的加入。但是由于这些单位的门户网站访问对象针对性较强，招聘效果并不明显。很多单位会在本单位门户网站挂出招聘信息后再将这些信息或信息的链接投向高校或中介机构。所以，求职者如果想要第一时间掌握一手信息，就要主动地到心仪的单位门户网站查询相关信息，以便抢得先机。

2. 网络招聘会

网络招聘会是现场招聘会的网上版本，是各用人单位和求职者之间一个高效、便捷、务实的就业信息交流服务平台。网络招聘会一般举办时间都在20—30天，其中包括10天左右的宣传时间，每届招聘会举办方都会策划不同的主题。跟传统现场招聘会相同，网络招聘会大致分为应届生专场招聘会、大型综合招聘会、行业人才招聘会等类型。相对于传统招聘会，网络招聘会有省时省钱、专业性强、便捷高效等优点，但也存在信息真实度低、成功率较低等问题。

3. "微媒体"求职

"微媒体"是新媒体的一种，是在新的技术支撑体系下出现的媒体形态，如微信、QQ、抖音等。随着这些媒体形态的普及，用人单位和各高校也相继开通官方微信公众平台、抖音平台等，开始利用他们开展招聘和就业服务工作，有时微信平台与网站互联互通，能够便捷获取各种信息。用人单位借助微招聘平台吸引粉丝，增强信息传播的针对性。招聘信息通过粉丝转发，快速传播出去后再被"粉丝的粉丝"层层转发信息。一些毕业生开始通过微博、微信、电视直播等方式寻找新的就业机会。有些大学生利用"微简历"也为自己谋取到了一份不错的工作。求职者看招聘信息、企业信息、投简历、听宣讲、笔试、面试都可以在微媒体上完美进行，供求双方不受时间、环境的限制，实时沟通。微信媒体强大的服务基因，让应聘者自助查询招聘进展、自动在线咨询、问题解答等服务成为可能。但是由于"微媒体"强调个体化参与，往往也会显现其弊端，比如消息来源真实性需鉴别、信息封闭性强、"粉丝"容易跟风等。

相较于传统的线下现场招聘会，线上求职有以下优势：

一是效率提升，利用AI人岗匹配、AI视频面试、职位咨询机器人、智能分组预约面试等智能化工具解放劳动力，提升简历筛选和面试选拔的效率。

二是触达面扩大，线下宣讲会、面试等活动受地理空间局限，特别对身处外地的毕业生而言，往往有诸多不便，而线上校招只需要有网络的连接就可触达候选人。

三是成本较低，求职者可以通过网络平台直接获取求职信息并投放简历，联系用人单位，从而节省了制作纸质简历的财力成本和奔走人才市场的人力、物力成本。

四是针对性强，线上招聘是一个跨时空的互动过程，招聘者可以通过条件筛选，选择适合要求的求职者进行面试，求职者可以通过筛选有针对性地选择用人单位，这样避免了双方的盲目行为,提高了双方效率。

五是公平性强,网络求职时,求职者的机会都是均等的,大家共用一个平台,在网上投递简历,与单位人事部门接触较少,最大限度规避了人为因素。同时,用人单位将招聘要求、时间、进度、结果都按时公布在网络上,整个环节清晰、透明,一定程度上维护了招聘的公正性。

当然,相较线下招聘,线上招聘也有不足之处:(1)招聘信息"水分"较多,不同网络招聘平台上发布的招聘信息鱼龙混杂,有的信息在真实性和有效性上得不到保障,需要求职者谨慎辨别。(2)互动性差,信息反馈滞后,网络平台上求职者与招聘单位双方缺少直接沟通的机会,求职者仅凭单位自己提供的信息,很难确切了解单位的真实情况,在投递简历后往往处于被动等待状况,反馈信息到达较晚,一份简历发出去,经常是石沉大海,杳无音信。同时,隔着屏幕,企业和求职者对彼此了解不够直观,招聘的精准度也就相对较弱,镜头、语言的沟通效果仍有不足,企业雇主要想增加对候选人的全面了解,还需要更多方式的辅助。(3)竞争更加激烈,由于网络信息的开放性,一个职位在网络平台上发布招聘时,会有更多的求职者关注并参与到竞争队伍中去,对于一些优质岗位,几千人竞争一个岗位的现象并不少见。(4)招聘、应聘双方的随意性很大,网络招聘的门槛低,只要用人单位发布了招聘信息,求职者就会蜂拥而至,招聘方将会收到很多的简历,求职者也会将简历发向不同的招聘者。当前社会对"云招聘"的接受度还不高,招聘单位的应用度和求职者的适应度也远远不够。发放信息和收取信息的双方都有很大的随意性,降低了求职的成功率。线上招聘虽然看着场次多、规模大、涉及面广,但也存在"围观多、签约少"的情况。

小贴士

视频面试小攻略

视频面试和现场面试,方式虽然不一样,需要注意的方面大体是一致的。比如精神状态饱满,仪容仪貌完好,提前准备好自我介绍,提前了解用人单位及岗位信息等。视频面试因为要通过网络和视频面试工具,并且身处的背景环境会进入画面,所以多了提前调试设备的步骤和环境选择的环节:

1. 选好背景环境。(1)选择合适的环境。视频面试时比较理想的背景是书架,如果没有书房或书架,至少要找一面白墙,并保持自己桌面等周围干净整洁。如果用电脑,画面要相对固定;用手机面试时尤其要注意,尽量不要让周围无关的画面进入镜头。如果家里环境不好,也可以考虑咖啡馆等安静的地方。(2)选择光线充足的地方。(3)保证面试时周围没有噪声。(4)选择的地方要保证网络信号稳定。

2. 提前调试设备。(1)测试网络状况。选择家里网络信号稳定的地方,画面声音没有卡顿。(2)提前试用视频面试的系统平台。以免因为对系统功能不熟造成紧张甚至面试不畅。(3)提前调试好摄像头、麦克风等。首先确保能正常调用摄像头和麦克风。然后可以找家人或朋友调试,模拟一遍,确定音量、光线等。(4)注意背景中不要出现光源、玻璃等反光的东西。(5)如果用手机面试,一定要找个支撑物将手机固定起来,免得手持手机造成画面晃动,模糊等情况。(6)提前进入面试房间等待面试官,等待期间也要注意自己的环境、仪容仪表等。

需要注意,开始面试后,一定要盯着摄像头,这样才能给面试官一种眼神交流的感觉。

二、线上求职应注意的问题

1. 选择适合自己的正规、权威的网站

求职者利用网络平台开展求职活动时,要注意选择正规、权威的网站。这些网站在发布招聘信息时,一般都会仔细验证招聘单位的真实性,要求对方提供营业执照、办理人员的身份证件以及加盖公章的单位证明等。求职者在无法确认单位的真实性与可靠性时,可用"天眼查"等网络工具查询企业的情况。

2. 参加网上在线招聘要有所准备

受网络时间、视频空间的限制,网上招聘给每个求职者的时间是有限的。因此,在线应聘前要做好充分的准备,向用人单位提问时一定要简明、扼要,回答问题要突出个人特点和优势。获得用人单位首肯后,一定要留下明确的联系方式,为下一步的面试做好准备。

3. 谨慎甄别,充分利用信息

求职者在浏览网络寻找就业机会时,要及时下载重要的信息并分门别类地建立个人就业信息库,以便下线后仔细推敲;要尽快分析处理招聘信息并向信息发布者及时反馈信息,以便赢得竞争先机。

4. 正确投递简历

在求职时根据企业需要制作投递简历。发送简历时要注意以下几点:一是如用人单位无明确要求,邮件标题最好采用"姓名+学校名称+应聘××职位"的形式;二是简历最好不要用附件形式发送(除非单位有特殊要求);三是投递简历时最好附上自荐信;四是不要向同一单位同时申请多个职位或频繁发简历。

5. 有效使用网站提供的求职信息

国内大型人力资源网站一般都会给求职者提供简历编辑和投递的服务。求职者在注册时要认真填写完善并定时更新网站内的个人简历。这样简历发送更有针对性,个人的求职信息也更容易被用人单位搜索到。

6. 要主动与用人单位联系

在向用人单位发送过个人简历后,要及时跟进,主动通过发电子邮件或打电话询问情况,向用人单位表示诚意,同时也能了解相关情况,为下一步工作做好准备。

7. 求职成功后注销相关简历

许多求职者在应聘成功后就忽略自己在网站上投递的简历,结果不断有招聘单位打电话通知面试,对双方都造成困扰。因此,大学生在求职成功后应该删除或屏蔽自己的求职简历,避免造成不必要的麻烦。

8. 严防个人隐私信息泄露

求职者的简历中包含了电话号码、电子邮件地址,甚至家庭电话和家庭住址,使犯罪分子有机可乘。常常有网上"雇主"以招聘为名,让求职者把自己的信用卡号、银行账号、身份证或者身份证复印件等发送给他们,这些本属个人隐私的信息一旦落到那些别有用心的人的手里,后果将非常严重。因此求职者按照网上提供的简历模板填写个人信息时,要注意把握分寸,不要将重要个人信息留在不该填写的位置,尽量不要使自己的个人简历处于无条件公开的状态,避免给一些不法分子留下可乘之机。

线上求职是新兴的一种求职方式,在特殊时期起到了重要的作用,可以想见在不久的未来,线上线下互补,精准实施就业服务将成为大学生求职的主要形态,充分利用其优势,将有助于求职者成功获得就业机会。

延伸阅读一

轻松网申五大技巧

第一,简历撰写要出彩。简历要突破常规,除了要改掉万年不变的简历内容之外,不对称的格式跟富有吸引力的自我评价也是十分重要的,如何在芸芸众生中突出自我,而又不显得自卖自夸,这是每一个求职者应该注意的问题,网申尤其如此,只有切实做好基本工作,才能够轻松应对网申的激烈竞争,值得一提的是,简历最好附上个人照片,这不只是让HR(人事专员)可以对你有个直观的印象,也可以体现出你自己的用心。

第二,求职信撰写有特色。求职信首先要突出自己的专长,但是文字要控制在两三百字以内,具体内容可以写自己对于所申请的职位的见解以及自己所具备的能力与优势,唯有如此才能轻松求职,需要提醒的是,求职信最好加上一些礼貌性用语。

第三,邮件标题撰写要醒目。对于HR而言,清一色的"应聘××职位"未免显得有些枯燥,要想吸引住HR的眼球,还需要巧妙设置好标题,网申的技巧之一就是要让大家明白,新颖而有创意的标题,能够提升HR点开邮件的概率,配合着用心撰写的简历跟求职信,定能让你轻松过关斩将。

第四,邮件位置要靠前。邮件永远在最前,唯有如此,才能让HR首先看到你的邮件。其实方法也是很简单的,只需要在发邮件之前,将你的电脑日期改为将来的一个日期,这样你的邮件自然而然就排在前面了,因为邮箱的邮件是默认按照日期排序的。

第五,简历投递时间要精准。HR也是有工作习惯的,他们一般会在上午九点半、下午两点左右开始登邮箱查看邮件,然后在上午十一点、下午三点左右通知适合的人过来面试,并且HR在周二和周五打开邮箱的概率是比较大的,所以掌握这个网申技巧也是很有用的。

在求职的过程中,有很多因素是我们控制不了的,但是我们可以利用网申技巧把那些我们控制不了的因素为我们所用,巧妙利用五大网申技巧,可以让单位快速地找到你,也让你自己轻松找到心仪的工作。

——全国大学生就业公共服务立体化平台

延伸阅读二

网上求职陷阱

陷阱一:变相收费

这是求职陷阱中出现频率最高的一种犯罪活动。不法分子利用网上求职双方互不见面的特点,以种种名义骗取求职者的钱财。网上求职的骗局通常有两类:一是骗子公司动不动就要求付费。求职者往往被要求汇款作为报名费、押金、手续费等。凡是这类情况,求职者应当立即放弃,甚至可以报警。

案例:

南京某大学应届毕业生小赵在网上找工作时,看中了一家深圳公司。按照该公司提供的电子邮箱,小赵将简历发了过去。很快,该公司回了一封言辞恳切的信,称小赵才思敏捷,打动了该公司人力资源部领导,决定破格聘用小赵并给予高薪,但由于小赵所学专业与该岗位不吻合,需要培训,而路途遥远,该公司经过研究提出了一个"非常体谅"的安排:小赵可以先在学校自学有关教材,再来深圳参加培训。按照该公司规定,小赵汇去了教材、档案和服装等各类费用共400元。就在小赵为前往深圳发展踌躇满志的时候,该公司已经不再回复他的任何邮件,此时小赵才意识到上当了。

陷阱二:传销公司

大学生容易接受新事物,缺乏社会经验,经过"洗脑"之后有很强的自我辩解能力和发展下线的能力。另外,如今的大学生有着"挣大钱"欲望、极强的好奇心和对新事物特感兴趣等特点。因此很多传销公司把目光锁定到大学生身上,利用网络招聘设置陷阱。

案例:

小李是某学校药学专业的一名大三学生,早就想在外企找一份医药代表的工作,不但待遇好,发展空间也比较大,所以没有到大四他就开始关注各种招聘信息。偶然的一个机会,他在某社交网站上看到了学校的论坛,上面有各种各样的实习信息。小李点开各个帖子仔细阅读上面的信息。一个"某外企青岛大区急需实习生"的帖子引起了他的注意。帖子是一个自称"学长"的人发布的,说他所负责的大区因为上线新产品,急需人手,希望即将毕业的学弟学妹暑假就能来顶岗实习,实习期间发放工资,报销往返差旅费用。小李看到帖子内容不由庆幸自己运气好,刚开始找工作就遇到这么好的机会。他拨通了"学长"的电话,在对方热情邀请下,未跟父母和同学商量就匆匆踏上了去青岛的列车。

小李到了"学长"所谓的公司,受到公司"领导"的亲切接待,但接下来公司的各种"培训"活动,使他脑海中忽然浮现出媒体报道的传销公司的画面,警觉的小李设法从公司逃了出来。当身无分文的他回到家里,回想起自己找工作这一幕仍心有余悸。

陷阱三:骗色

不法分子从求职者中寻找那些经历简单、处事单纯的女大学生,冒充招聘人员,采用手机联系,单独约见求职者在宾馆、度假村等高档消费场所面试的方式,趁机进行犯罪活动。有的多次约见求职者,甚至故意交给求职者一些文字材料,让其整理等,麻痹被害人。面对高薪诱惑,大学生们放松了警惕。有的在孤立无援的状态下,成了不法分子的猎物。

案例:

成都某大学正在找工作的女生小王,不断接到外地或本地的陌生来电,这些人操着不同口音,问小王的问题大同小异:是否愿意从事"特殊服务"。更让小王吃惊的是,对方对小王的年龄、籍贯和爱好等了如指掌。小王百思不得其解,不由得有些害怕:这些陌生人是怎样把自己了解得这么详细呢?后来,小王发现身边的女同学也有遇到这类情况的,大家不约而同想到了前不久在互联网上发布的求职简历,原来麻烦来自他们在网上发布的求职信息。这个时候,她们才注意到登录查询求职者的个人信息不需要浏览人提供任何身份证明。自己当时在网上提供的年龄、毕业院校、所学专业、籍贯、家庭住址、手机和身份证号码等在网上一览无余。小王没想到,她一直认为省事的求职办法,会给自己带来那么多烦恼。

——根据相关资料整理

第三节　其他求职途径

毕业生除了参加各种线下线上求职外,还可以借助其他途径,以确保求职尽快取得成功。

一、他荐形式

1. 学校推荐

学校推荐是最常见的毕业生求职途径。学校在向社会输送毕业生的过程中,一方面与政府就业主管部门以及广大用人单位保持着较为密切的联系,彼此在合作中建立了互通信息、密切合作、相互信任的关系;另一方面,学校每年都要投入许多精力去收集大量用人需求信息,无论是用人单位的详细情况、就业信息、职位空缺,还是毕业生的综合情况,学校都掌握得比较全面。因此,由学校就业主管部门向用人单位推荐毕业生的方式,具有较大的权威性和可信性,较易得到用人单位的认可。毕业生可以取得学校或者院部负责就业工作老师的支持,以便能够及时地获得有效的就业信息和大力推荐。

2. 社会关系介绍

社会关系网络在搜集就业信息和进行求职活动的过程中有时也起着不可小觑的作用,许多用人单位也愿意录用经熟人介绍或者推荐引进的求职者。大学毕业生在求职的过程中,如果关键时刻有人帮自己引荐,无疑会起到锦上添花的效果。

那么,求职者如何建立和利用自己的关系网络呢?简单和行之有效的策略是:

①平时应积极参加学校的各种社团活动和跨年级校园文化活动,借此积累自己在同学间的人脉。在毕业寻找工作时,很多往届的同学已经踏入社会,应该适时主动地同他们取得联系,已经就职多年的大学毕业生往往可以提供大量的求职经验和就业机会。

②求职者在找工作时,可以充分利用好自己的家庭关系、亲朋关系,直接请他们帮忙介绍或推荐就业岗位,也可以托他们介绍其他可以帮助自己的人。这样,自己可能获得若干新的人际关系,扩大现有网络,即使暂时没有获得工作,也能为自己今后的职业发展奠定良好的人际脉络基础。

二、自荐形式

求职者在没有其他关系介绍和推荐的情况下,可以带着简历直接到一些自己选定的公司登门拜访,勇敢地把自己介绍给对方,主动赢得就业机会。有很多实例说明,大学生的主动精神往往会打动用人单位的招聘者,并让自己最终被录用。当然主动求职要因人、因单位而异,因为主动并非对任何单位都有用,是否主动登门求职还要根据自身的实际情况来决定,可根据工作性质不同、职位高低不等和单位文化等多种因素来选择是否主动登门求职。

求职者自荐时要注意以下方面:

1. 要事先做好充分准备

求职者要事先对用人单位进行深入了解,做到有的放矢;同时还要准备好自荐材料,自荐材料要全面、完整,切忌丢三落四;预计好各种临时状况和应对措施,以免由主动变为被动。

2. 自荐时要积极主动

求职者自荐时应做到:不等对方索要材料,主动呈交;不等对方提问,主动自我介绍;不消极等待回音,主动询问。此外,在拜访时要表现出自己对该用人单位有极高的热情、兴趣以及相当的了解,给招聘负责人留下深刻印象。

3. 自我介绍要点面结合

求职者在自我介绍时,要重点突出自己的能力和知识。可以详细介绍自己的专长、经验、能力、兴趣等,为了取得对方的信任,有时还要举例说明。本人和家庭情况简单介绍即可。在介绍情况时一定要实事求是,扬长避短。

电话求职学问多

电话求职是指通过电话推荐自己的一种求职方式,现在被越来越多的求职者所采用。因为电话求职往往只有短暂的几分钟,用最简洁明了的语言清楚地表达自己的意思,充分展示自己的优势,尽可能给对方留下深刻清晰的印象就显得尤为重要。一般来说,电话求职要注意以下几点:

1. 事先要做充分准备。求职者首先要尽量收集了解用人单位的全称、性质、隶属关系、主要业务范围、用人计划、人才需求方向等情况。其次,要对自己的专业特长、性格爱好等方面有一个客观、公正的认识。最后,要根据用人单位的需求情况,结合自己的特点,对自己的谈话内容有一个全面的考虑。最好在打电话之前列出一份简单的提纲,然后按照拟定的提纲全面、有条理、重点突出地介绍自己的有关情况,力争给受话人留下深刻的印象。

2. 要选择恰当的时机。电话自荐应在对用人单位较为了解的情况下使用,比如自己曾经实习过的单位,曾经寄过求职信的单位或曾经有过联系的单位。这样的单位,自己比较了解,容易掌握更多的信息,尤其是人事部门的信息,也能够找到更多的话题沟通。

3. 合理安排通话时间。求职者一般应选在周二、周三、周四上午9至10点钟打电话较为合适。最好不要对方刚上班就打电话,要给对方一个安排工作的时间。下午4点以后不宜再打电话。打电话时要注意控制双方通话时间,尤其要控制自我介绍的时间,力争在两分钟时间里,把自己的情况介绍清楚,并且能够引起对方的注意。

4. 了解使用电话礼仪。打电话时要注意,尊称和礼貌用语的使用要贯穿通话过程的始终。通话完毕时要礼貌地说"谢谢"和"再见",并在对方放下电话后再挂电话,切忌突然挂断电话,引起别人误会。即使被拒绝,也要礼貌地说声"谢谢"。

5. 注意控制音量、语速。电话求职时要注意配合面试官的语速。同时注意不要抢话,要等对方提问完毕后再回答。另外,回答时不要滔滔不绝,也不能只答"是"或"好"。在通话时要态度谦虚、语调温和、语言简洁、口齿清晰,并且语气、态度也应该配合对方,这样有利于双方愉快交流。

除了以上渠道外,大学生还可以通过社会实践、就业实习、社会考察、实地参观、个人走访、参加用人单位公益讲座等方式深入了解用人单位的内部文化、工作环境和工作流程,也可以在此过程中与用人单位工作人员深入接触,表达自己的求职意愿,增加求职成功率。

以上我们介绍了医药类大学生寻找工作的各种途径,可以说五花八门,各有千秋。对于不同的求职者,不同的用人单位所采用的途径也不尽一样,有的时候甚至要综合运用各种途径才能实现预期目标。

📖 资源链接

推荐影视:

1. 中国教育电视台:《职来职往》。
2. 天津卫视:《非你莫属》。

第六章

医药类高校大学生就业程序与形式

> 明者因时而变,知者随事而制。
>
> ——桓宽

案例导读

● 小赵是一名学业优异、各方面发展都很全面的学生,他对自己毕业后的职业方向就很有想法,特别想毕业了到基层单位就业,并动心于其中几项针对毕业生的国家基层项目,可是他也很犹豫:哪一个项目最适合自己呢?到基层去工作有发展空间吗?参加基层项目满服务年限后,职业方向和前景究竟是怎样的?能否实现自己的职业理想?

随着我国社会的快速发展和变革,经济形式和社会活动日益多元化,新经济的发展、新的就业形态、新的就业模式为大学生就业提供了更多选择。大学生的就业形式多样化,"双向选择+自主择业"成为当代大学生就业的主要形式。求职择业是每位大学毕业生都必须亲自经历和完成的事情,受国家法律、就业法规与政策的约束,同时也要遵循一定的原则和程序。每一名毕业生在求职择业时,都会对未来有着美好的设想,但仅有良好的愿望是不够的,还需要熟悉就业程序、了解就业形式,以便顺利地完成就业过程中的各个环节,最终成功就业。

第一节 医药类高校大学生就业程序

对大学生来说,一个完整的择业过程,应该包括了解就业政策、收集信息、自我分析、确立目标、制作应聘材料、参加招聘会(投递材料)、参加笔试或面试、签订协议、办理报到证和离校手续、走上工作岗位等环节。走好择业的每一步,对成功实现自己的职业理想十分重要。

一、高校就业部门的工作程序

高校就业管理与服务部门负责本校学生就业日常事务,也是毕业生和用人单位之间联系和交流的桥梁。大学生可以通过学校就业部门,获得就业创业相关方面的资讯和指导,切实解决自己在就业过程中所遇到的实际问题。

高校就业管理与服务部门的工作内容主要包括:制定年度工作意见、统计审核生源信息、发放就业材料(协议书、推荐表等)、就业指导服务、就业市场调查和建设、信息收集发布、组织举办招聘活动、编制就业方案、毕业生派遣、未就业毕业生持续就业指导服务、毕业生就业情况跟踪调查、编制发布年度就业质量报告等。

参加就业的毕业生主要涉及以下工作程序:

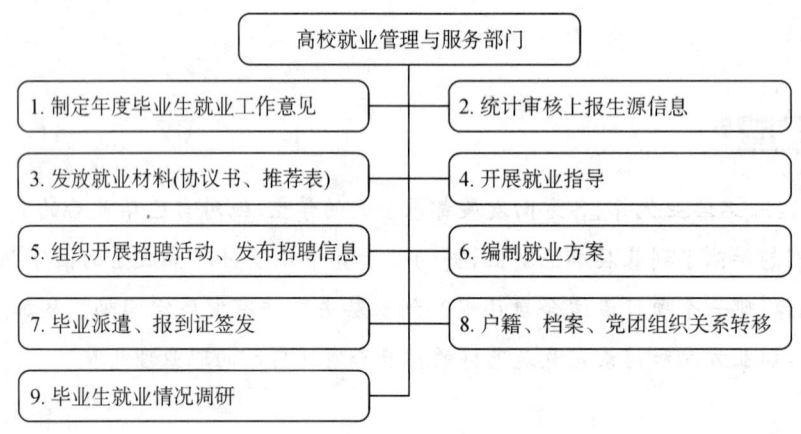

图 6-1 毕业生就业工作程序

二、医药类用人单位招聘程序

招聘活动是一个双向过程,是用人单位和毕业生相互选择的一种活动。了解用人单位的招聘程序也是大学生择业过程中需要了解的重要内容。现将一般用人单位的招聘程序做以下说明:

(一)确定人员需求

用人单位根据因工作量增加、员工离职等情况出现的岗位空缺数,确定本年度招聘人数净需求量。

当部门有员工离职或工作量增加等出现空缺岗位需增补人员时,可向人力资源部申领《人员需求申请单》,参照《岗位描述》填写增补原因、增补岗位任职资格、工作内容等报批人事部门。

人力资源部接收汇总部门人员需求申请,核查各部门人员配置情况和公司现有人才储备情况,确定是通过内部调动解决人员需求,还是进行外部招聘。

（二）确定招聘计划

人力资源部根据人员需求情况，结合本年度公司的人才发展战略，制订出可行的招聘计划。

①依据《岗位描述》确定岗位招聘的基本资格条件和工作要求。

②根据招聘人员的资格条件、工作要求和招聘数量，结合当年人才市场情况，确定招聘渠道。如：发布招聘公告、校园招聘、人才交流招聘会、网络招聘、猎头公司、企业内部招聘、员工推荐等。

③人力资源部根据招聘需求，准备招聘广告、公司宣传资料、应聘人员登记表等材料。

（三）人员甄选

①收集应聘资料、筛选简历、组织初试、复试等招聘环节，对职位候选人进行甄选、考察及评估。

②在复试面试时，一般会由各人员需求部门参与完成。由各人员需求部门主管和人力资源部门人员共同担任面试官，对应聘者进行考核。

（四）录用签约

①经过初试和复试筛选之后，与拟录用人员进行录用意向洽谈，在双方就工作岗位、内容、条件、薪酬等方面都达成意向后，最终确定录用名单，发放录用通知书。

②拟聘人员体检合格后，办理入职手续。用人单位登记新进员工的信息，根据岗位不同，签订劳动合同，对新进员工进行入职培训。

三、医药类毕业生的择业程序

毕业生求职择业前，应充分了解毕业生就业管理部门的工作程序及有关就业政策，收集整理相关信息，做好就业前的准备。并在此基础上，结合自身情况，确定择业目标，制订合理可行的计划，按照一定的择业程序来实施，把握求职择业的主动权，顺利实现就业预期。

（一）了解政策，收集信息

大学生就业是一项政策性很强的工作，学校、毕业生、用人单位要按照相关政策开展相应工作。充分了解国家及有关地区、部门的就业创业政策，熟悉学校具体的就创业工作要求和规定，了解自己拟就业行业、地区的具体就业政策、意向单位岗位需求信息等，是大学生实施就业程序的良好开端，这样可以少走弯路，让自己的求职之路更加顺畅。

一般需收集的就业信息主要包括以下三个方面内容：

1. 就业政策与法律法规信息

毕业生要充分了解国家及地方各级部门针对毕业生就业制定的方针、政策及规定，了解各地出台的最新招才引智政策，涉及劳动者权益的法律法规，等等。

2. 就业市场的供需形势和用人单位信息

毕业生要及时关注社会经济发展形势和趋势、国家发展规划、本专业领域发展状况、用人单位情况及对毕业生的基本需求。深入了解目标用人单位相关信息,如名称、性质、企业文化、经营状况、区域、行业排名等;用人单位本年度的人才招聘需求,如专业、岗位、招聘数量、工作条件、个人发展前景、福利待遇、工作几年的提升和发展空间等;用人单位的年度招聘工作安排信息,等等。

3. 就业机制及办事程序

大学生应了解高校所在省市、就业单位所在省市以及所在高校的就业手续办理机制。例如,到单位工作如何办理落户手续,就业补贴如何领取,就业协议如何签订,档案转递如何办理,就业报到如何办理,等等。

(二) **自我分析,明确目标**

大学生应充分结合自己的知识结构、能力特点、择业方向和社会人才需求等实际因素,对自己进行全面、客观、理性的自我分析和评估,了解自己的优劣势以及兴趣、性格、价值观念和职业倾向,确定择业目标,给自己一个明确的择业定位。自我分析的内容主要涉及:测评自身综合素质、能力(学习成绩、兴趣、特长等),分析自己的气质、性格特点(认识自己的性格类型),分析自身优劣势(择业过程中的优势和弱势),自我兴趣的探索(了解内心的真实需要)。

大学生要仔细考虑,事先给自己的择业确定一个相对明确的目标范围,避免出现乱打乱撞的盲目、被动局面。大学生需要确定的择业目标大体上包括:择业的行业(本专业范围内就业或其他行业就业),择业的地域(东部地区还是中西部等地区就业;回生源省市还是去外地就业),择业的单位(去机关、事业单位、科研院所还是企业;国企、外企还是民企)。

(三) **制作简历,完善材料**

求职应聘材料主要包括个人简历、自荐信、毕业生推荐表(复印件)、成绩单、各类技能证书、获奖证书以及有关的重要补充材料。毕业生应按照自身情况、岗位需求准备材料,确保内容全面、重点突出,切忌弄虚作假。

(四) **供需见面,双向选择**

双向选择是指毕业生与用人单位见面洽谈协商、相互选择的一系列就业活动,也是以毕业生和用人单位为主体的市场就业方式。毕业生和用人单位互有选择权利,最终能否达成就业意向,是双方相互了解选择的结果,而非单方面行为。许多用人单位都会安排笔试、面试等多轮多形式的考核方式,为企业遴选优秀合适的人才;而毕业生在这一次次的选择、准备和参与的过程中,不断充实自己,有针对性地提升自己核心就业竞争力,最终实现成功就业。

(五) **理性决策,慎重签约**

毕业生与用人单位达成就业意向后,按要求签订就业协议书或办理相关的就业材料。

在签订就业协议之前,毕业生应该对用人单位进行全面了解和咨询,最终理性签约。签订就业协议、完备签约过程中的相关手续后,应将签约信息和材料提交学校毕业生就业管理部门审核,列入就业方案。

(六)毕业派遣,文明离校

学校和省级教育主管部门审核毕业生与用人单位签订的就业协议或其他相应就业材料,并据此为毕业生办理《就业报到证》,时间一般为每年的6月中下旬。毕业生可在领取报到证后,逐一完成户口迁移、档案转递、党(团)组织关系转移等毕业离校前的各类相关事务办理。至此,毕业生的求职择业程序完成。

毕业生在办理离校手续后,需持《报到证》和《户口迁移证》,在报到证规定的时间期限内到用人单位或人事代理部门报到,并办理落户手续和档案托管。档案在毕业生离校后两周内,由高校毕业生档案管理部门统一转递至档案接收单位,不能由个人携带。

第二节 医药类高校大学生就业形式

自实行"自主择业、双向选择"的就业制度以来,大学生就业走上了市场化的轨道,并逐步形成了多元化和自主化的就业方式。目前,大学生就业主要有协议就业、考研深造、出国留学、自主创业、灵活就业、基层项目就业、应征入伍、科研助理、国际组织任职等几种形式。

一、协议就业

协议就业是较为传统的就业形式,一般指正规的全日制大学毕业生与用人单位建有稳定的劳动法律关系、获有工资福利和社会保障的就业。协议就业是大学毕业生就业最普遍的一种方式,包括以下两种情形:

(一)签订就业协议就业

当毕业生与用人单位经过双向选择达成初步意愿之后,双方开始进入就业的实质性程序——签订就业协议。毕业生与用人单位签订《就业协议书》,毕业离校前由就业主管部门发放《普通高等学校毕业生就业报到证》,毕业生持报到证到用人单位报到。档案、户口关系转至用人单位或用人单位上级主管部门。这种就业形式最为简单、完善,能够全面考虑解决毕业生户籍、档案等一系列相关问题。

(二)签订劳动合同就业

当毕业生与用人单位双方建立劳动关系时,用人单位与毕业生签订劳动合同,就业派遣时毕业生档案、户籍迁往用人单位所在地档案人事代理机构或生源地毕业生户档关系接收相关部门(一般为生源地公共就业服务机构)。按照法律规定,用人单位应当在自用工之日起一个月内与劳动者签订书面劳动合同。

二、国内升学

随着社会的发展,越来越多的高职学生热衷于在学业上继续深造。对于他们来说,升学的途径大概分为专转本、自学考试等。

(一)专转本

选拔对象及方法。"专转本"选拔对象为列入国家普通高校招生计划,经省招生部门按规定程序正式录取的,在本省各类普通高校的专科三年级在籍学生(含普通高校对口单独招生学生);经设区市招生部门按照规定程序正式录取的,在本省各类学校的五年一贯制高职的五年级在籍学生;我省高职(专科)学生应征入伍服义务兵役退役,在完成高职学业后,经有关单位严格按照规定的标准和程序审核后可参加"专转本"选拔考试。普通高职(专科)学生、退役大学生士兵"专转本"实行全省统一考试选拔的办法。

(二)自学考试

1. "专接本"简介

自学考试"专接本"是省考委和省教育厅在全省普通高校中开展的,全日制在籍专科学生在基本完成专科阶段教育的基础上,接读自学考试本科教育的一种学习形式,简称"专接本"。"专接本"是具有自学考试特色的本科人才培养模式,是一种国家考试和学校助学相结合的新的教育形式,具有文凭硬、含金量高、社会信誉好的优点,也具有学制短、难度适中、适学者广的特点。"专接本"在高职高专教育与自学考试之间,开辟了一条有效沟通的渠道,是全日制在籍专科学生进行本科深造,提升知识技能水平和择业竞争能力的一次最佳机遇与选择。

2. "独立本科"(脱产)、"自学考试助学"(业余)简介

"独立本科""自学考试助学"是我省为适应教育改革和经济发展对多层次人才的需要,加快应用型人才培养步伐而设立的新型办学形式,允许部分符合条件的、教育资源雄厚的本科高校利用现有的优势专业面向社会招生,培养多层次、应用型的自学考试人才,与"专接本"同属自学考试。

(1) "独立本科"(脱产)

"独立本科"是高等教育自学考试的重要组成部分,是高等教育自学考试与全日制大学正规教育有机结合的一种学历教育形式。按照正规本科生一样进行培养,统一管理,统一教学,统一住宿,利用主考高校的师资力量、教学环境、办学条件、全日制规范化管理的办学形式。

"独立本科"学生修完规定课程并经考试合格,由省考委和主办高校共同颁发毕业证书,国家承认学历(学习考试学历证书),教育部统一上网电子注册,符合条件者可申请学士学位。与社会自学考试相比,"独立本科"要求全脱产学习,重视"教"和"学"的过程,强调老师的指导和学生自学相结合。

(2)"自学考试助学"(业余)

"自学考试助学"(业余)仅限专科毕业并取得专科学历证书的同学。报考"自学考试助学(业余)"的学生,经主考学校报名注册成功后取得"自学考试"考籍,学制三年,业余教学,利用双休日上课。教学管理和学生管理由主考学校负责。

3. 招生对象及报名时间

招生对象:列入国家计划经省招生部门正式录取的统招学生,在籍大二学生可以报考"专接本",在籍大三学生根据自身的实际情况和当年政策可以选报"专接本"或"独立本科",已经毕业的学生只能报考"独立本科"或"自学考试(业余)"。

4. 毕业证书和学位证书

学生学完考试计划规定的全部课程(包括课程的实践性环节),通过考试取得合格成绩,思想品德经鉴定符合要求,并持有专科毕业证书,由省考委颁发本科毕业证书,主考学校副署。符合学士学位授予条件的,由主考学校授予学士学位证书。

小贴士

"四法"辨识院校专业实力

1. 看校史:通过了解大学历史,可知其强势专业。随着数十年来大学的分化重组,大部分办学久、底子厚、基础扎实的院校划给地方,这些院校在某个专业领域里有很强的实力。

2. 查"重点学科":"国家重点学科"代表了一所学校一个地区学科建设的最高水平,"省部重点学科"仅次于"国家重点学科"。

3. 了解"重点实验室":"重点实验室"包括国家级重点实验室和省部级重点实验室。优越的实验室条件会对学习有不小的帮助。

4. 了解"特色专业建设点"。"特色专业"包括国家级特色专业和省市级特色专业。二者都是高校的特色与品牌专业,除了有一定的师资力量、教学设备等支撑,还是国家紧缺或急需发展的专业。

三、出国出境

随着教育的国际交流日益频繁,人民生活水平的日益提高,也使境外升学成为越来越多毕业生的选择。境外升学准备和申请的流程主要包括:

(一)自我定位,选取学校

在做出出国留学的决定后,自我定位是申请留学的第一步也是很关键的一步。正确判断个人情况和申请方向是顺利录取的前提和保证。同学们应该从自己的个人能力,所在学校排名、成绩、研究背景,有无发表文章,GRE/TOFFL成绩等方面综合分析自己的优劣势,以你所期望达到的留学目标(拿一个什么样的文凭、读什么课程)和到哪个国家留学为选择的标准,结合自己现有学历水平和学习能力,确定符合自己期望的学校,收集整理信息。选择学校时切忌盲目,要想清楚自己的条件和能力如何,留学的目的是什么,什么样的学校、专业、导师适合自己。学校信息可通过国际互联网访问国外院校网站,或者到相关国家在华教育中心和国内专业、合法从事自费留学咨询服务的机构进行咨询。

(二)留学方案设计

根据掌握的留学基本信息和国外学校入学要求,结合自身年龄、学历、经济能力、外语水平、所学专业、个人爱好等因素,设计出适合自己的一套科学合理的留学方案,对留学国别、院校、专业、入学时间等最终拍板确定。设计好留学方案之后,应根据所选定目标的入门标准立即开始全面的"热身和补充"准备,包括:语言的学习与考试、留学所需的资金筹备、个人资历证明材料的准备、身体和精神状态的调整等。待时机成熟,就可以申请学校。

(三)提交入学申请,等待结果

收到国外学校报名表之后,要认真完整地填写,随同个人学历证明、学习成绩单、推荐信、个人简历、语言考试成绩单等资料寄往所申请的学校,等待录取结果。从递交申请到获知结果,这个过程需要1至2个月时间,为了给签证办理留有充裕的时间,建议提早申请,一般提前1年考试准备较好。

(四)办理因私出国护照、出境卡和准备签证资料

次年2—5月份,学校会寄发录取通知书,可持录取通知书向户口所在地公安机关申请办理因私出国护照和出境卡。一般公民凭本人户口簿或身份证就可以领取出国申请审批表,申请人只需提交与出国相关的证明材料即可。出国留学学生一般持因私普通护照。与此同时,你可以着手准备申请国外入境签证所需的各种资料,包括个人学历、成绩单、工作经历的证明;个人及家庭收入、资金和财产证明;家庭成员的关系证明等。

(五)办理公证

公证是国家公证人员根据国家赋予的权利,按照法定程序,证明特定的法律关系或法律事实的行为。我国公民在申请自费出国留学时,必须办理公证。需要公证的文件有:出生公证书,学历、学位和成绩公证,经历证书,亲属关系公证,经济担保公证。

(六)申请签证

办理好护照之后,可立即向拟留学国家驻华使(领)馆申请入境签证。申请时需按要求填写有关表格,递交必需的证明材料,缴纳签证费。有的国家(比如美国、英国、加拿大等)在申请签证时会要求申请人前往使(领)馆进行面试。面试的目的是让签证官近距离观察和判断留学申请人的真实程度,为了保证不功亏一篑,事先找一个专业和经验丰富的留学咨询公司进行签证面试指导是很有必要的。

(七)其他准备工作

①对留学意向国家的政治、经济、文化背景、教育体制、学术水平进行较为全面的了解。

②对意向学校的情况要全面掌握。包括学校历史、学费、学制、专业、师资、校园环境、学术地位、学生人数,特别是国际生人数,有多少中国学生在读等。此外,还需清楚该学校颁发的文凭是否受到我国认可。

③申请学校的住宿、交通、医疗以及所在城市的生活环境等。

④申请学校在中国是否有授权代理招生的留学中介公司。

⑤本专业在该国的就业情况。该国政府是否允许学生合法打工。

四、灵活就业

近年来,供给侧结构性改革深入推进,新型数字技术快速发展,催生了众多新经济和新业态,就业形态也发生了巨大变化。

新的就业形态一个突出变化就是就业形式的多样化,这是社会经济发展的必然趋势。这当中,灵活就业值得关注。灵活就业是相对于正规就业而言的一种就业形式,是指毕业生以灵活方式就业,其中包括自由职业和其他灵活就业。此类就业方式充分发挥个人的才能和爱好,时间自由,能够自主安排自己的生活,挑战性高,生活充实丰富。不过也有收入不稳定、需自己缴纳各种保险、易脱离社会、可能会出现入不敷出的情况等这些弊端和风险。它包括多种表现方式,如自由撰稿人、翻译工作者、中介服务工作者、网络主播、微商、互联网营销师、公众号博主、电子竞技工作者、手工艺者、家教、某些艺术工作者等。灵活就业与正规就业相比,在劳动关系、工资支付、社会保险和就业服务等方面,有不同特点和要求。

五、自主创业

自主创业主要是大学生通过个体或群体组织的努力,利用所学知识、技能和自身综合能力等,采取自筹资金、技术入股或寻求合作等方式,努力成长创造价值,实现就业的过程。

面对当前严峻的就业形势,大学毕业生中一部分富有创造能力的人选择自主创业,开辟了另一条就业之路,为自己寻找到一个可行的就业方向,为社会减轻就业压力。自主创业目前已经成为大学毕业生一种新的就业途径,对大学毕业生的知识、能力和综合素质提出了更高的要求。

近年来,党中央、国务院也出台多项促进大学生就业创业政策措施,主要集中在税收优惠、担保贴息、收费减免、培训补贴、创业服务、落户限制、人才培养、创业课程、创业实践、教学制度、学籍管理、创业服务等方面。国家政策的保障和扶持,使大学生能在艰难的创业路上减轻负担,轻装前行,为自己的理想努力奋斗。

六、其他形式就业

随着高校毕业生人数的逐年增加,就业形势越来越严峻,求职竞争也越来越激烈。国家面向高校毕业生开拓了党政机关、事业单位、国企、特岗教师、大学生征兵、科研助理、基层项目、社区治理等政策性岗位,为毕业生就业提供了很多机会。

(一) 选调生工程

1. 选调生

选调生是各省区市党委组织部门,有计划地从高等院校选调品学兼优的应届大学本科及其以上的毕业生、选拔具有2年以上基层工作经历的大学生"村官"到基层工作,并作为党政领导干部后备人选和县级以上党政机关高素质的工作人员人选,进行重点培养工作的简称,经过公务员考试直接录用为公务员。不同省市选调生具体条件和报名要求可以参考各省市组织部下发的有关文件。

2. 全国各省名校优生选调工作

全国各省为加大优秀人才引进力度,优化选调生队伍结构,根据选调生工作有关规定,优先选调一批政治立场坚定,爱党爱国,有理想抱负和家国情怀,甘于国家和人民服务奉献;品学兼优,综合素质和发展潜力好,有一定的组织协调能力的应届高校毕业生志愿到基层工作。

(二) 志愿服务"西部计划"

"西部计划"是由团中央、教育部、财政部、人力资源社会保障部联合组织实施。从2003年开始,按照公开招募、自愿报名、组织选拔、集中派遣的方式,每年招募一定数量的普通高等学校应届毕业生或在读研究生,到西部基层开展为期1—3年的基础教育、服务三农、医疗卫生、基层青年工作、基层社会管理、服务新疆、服务西藏专项7个方面的志愿服务。财政部、人事部对志愿者给予必要的政策资金支持。志愿者服务期满后,鼓励扎根基层,或者自主择业和流动就业,对于考研、参加公务员考试和就业创业都给予一定的优惠政策。

(三) "三支一扶"计划

高校毕业生"三支一扶"计划,即支教、支农、支医和扶贫计划。支教计划是指到师资紧缺的基层义务教育学校从事支教服务;支农计划主要是到乡镇或农技服务部门从事支农服务;支医计划是到乡镇卫生院从事支医服务。扶贫计划是到乡镇从事扶贫开发项目服务。工作时限一般为2年,工作期间给予一定的生活补贴。工作期满后自主择业,择业期间享受一定的政策优惠。"三支一扶"计划是引导和鼓励高校毕业生面向基层就业工作的一个重要组成部分,是国家基层服务项目之一。实施"三支一扶"计划,是鼓励和引导高校毕业生到农村去、到基层去、到祖国和人民最需要的地方去建功立业的重要举措。

(四) 大学生应征入伍

大学生应征入伍是指部队每年从在校大学生和大学毕业生中招收义务兵,报名流程为网上登记、初审初检、体检政审、走访调查、预定新兵、张榜公示、批准入伍。

国家鼓励中央部门和地方所属全日制公办普通高等学校、民办普通高等学校和独立学院的全日制普通本专科(含高职)、研究生、第二学士学位应届毕业生入伍。

高职(专科)毕业班学生完成专业理论课程学习并取得毕业所需学分,仅需再完成毕业实习即能毕业的,可在当年冬季报名应征入伍,享受高校应届毕业生入伍有关优惠政策。

(五) 特岗计划

为进一步加强农村教师队伍建设,促进义务教育均衡发展,教育部、财政部、原人事部、中央编办于 2006 年联合发文,启动实施农村义务教育阶段学校教师特设岗位计划(简称"特岗计划"),公开招聘高校毕业生到"两基"攻坚县农村义务教育阶段学校任教,引导和鼓励高校毕业生从事农村教育工作,创新农村学校教师补充机制,逐步解决农村师资总量不足和结构不合理等问题,提高农村教师队伍的整体素质。特岗教师聘期 3 年。

2021 年中央"特岗计划"实施范围为:脱贫地区(原集中连片特殊困难地区、中西部国家扶贫开发工作重点县和省级扶贫开发工作重点县),西部地区原"两基"攻坚县(含新疆生产建设兵团的部分团场),纳入国家西部开发计划的部分中部省份的少数民族自治州以及西部地区一些有特殊困难的边境县、少数民族自治县和少小民族县。

第七章

笔试与面试

就求职程序而言,笔试是"敲门砖",面试是"定盘星",二者在实际操作层面有举足轻重的价值。本章重点讲解求职中的笔试和面试的过程与方法,笔试部分为认识笔试、准备笔试和笔试技巧三个小节,面试部分主要围绕什么是面试、如何为面试做好准备、如何做能提高面试成功率等方面展开。期望大家通过对本章的学习,能够正确认识笔试和面试,科学把握笔试和面试的规律,熟练掌握笔试和面试的技巧方法,从而在激烈的求职竞争中占得先机。

案例导读

● 小张自称自己是"面怕"。第一次面试失败后,心理有了阴影,导致他一面试就紧张。随后,经历了十余次没有结果的面试后,小张几乎对面试完全丧失了信心。那么,如何才能轻松应对面试呢?

以上故事在大学毕业生的求职之路上相当常见,故事中的主人公在笔试或面试中出现了这样那样的问题,是因为他们没有真正走近笔试面试,没有真正认识笔试面试,没有真正把握笔试面试。接下来,就请跟我们一起来看一看笔试面试的"真面目"吧。

药学及其相关学科是以实验为基础的学科,医药类相关单位,尤其是企业在选聘人才时,更加注重毕业生的药学专业知识和运用专业知识解决实际问题的能力,而笔试和面试正是医药企业由表及里对应聘者的知识、能力、经验等有关素质进行科学有效考察的重要方法。笔试和面试的过程,也给医药单位和药学毕业生提供了双向交流的机会,能使彼此之间相互了解,以便双方比较准确地做出聘用与否、受聘与否的决定。因此,在药学毕业生就业时,笔试和面试是一个非常重要,而且是不可或缺的环节,直接决定了就业成功与否。

第一节 笔 试

对于一名医药类毕业生而言,笔试往往是进入实质性选拔程序的第一关。笔试是一种通过填写试卷的形式,考核应聘者特定的知识、专业技术水平和文字运用能力的一种书面考试。这种方法可以客观有效地评价应聘人的相关素质及能力的差异。虽然笔试不是应聘成功与否的核心环节,但是"敲门砖",是第一关,如果无法通过笔试,第一关过不了,其他一切就无从谈起。

一、认识笔试

(一) 笔试的内容

1. 药学及其相关专业知识的考核

医药行业作为一个特色鲜明、专业性强、技术含量高的领域,在招聘毕业生时,首选考察的就是药学专业知识。主要包括要掌握药学相关学科的基本理论和基本知识的熟练程度;了解现代药学发展动态的精准性;掌握主要药物制备、质量控制、药物与生物体相互作用、药效学和药物安全性评价等基本方法和技术的全面性;是否具有药物的初步设计能力、选择药物分析方法的能力、新药药理实验与评价的能力、参与临床合理用药的能力;是否熟悉药事管理的法规、政策与营销的基本知识;是否掌握文献检索、资料查询的基本方法以及药学领域的外文阅读和翻译能力等。当然,视具体岗位不同,考核的侧重点也会有所不同,如医药企业的生产岗位更加看重扎实的药学基础,研发岗位更加注重药学创新能力,而外企则更加注重英语水平。

2. 与药学密切相关知识及能力的考核

药物的研发、生产和销售是一个非常复杂的过程,需要更加细密的分工和更多领域的合作。当今社会,知识和信息呈爆炸式增长,各学科之间充分交叉融合,比如研发除了要运用药学知识外,跨学科的人文、工学、农学等知识也有可能会涉及。对于一名药学工作者来说,在坚实的药学知识的基础上,其知识面的宽广的程度往往决定他在该领域所能达到的深度或高度。举例来说,医药企业可以通过笔试试卷的设计,轻松考察应聘者的知识面。

3. 智商和逻辑推理能力的测试

随着国家医药产业的迅猛发展和市场经济的深度改革,我国逐步在实现从医药大国向医药强国转型,伴随这一进程,医药企业等用人单位之间的竞争也日趋激烈。这种竞争,不仅仅是资源和技术的竞争,更重要的是人才的竞争。在这样的大背景下,医药企业等用人单位考察人才,不再只看重书本知识的掌握情况,更加看重应聘者掌握新知识、运用知识解决实际问题等方面的能力。而对这些能力的测试,往往通过对应聘者智商和逻辑推理能力的测试来进行。

4. 语言文字表达能力的考核

有人给语言文字表达能力下过一个定义,即运用语言文字阐明自己的观点、意见或抒发思想、感情的能力,是将自己的实践经验和决策思想,运用文字表达方式,使其系统化、科学化、条理化的一种能力。古人说过"一言可以兴邦,一言可以丧邦",把语言文字的力量提高到左右国家兴亡的地位。在信息社会,语言文字表达能力对一名求职者来讲尤为重要。在医药企业等用人单位,很多岗位都需要具备一定的文字能力。无论是申请科研项目,发表学术论文,新药报批,开展市场调研,出具检测分析报告,写年终总结、年初计划等,都离不开强大的文字表达能力。准确清晰的表达,赏心悦目的文采,对于药学领域的工作者来说,显得十分重要,如同插上了腾飞的翅膀,能够飞得更高更远。

5. 心理素质测试

心理素质是以生理素质为基础,在实践活动中通过主体与客体的相互作用,而逐步发展和形成的心理潜能、能量、特点、品质与行为的综合。从心理学角度讲,心理素质包括情感、信心、意志力和韧性等等。心理素质对人的成功非常重要,孟子说过:"故天将降大任于是人也,必先苦其心志,劳其筋骨,饿其体肤,空乏其身,行拂乱其所为,所以动心忍性,曾益其所不能。"苏轼也讲过:"古之立大事者,不惟有超世之才,亦必有坚韧不拔之志。"强调了强大的心理素质对一个人取得成功的重要性。此外,美国著名心理学家特尔曼对800名男性进行的30年追踪研究表明,成就最大的20%与成就最小的20%之间,最明显的差别不在智力水平,而在于是否具有良好的心理素质。基于此,近些年来,医药企业等用人单位在选聘毕业生时,越来越关注毕业生的心理测试。

(二) 笔试的功能

1. 准确掌握应聘者基本能力

通过科学的试卷设计和简洁明了的分数显示,可以快速、准确了解应聘者的基本素质和能力,为医药企业选聘人才提供直接参考。

2. 保证招聘过程的公平公正

笔试的内容客观性比较强,对错分明,考评者很难用个人因素去影响笔试结果,因此,笔试是医药企业等用人单位保证招聘过程公平公正的重要途径之一。

3. 缩小进入后续考察的范围

随着国家对生物医药产业的日益重视,以及全国众多高校开办药学及相关专业,药学毕业生数量逐年增加,导致就业竞争也日趋激烈。医药领域用人单位,尤其是一些"好单位"、知名企业,往往会拥有数量庞大的求职队伍。通过笔试,可以轻松对应聘者进行横向比较,并按照竞争择优的原则,以笔试成绩确定进入后续考察程序的人选,起到筛选作用。

(三) 笔试的种类

1. 专业考试

主要是担任某一职务所要求具备的业务知识。这种考试主要是为了检验求职者药学知识水平和相关的实际能力。对于大学毕业生来说,一般看成绩单就可大致了解其知识掌握和能力具备的基本情况,但对于医药企业等用人单位而言,出于专业性较强这个特殊性考虑,往往需要通过笔试的方式对求职的大学毕业生进行药学专业知识的再考核。

2. 心理测试

主要测试应聘者的性格、兴趣、能力等心理特征。心理测试是用事先编制好的标准化量表或问卷要求被试者完成,根据完成的数量和质量来判定其心理水平或个性差异。应聘中常见的心理测试的类型有:智力测验、性格测验、气质测验、职业兴趣测验、需要层次测验、成就动机测验、职业价值观测验等;通用的心理量表有:瑞文智力测验、职业兴趣测验、职业能力倾向测验、职业性格测验、职业价值观测验、职业适应性测验(SDS)、卡特尔16PF个性测验、气质测验等。随着信息技术的发展,目前很多心理测试可以利用软件进行,既方便又快捷。

3. 命题写作

主要是对应聘者处理问题的速度与质量的测试,检验其对知识和智力运用的程度和能力。这种考试目的在于考察文字表达能力以及分析问题和逻辑思维的能力。比如限时写出一份会议通知、请示报告或某项工作总结,也可能提出一个论点,请予以论证或批驳等。用人单位采用笔试方式时,可能只进行单一的专业考试,也可能是专业考试、命题作文、心理测试综合运用。

4. 录用考试

主要是通用性的基础知识,指中央、国家机关考试录用机关工作人员和乡镇以上国家公务员的报考。

二、准备笔试

"凡事预则立,不预则废。"良好的笔试成绩来自平时的努力学习和磨炼,临时抱佛脚常常只会事倍功半。在大学期间刻苦学习,扎实掌握所学专业知识,这样在笔试考试时就能信心十足,得心应手。

"工欲善其事,必先利其器。"笔试前应进行简单的复习。复习已学过的知识是笔试准备的重要方式。一般来说,笔试都有个大体的范围,可围绕这个范围翻阅一些有关的图书资料。艾宾浩斯曲线告诉我们,遗忘是呈曲线下滑的。有些课程内容,因学习时间已久,可能淡忘,经过简单的复习,有助于恢复记忆。知识可分为两类:主要靠记忆掌握的知识和必须通过不断的运用来掌握的知识。会吃鱼,还得会抓鱼。从用人单位的角度看,主要目的是为考核求职者对所学知识的运用能力。因此,在复习过程中一定要善于将知识运用到实际问题的解决中去,学以致用,要合理地分配和运筹时间,讲究效率。

平常心最重要。要保持良好的身心状态。功在平时,临考前要适当减轻思想负担,保证充足的睡眠,适当参加一些文体活动,使高度紧张的大脑得到放松休息,从而以充沛的精力去参加考试。

三、笔试技巧

(一)认真备考

备考要有的放矢。医药企业等用人单位的笔试,所考内容往往与招聘的岗位密切相关。因此,在备考过程中,要充分了解用人单位信息和岗位要求,推断具体工作中可能会运用到的知识和能力,并做针对性的准备,达到事半功倍的效果。

(二)增强信心

"会当击水三千尺,自信人生两百年。"自信是求职者的一大法宝。但是,很多求职者缺少这一法宝,或者对这种法宝的运用不得法。导致出现我们通常所说的"怯场",笔试怯场,大多是由于缺乏自信心所致。客观冷静地对自己进行正确评估,能克服自卑心理,增强自信心。应聘笔试毕竟不同于高考,求职应聘有多次机会,"条条大路通罗马",所以大可不必紧张。

(三)做好准备

提前熟悉考场环境,掌握注意事项,有利于消除应试时的紧张心理。除携带必备的证件外,一些考试必备的文具也要准备齐全。考试前要有良好的睡眠,以保证考试时有充沛的精力和良好的竞技状态。另外,要注意考试不要迟到,要尽量提前到场。如有必要,甚至可以提前一天查看一下考场。

(四)科学答卷

拿到试卷后,首先应通览一遍,了解题目的多少和难易程度,以便掌握答题的深度和速度,然后按照先易后难的原则排出答题顺序先答相对简单的题,最后再攻难题。要尽可能留出时间对易错的地方进行复查,特别注意卷子的背面,不要漏题。卷面字迹要力求工整清晰,书写过于潦草、字迹难以辨认会影响考试成绩。认真的态度、细致的作风,有助于取得好成绩,会大大增加被录用的可能性。

第二节 面 试

如果通过了笔试,那么恭喜你,即将进入面试环节。面试是一种在特定的场景下,经过精心设计,通过主考官与应试者双方面对面(或者网络上的"云端"面试方式)地观察、交谈等方式,了解应聘者素质、特征、能力状况及求职动机等的人员甄选方法。面试具有双向互动、获取信息全面、内容灵活等特点,几乎是招聘选拔过程中必用的一种测评方法。面试是成功就业的关键环节,顺利通过面试也就等于一只脚已经踏进了用人单位的大门。

一、认识面试

(一)面试的目的

面试不仅是一种测评方式,同时也提供了供需双方相互了解的渠道。通过面试,一方面用人单位了解应聘者,另一方面应聘者也了解了用人单位,有利于双方的相互选择。一般来说,对于医药企业等用人单位而言,面试有以下几个目的:

①考核求职者的动机与工作期望;
②考核求职者的性格、知识、经验等特征;
③考核求职者的口头表达能力、应变能力等;
④考核笔试中难以获得的信息,如仪表风度等。

表7-1 面试考察目的及要点

项 目	评价要点	提问要点
仪表风度	精神面貌、着装、谈吐、行为举止	观察(面试总过程)
创造力	创新意识、好奇心、洞察力	1. 在以往的工作中,有否针对自己从事的工作提出合理化建议,并被采纳过。 2. 工作中是否尝试采取新的方法来完成任务?请举例说明。 3. 你对所从事的工作是否做出过什么改进?
自控力	自我认识,工作压力的克制与容忍,沉着、自信	1. 如果你的正确主张被上级否决时,你如何处理? 2. 在大庭广众之下,你的下属因某件小事与你发生针锋相对的顶撞时,你如何对待? 3. 当你被公司领导误解之后,一般怎么办?
求职动机	求职愿望,对过去的工作态度,对未来的追求	1. 请举例:以前的公司最令你不满意的一件事。 2. 你为什么要离开你现在工作的单位? 3. 你希望能从这份工作中得到什么?(这份工作能为你带来什么?)

(续表)

项　　目	评价要点	提问要点
承受力	外部压力下的反应，经受挫折后的恢复能力，顽强精神，化解压力的能力	1. 谈谈你所承受的最大一次打击，你是如何处理的？ 2. 请回想一下你最近碰到的一件最不愉快的事情，你是如何解决的？ 3. 至目前为止，你的表现非常优秀，但由于某些原因，我仍可能不会录用你，想听听你的意见。

（二）面试的种类

1. 结构化面试

结构化面试，也称标准化面试，它是指面试前就面试所涉及的内容、试题的评分标准、评分方法、分数使用等一系列问题进行系统的结构化设计的面试方式。在面试过程中，主持人不能随意变动，必须根据事先拟定好的面试提纲逐项对被试者进行测试，被试者也必须有针对性地回答问题，要素评判必须按分值结构合成。面试结构严谨，层次性强，评分模式固定，面试的程序、内容以及评分方式等标准化程度都比较高。

2. 无领导小组讨论

无领导小组讨论采用情景模拟方式对应聘者进行集体面试，通过观察一组被测评人员对某工作相关问题进行一定时间讨论的实际表现，来检测被测评者的组织协调能力、口头表达能力、辩论能力、说服能力、情绪稳定性、处理人际关系的技巧等各个方面的素质，由此来综合评价被测评者的能力高下，从中选择最符合职位要求的人选。

无领导小组讨论是一种合作式的讨论。小组讨论一般每组4—8人不等，参与者得到相同的信息，但是都未被分配角色，大家地位平等，要求他们分析有关信息并提出一个最终的解决方案。在竞争性的小组讨论中，要求参与者充分表达自己的观点，相互劝说和谈判以实现最佳的结果。解决方案可以是书面形式，也可以是口头表达形式，最终由一个人代表小组陈述结果。在无领导小组讨论中，面试官不参与讨论，只是对每个受测者在讨论中的表现进行观察（可以通过专门的摄像设备），对受测者的各个考察要素进行评分，从而对受测者的能力、素质水平做出判断。

3. 压力面试

压力面试的目标是确定求职者将如何对工作上的压力做出反应。主考官提出一系列直率（通常是不礼貌）的问题，置被试者于防御境地，使之感到不舒服。主考官通常寻找被试者回答问题中的破绽，在找到破绽后，主考官集中对破绽提问，希望借此使被试者失去镇定。例如，当一位顾客关系经理职位候选人有礼貌地提到他在过去两年时间里从事了四项工作时，主考官可能会发问：频繁的工作变换反映了不负责任和不成熟的行为，你如何看待？主考官会根据求职者的表现做出判断和回应，若求职者对为什么工作变换做出合理的解释，就可以开始其他话题。相反，若求职者表示出愤怒和不信任，就可以将他看作是在压力环境下承受力弱的表现。

4. 情景面试

情景面试包含一系列工作关联问题，这些问题有预先确定的答案。主考官对所有被试者询问相同的问题，有些类似结构化面试。但在情景面试中，还可以问与工作有关的问题，即在工作基础之上指定的问题。问题可接受的答案由一组主管人员确定，主管人员对求职者对所提工作关联问题的回答进行评定。

5. 行为面试

行为面试法是基于行为的连贯性原理发展起来的。面试者通过求职者对自己行为的描述来了解两方面的信息：一是求职者过去的工作经历，判断他选择来本组织发展的原因，预测他未来在本组织中发展的行为模式；二是了解他对特定行为所采取的行为模式，并将其行为模式与空缺职位所期望的行为模式进行比较分析。在面试过程中，面试官往往要求求职者对其某一行为的过程进行描述，如面试官会提问："你能否谈谈过去的工作经历和离职的原因""请你谈谈你昨天向你们公司经理辞职的过程"等。统计表明，行为面试法比传统的面试方法，如结构化面试法在衡量应聘者的经验和能力方面更准确。基于行为面试法做出的招人决定准确率高达80%，远远高出传统的面试方法。这也是为什么现在大多数公司在招聘时或多或少地采取行为面试法。

6. 角色扮演

角色扮演是一种情景模拟活动。所谓情景模拟就是指根据被试者可能担任的职务，编制一套与该职务实际相似的测试项目，将被试者安排在模拟的、逼真的工作环境中，要求被试者处理可能出现的各种问题，用多种方法来测评其心理素质、潜在能力的一系列方法。情景模拟假设解决方法往往有一种以上，其中角色扮演法是情景模拟活动应用得比较广泛的一种方法，其测评主要是针对被试者明显的行为以及实际的操作，另外还包括两个以上的人之间相互影响的作用。通过角色扮演法可以在情景模拟中对受试者的行为进行评价，对其多方面的素质进行评价，如人际能力、组织能力、领导能力、行为灵活性和坚韧性、分析能力、控制能力、承受压力能力等。

7. 案例分析

案例分析作为一种面试形式最早出现于管理咨询公司的招聘中，近年来逐步被许多知名企业采纳。案例分析法，是指面试官给出一个商业案例，并以此为基础延伸出一些问题，要求求职者加以分析解决。在案例分析面试中，求职者要在很短时间内，根据自己的经验和有限的信息找到问题的症结、总结出答案，由此，面试官可以考查被评价者的综合分析能力和判断决策能力。案例分析是求职者最难做准备的一种面试方式，主要是靠自己在平时积累的经验和临场发挥。对于面试官来说，案例面试也是最难设计的，通常需要专业部门的人士花费一定的时间专门设计出来。

8. 管理游戏

在这种活动中，面试官给小组成员分配一定的任务，必须合作才能较好完成。在这种测评中，面试官让受测者置身于一个模拟的环境中，面临一些管理中常常会遇到的各种现实问题，要求他们想方设法解决。例如以总经理的身份去处理经营中的难题、进行人事安排，或者作为谈判代表与别人进行商业谈判的模拟练习。通过受测者在完成任务时所表现出来的行为来测评受测者的各项素质。管理游戏是一种以完成某种"实际工作"为基础的标准化模拟活动，通过活动观察受测者的时间管理等能力。

9. 计算机辅助面试

计算机辅助面试是用计算机辅助的方法进行第一轮面试并剔除掉一批不合格者，这样既节约了支出又减少了工作量。有些用人单位已经在互联网上使用计算机辅助面试法，来寻找刚大学毕业的合格雇员，这样大大节约了人事经理用于初筛所费的时间。

(三)面试的趋势

1. 形式日趋丰富化

面试早已突破那种两个人面对面,一问一答的模式,而呈现出丰富多彩的形式。从单独面试到集体面试、从一次性面试到分阶段面试,从非结构化面试到结构化面试,从常规面试到引入演讲、角色扮演、案例分析、无领导小组讨论等情景面试。

2. 程序日趋结构化

以前对面试的过程缺乏有效的把握,面试的随意性大,面试效果也得不到保证。目前许多面试的操作过程已逐步规范起来。从主考官角度,面试的起始阶段、核心阶段、收尾阶段要问些什么、要注意些什么,事先一般都有一个具体的方案,以提高对面试过程和面试结果的可控性。

3. 提问日趋弹性化

以前许多面试基本等同于口试,主考官提出的问题一般都事先拟定好,应试者只需抽取其中一道或几道题来回答即可,主考官不再根据应试者对问题的回答情况提出新问题。主考官评定成绩仅依据事先拟定的具体标准答案,仅看回答内容的正确与否,实际上这只不过是笔试变成简单的口述形式而已。

现在面试中主考官的提问虽源于事先拟定的思路,却是适应面试过程的需要而自然提出的,前后问题是自然衔接的,问题是围绕测评的情景与测评的目的而随机出现的。最后的评分不是仅依据内容的正确与否,还要综合总体行为表现及整个素质状况评定,充分体现了因人施测与发挥主考官主观能动性的特点。

4. 结果日趋科学化

面试的测评内容已不仅限于仪表举止、口头表达、知识面等,经过不断完善,已发展到对思维能力、反应能力、心理素质、求职动机、进取精神、身体素质等全方位的测评。且由一般素质为测评依据发展到主要以拟录用职位要求为依据,包括一般素质与特殊素质在内的综合测评。以前面试的评判方式与评判结果没有具体要求,缺少可比性。近年来面试结果的处理逐渐标准化、规范化,基本上趋于表格式、等级标度与打分形式等。

5. 考官日趋内行化

以前面试主要由组织部门的人专门主持,后来实行组织人事部门、具体用人部门和人事测评专家共同组成面试考评小组。许多单位实行用人部门人员培训面试测评技术。人事部门培训业务专业知识,并进行面试前的集中培训,面试考官的素质有了很大提高。面试官的素质对于提高面试的有效性、保证面试的质量有着至关重要的作用。

二、准备面试

古人讲有备无患,现代人说"机遇只垂青有准备的人"。在面试前需要认真准备,包括以下两个方面:

(一)面试材料的准备

在面试之前,要尽可能多地收集有关招聘单位的详细资料,如单位性质、主要职能、人员结构、知识层次、规模和效益等,做到心中有数,并对面试时间、面试地点、面试的具体安排以及面试人的情况等进行全面了解,所获得的信息务求准确、真实。

面试前应聘者准备的材料主要包括:

1. 求职材料准备

求职材料包括个人简历、求职信、毕业生就业推荐表、各种证书等，若有曾在医药企业等单位从事相关工作的实习证明，以及学校老师甚至是知名教授的推荐信，效果当然更好。

2. 其他材料准备

除个人简历和求职信之外，为了加深用人单位对自己的印象，有时需要提供进一步的其他材料。如果面见招聘者或亲自上门去推荐自己，材料可以准备充分一些，凡能反映自己各方面能力的材料尽可能带齐全，而且最好带原件。若采取寄送自荐材料的方式，则应选择最具代表性的材料，而且要根据各单位的不同情况有针对性地取舍，并且最好寄复印件，便于邮寄，以免遗失。

（二）面试内容的准备

1. 精心准备自我介绍

自我介绍基本上是面试的一个必经环节，也是给出第一印象的重要一步。准备自我介绍要注意重点突出，特色鲜明，内容精炼，生动有趣。在自我介绍时，不要过多复述简历上的内容，要努力和应聘岗位相结合，和招聘单位相结合，围绕"我就是你们所需的人才"这一主线组织语言。此外，英文自我介绍也要事前起草好，并且做到烂熟于胸，以备不时之需。

2. 常规问题准备

面试一般由表及里，由易到难。"你为什么选择药学专业？""为什么选择这个岗位？""为什么选择我们单位？""你有哪些优势？""你有哪些不足？""你以后的生涯设计如何？"等等，都是有可能会被问到的开场问题，要逐一做好功课。个人简历中的特色，往往是考官比较感兴趣的部分，可能会由此引出问题，应提前做好预案。此外，最好能准备好如何回答一些普遍的问题，并把这些问题引向一些能够证明自己胜任工作的事例，让用人单位更多地了解你。

小贴士

面试中常问的问题

1. 与工作经历有关的问题

例如：请问你过去曾在什么药企（单位）实习过？你在该单位实习多长时间？负责什么工作？这次实习给你带来的最大收获是什么？

2. 与受教育有关的问题

例如：你是什么时间从什么学校毕业的？你学什么专业？你的学习成绩如何？你曾担任过什么学生干部？你接受过哪些与你正在申请的职位有关的培训和教育？对你有何提高？

3. 与职位兴趣有关的问题

例如：你为什么想要申请这份工作？你为什么认为你适合这份工作？你对我们企业（单位）了解多少？你对工作有何要求？

4. 与业余爱好和活动有关的问题

例如：你在业余时间干些什么？你参加过什么社会团体？你有什么体育爱好，或者有其他什么非职业性的业余消遣？你有没有从事第二职业？

5. 与工作职位有关的问题

例如:你是否愿意被安排其他工作?你是否愿意做工作旅行?你自己一生的奋斗目标是什么?你认为这次应试与你实现奋斗目标有何关系?你认为做好这项工作,最重要的因素是什么?

6. 关于应试者对自己的评价问题

例如:你认为你的长处是什么?你的缺点是什么?

7. 关于综合分析能力方面的问题

例如:分析一下第二职业的利弊。知识经济与你有什么关系?中国成为世界第一经济体,对中国民族工业有什么影响?

8. 公关意识和应变能力方面的问题

例如:你若受到诬陷怎么办?你的领导和你的好友发生激烈争执,现场的你怎么办?如果你这次求职遇到不公平竞争怎么办?

(三)面试的装束打扮

第一印象的好坏,往往会影响面试的效果,甚至会使人失去一次理想的就业机会。因此,大学生在准备面谈时,必须事先多花一些时间去思考如何包装自己,努力在穿着打扮和精神面貌两方面给对方留下良好的第一印象。大学生的经济条件有限,不一定非要穿名贵面料或奢侈品,只要着装与自己的整个面貌协调、合体,就会达到预期的效果。

三、面试技巧

(一)面试中的语言技巧

面试过程,实际上是应试者与面试官之间的沟通过程。要使面试的沟通达到较深的层次,并取得成功,必须注意语言交谈技巧。

1. 用语礼貌,生动形象

言为心声,用语礼貌是一个人文化修养的表现,也是对他人的尊重。因此,面试中应注意使用礼貌语言,如"您""请""对不起""谢谢"等,切不可将日常交往中使用的口头语言和市井街头常用的俗语用于面试中。当然,礼貌语言不仅仅局限于上述那些客套话,它还应包括在语言交谈中的委婉含蓄、豁达大度。有时面对令人难堪的局面,即使自己有理,也需礼让三分,使面试官感到你通情达理,随和而有诚意,礼貌而有修养;同时,还应不失时机地肯定面试官有价值的观点,让其充分表达思想,会增加面试官对你的好感。

在面试交谈中,应试者每时每刻都应注意使自己的语言形象生动、富于情趣。如果应试者谈话情理交融,将丰富的情感融进要表达的道理之中,就会增加谈吐的感染力,让人感到你富有魅力、值得信赖。一个谈笑风生、幽默风趣的应试者,往往会给面试官留下精明强干、充满生机和活力的良好印象;相反,讲话呆板、生硬、语意不畅的人,给人的感觉就是死气沉沉、了无生机,其能力和素质都会令人怀疑。

2. 应对沉着,表达简洁

古人说:"泰山崩于前而色不变,麋鹿兴于左而目不瞬。"是说遇事沉着冷静对于人们来说极其重要,求职面试同样需要沉着冷静。在面试中,面试官有时会故意问一些古怪难答的问题,这种提问是作为一种"战术"而进行的,让应试者不明真意,觉得似是而非;抑或故意提出不礼貌、令人难堪的问题,其目的是要"重创"应试者,从而考察其"适应性""应变性"和"机敏性"。此时,如果应试者缺乏修养或没有经验而反唇相讥、恶语相伤,或与面试官激烈争论,就会大上其当,铸成大错。对于面试中可能出现的类似问题,应保持冷静,不动声色,待明确对方意图后,再委婉应对。

此外,面试时还应注意,回答问题时语言要简洁明了。有一句古话叫"言多必失",就是说话说太多出错的概率就大。应试者话说得过多,有意无意间就会使自己的语言与要表述的含义之间出现差距,这无疑是件憾事。比如,本来很简单的问题,由于你过分讲究或刻意加工,反倒可能冗长而乏味;本来可以简单加以陈述的事情,经过你的口却令人感到费解;本来可以清楚表述的东西,反而越说越让人糊涂;本来用白话表达使人感到亲切,你却文绉绉地运用抽象怪僻的语句去表达,反倒令人生厌。所以,应试者的谈话和应答要做到简洁、清晰、准确。

3. 讲究方式,展示实力

面试不是演讲比赛,并不要求应试者表现出高超的演讲技巧,一般人只要不太紧张,留意自己的临场表现,准备充分,只要讲话条理清楚,不疾不缓,透过表情、声音、语调的配合,传达出热情、诚恳、乐观、合作的态度,就能达到预期的效果。

富有表现力的语言、嗓音等,会成为面试的加分项。不管你措辞多么恰当,内容多么丰富,与面试官交谈时,一定要语气自信、语速适中。一旦你的声音中注入了活力和自信,对面试官的感染力将是非常强烈的。如果你有优美的嗓音,一定要充分展示,为自己增添魅力。

回答问题时也要讲究技巧,既要抓住问题要害,又要拿出富有创造性的答案。交谈时一般先将自己的中心论点表达出来,然后再做叙述和论证。否则,议论冗长,让人摸不着要点。回答问题要有独到见解,不可泛泛而论,因为面试时间很短,闲话太多会冲淡主题。如果你有某些主见直说无妨,即使不准确,也可显示出"个性",获得好评。

处处留心皆学问。从你走进面试官的办公室时起,就要留心办公室总体布置,这有助于你了解对方,找到双方感兴趣的话题。这些并非实质性交谈,主要是融洽气氛,为正式交谈打基础。

4. 乘"兴"而进,赢得成功

"知己知彼,百战不殆。"求职面试其实也是一个双向的活动,因此面试时要学会察言观色。有经验的面试官大多注意把握面试的气氛和情绪。面试中当你的表达有"新意"时,面试官会点头,或会心地一笑,或者鼓励说"你再说下去",这是面试官对你感兴趣的表示。面试官对你感兴趣,是个极好的机会,是你与面试官沟通的最有利时机,一定要好好把握。当你发现他对你谈的某一点感兴趣时,一定要做出快速反应,就这一点可多谈一些,或者干脆停下来,听听他对你的评价。抓住面试官的兴趣点,乘"兴"而进,扩大战果,是赢得面试成功的秘诀之一。

5. 学会倾听,抓住关键

孔子说"听其言,观其行",法国著名思想家伏尔泰曾说"耳朵是通向心灵的路"。语言分为讲和听两部分,一个成功的人,聆听时间一定大于说话时间。虽然面试中发问的是面试官,回答的是应试者,应试者说的时间比听的时间多,但应试者还是必须学会倾听。应试者要时刻关注面试官思维的变化、谈话的要点、主题的转变以及语音、语气、语调、节奏的变化等各种信号,准确进行分析判断,然后才能采取合理有效的应对措施,因此"听"清楚面试官的每句话,是最基础、最根本的问题。

小贴士

求职面试忌语

1. 缺乏自信的问语

"你们这次要招几个人?"

这种问法显得应聘者信心不足。对用人单位来讲,问题不在于招几个,而在于应聘者有没有较强的竞争力。

"你们要不要女生?"(面试者为女性)

这样的询问首先给自己打了"折扣",这是一种缺乏自信的表现。面对已露怯意的女生,用人单位正好顺水推舟,予以回绝。你若是来一番非同凡响的陈词或巧妙的介绍,反倒会让对方认真"考虑考虑"。

"外地人要不要?"

一些赴异地求职的毕业生出于坦诚,或急于知道结果,一见用人单位的招聘人员就劈头问这么一句,弄得面试官无话可说。因为一般情况下,不是不要外地人,也不是所有的外地人都要,这要看你能否符合单位的用人要求,让人家觉得有必要接收你。这么草率地一问,极可能得到同样草率的答复。

2. 开口就问待遇

"你们的待遇怎么样?"

这样的问话很可能招致如下回答:"工作还没干就先提条件了,何况我们还没说要不要你呢!"谈论报酬,这本是无可厚非。只是要看时机,一般是在双方已有初步意向时才委婉地提出。

3. 不合逻辑的答语

面试人问:"请你告诉我你的一次失败经历。""我没有失败过。"这样的搪塞之语在逻辑上是讲不通的。又如:"请问你有何优缺点?""我可以胜任一切工作。"这样回答既不符合逻辑,也不符合实际。

4. 报熟人

拉近乎的"套语",如"我认识你们单位某某"、"某某经理和我关系很不错",等等,这种话面试人听了会很反感,如果面试人与你所说的那个人关系不怎么好,甚至有矛盾,那么这种拉关系的话语带来的结果可能就会更糟。

5. 拿腔作调的语言

有一个应聘者,虽然从未在国外待过,可是洋腔洋调倒是学到了不少。在应聘一家著名酒店公关经理的面试中,每当面试人向她介绍一些内容时,她便从鼻腔深处拿腔作调地发出"嗯哼"的声音,说得越多,"嗯哼"得越厉害,这边说得抑扬顿挫,那边"嗯哼"得此起彼伏,使人受不了,最终给人留下"过于做作"的印象。面试结果可想而知。

> 6. 不切实际的"洋语"
>
> 一家企业招聘一名仓储经理,面试中求职者在回答问题时不断地夹杂一些英语单词,而主持面试的企业部门经理英语不甚精通,但这位应聘者全然不予理会,继续慷慨陈词。很显然,这样的应聘者是不受欢迎的。
>
> 7. 不恰当的反问语
>
> 当面试官问:"关于薪金你的期望值是多少?"应聘者反问:"你们打算给多少?"这样反问有点像在市场上买东西讨价还价,显得很不礼貌,容易引起面试官的不快,进而影响到求职者的应聘效果。
>
> 8. 本末倒置的话语
>
> 面试快要结束时,面试官向应聘者问道:"请问你有什么问题要问我们吗?"一位应聘者欠了欠身,开始发问:"请问你们的投资规模有多大?中外方比例各是多少?""请问你们董事会成员中外方各有几位?""你们未来五年的发展规模如何?""你们对住房的贷款政策如何?"由于这位应聘者的一些问题已经超出了应当提问的范围,很容易使面试官产生反感。因此,参加求职面试时,应聘者一定要把自己的位置摆正。

(二)面试中的行为技巧

细节决定成败。在面试中,对每一个行为举止的小细节都应给予高度重视。在面试过程中,面试官会通过一些稀奇古怪的看似很小的事来考察你。因此,要特别注意面试中的行为细节。

①提前10分钟到达。"早起的鸟儿有虫吃",面试时迟到或是匆匆忙忙赶到都是不合时宜的,到达面试地点后应在等候室耐心等候,并保持安静及正确的坐姿。

②进入室内要有礼貌。到室内面试,面试室门打开时,应有礼貌地说声:"打扰了。"然后向室内面试人表明自己是来面试的,绝不可贸然闯入。假如有工作人员告诉你面试地点及时间,应当表示感谢。

③敲门也要讲技巧。假如要敲门进入,敲二至三下是较为标准的。敲门时千万不可太用劲,进门后不要随手带门,应转过身去正对着门,用手轻轻将门合上。

④室内举动有讲究。进入面试室后,要等面试人告诉你"请坐"时方可坐下,并道声"谢谢"。坐下后,不要背靠椅子,也不要弓着腰,应该自然地将腰伸直。

⑤交谈要懂尊重人。与面试人交谈时不能漫不经心地四处张望,在交谈时应当显得自然。

⑥结束动作要细致。面试结束后应该站起来对面试人表示感谢。在走出面试室时先打开门,然后转过身来向面试人再次表示感谢,然后轻轻将门合上离开。

⑦保持联系能加分。面试结束后,分析一下自己在面试中的得与失,然后写封信寄给面试人表示感谢,这样可以在他们心目中留下深刻印象。

(三)面试难点处理技巧

1. 学会主动发问

大多数求职者在面试时往往比较被动,在招聘现场,主动发问的比较少,一般只占三四成。求职者应积极一些,知己知彼才能做到胸中有数。当然,也要准备好一些基本问题等待对方询问,一来一往,这也是向人事经理展示你自己的一个途径。提问时,除了要主动了解用人单位的性质、行业属性、主导产品、生产规模、岗位描述等方面基本信息外,特别要留意的是,一定要仔细询问未写明的隐性招聘条件,求职者往往会忽略这一点。

2. 学会巧妙谈"薪"

对于面试中谈薪水,不少求职者都会有所顾忌,觉得容易引起用人单位反感。其实,这种心态大可不必,在面试时就约定好薪酬水平,对劳资双方都有好处,求职者应当坦然应对。需要提醒的是,和用人单位谈"薪"要讲时机、讲技巧。面试时最好不要一开始就先问薪水,在没有经过任何介绍的情况下就直接谈到这一话题不太明智。合适的时机应该是在双方进行深入了解后,即谈话最后阶段时谈及比较好,用词要尽量含蓄婉转。

3. 学会聪明谈"经验"

通常大型公司或用人单位会选择在每年的11、12月份举行校园招聘会。毕业生应抓紧这个"黄金时段"求职,校园招聘会上用人单位对毕业生通常不会提"经验要求"。但是,一些求职者主动联系的岗位,或者有些毕业生由于考研等原因错过了最佳求职机会而到人才市场找工作时,可能就会涉及工作经验问题了。建议毕业生抓紧读书期间的实习机会,在实习过程中,多注重将自己所学专业知识与实际结合,尽量多汲取实践经验;在回答工作经验之类的问题时,多介绍自己的实习经历,并重点阐述自己从中学到了什么、取得什么成绩、有哪些体会、对所应聘职位有哪些帮助等,这样或许可以获得意想不到的机会。

小贴士

面试行为的七大忌讳

1. 忌迟到失约

迟到和失约是面试中的大忌,这种行为不但反映出求职者没有时间观念和责任感,更会令面试官觉得求职者对这份工作没有热忱,印象分自然大减。守时不但是美德,更是面试时必须做到的事。如因有要事迟到或缺席,一定要尽早打电话通知该公司,并预约另一个面试时间。另外,匆匆忙忙到公司,心情还未平静便要进行面试,表现自然也会大失水准。

2. 忌数落别人

切勿在面试时当着面试官吐槽现任或前任雇主、同事、同学、老师,说他们的不是。这样做不但得不到同情,反而会令人觉得你记仇、不念旧情和不懂得与别人相处,因而招来面试官的反感。

3. 忌说谎邀功

面试时说谎,伪造自己的所谓辉煌历史,或将不属于自己的功劳据为己有,即使现在能瞒天过海,也难保谎言将来有一天会被揭穿。因此,面试时应实话实说,可以扬长避短,但绝不能以谎话代替事实。

4. 忌准备不足

无论学历如何高，资历如何深，工作经验如何丰富，当面试官发现求职者对申请的职位知之不多，甚至连最基本的问题也回答不好时，印象分自然大打折扣。面试官不但会觉得求职者准备不足，甚至会认为他们根本无志于这方面的发展。因此面试前应做好准备工作。

5. 忌长篇大论或少言寡语

虽说面试是推销自己，不过，切勿滔滔不绝、喋喋不休。面试官最怕求职者长篇大论，说个没完没了。面试时只需针对问题，重点回答。与此相反，有些求职者十分害羞，不懂得把握机会表现自己，无论回答什么问题，答案往往只有一两句，甚至只回答"是、有、好、可"等，这同样不可取。如果性格胆小害羞，则应多加练习，以做到谈吐自如。

6. 忌语气词过多

使用太多"呢、啦、吧"等语气词或口头禅，会把面试官弄得心烦意乱。语气词或口头禅太多，会让面试官误以为求职者自信心和准备不足。

7. 忌欠缺目标

面试时，千万不要给面试官留下没有明确事业目标的印象。虽然一些求职者的其他条件不错，但无事业目标就会缺少主动性和创造性，对企业贡献有限。面试官反倒情愿聘用一个各方面表现虽较逊色但具有事业目标和工作热忱的求职者。

（四）成功面试的启示

1. 用充分准备取得成功

机遇只偏爱那些有准备的人。面对日趋激烈的择业竞争，面对用人单位越来越挑剔的眼光，应聘面试前一定要做好充分的准备，这是所有面试成功者共同的体验。

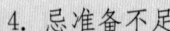

专科毕业生小林谈道，他应聘北京某公司之前，先特意到公司在学校附近的子公司进行了一番考察，对公司的经营理念、市场定位、目前规模和发展目标有了相当的了解，从公司的宣传栏上了解到了比较详细的背景资料。接着，又上网查阅了许多关于公司的以及其他国内外连锁经营的管理知识。在此基础上，他还认真总结整理出一份"管中窥豹，我对公司的几点建议"的分析资料。面试由公司人力资源部的张总主持，第一个问题是：你对公司有多少了解？考场内鸦雀无声，而小林却暗自庆幸："头筹非我莫属"。果不其然，当他对公司进行一番陈述并递交上"九点建议"的时候，张总连连对他点头，最终他从20多个竞聘者中脱颖而出。

案例感悟：职场如战场，求职也一样。军事上有个术语叫"不打无把握之仗"，小林就很好地做到了这一点。他通过实地调研和查阅资料，对心仪的单位进行了充分了解和深入研究，通俗地讲就是做足了"功课"，这才能侃侃而谈并提出合理化建议，最终顺利通过面试。

2. 用执着敲开成功之门

在激烈的竞争中，遭遇失败与挫折是在所难免的。有的人在碰壁之后便心灰意冷，有的人却在受挫之余认真总结反思,凭着一种执着精神终于获得成功。

经典案例

  日本著名企业家松下幸之助年轻时曾一度失业,于是就到一家大电器工厂去谋职。松下走进这家工厂的人事部,说明了来意,请求安排他一个哪怕最低下的工作。那儿的负责人看到松下衣着肮脏,瘦弱矮小,觉得很不理想,但又不能直说,便找了个理由说:"我们现在暂不缺人,你一个月后再来看看吧!"这本来是一个推托,但没想到一个月后松下真的来了。这人又推托说此刻有事,过几天再说,隔了几天松下又来了。如此反复几次,这位负责人干脆说出了真正的理由:"你这样衣衫不整是进不了我们工厂的。"于是松下回去借了一些钱,买回一套整齐的服装穿上来了。这人一看实在没有办法,就告诉松下:"关于电器方面的知识你知道得太少了,我们不能要你。"两个月后,松下幸之助又来了,说:"我已经学了不少电器方面的知识,您看我哪方面还有差距,我一项项来弥补。"这位人事主管盯他半晌,说:"我干这一行几十年了,今天是头一回见到你这样来找工作的,我真佩服你!"结果松下用耐心和韧性打动了那位主管,终于如愿以偿地进了那家工厂工作。

  案例感悟:古语说"水滴石穿""绳锯木断""只要功夫深,铁棒磨成针",说明了坚持的重要性。松下幸之助求职成功的例子告诉我们,在人生的道路上,尤其是在求职的道路上,坚韧是一个人必不可少的素养和品格。有时候看起来"山重水复疑无路",但其实只要再坚持那么一下下,也许就"柳暗花明又一村"。

  3. 在细微中把握成功

  招聘单位面试应聘者,目的是考察应试者各方面的素质。面试的方式以及所涉及的问题通常会有一些共性的方面,但是,由于应聘对象的不同,单位需要人才的规格要求不同,招聘面试时考官也常常采取一些另类的方式,提出一些出乎意料的问题。这时,成功的机遇往往在于机敏的应对。

经典案例

  毕业生小韩在江苏某高校学的是管理专业,毕业前只身前往深圳求职。在四处求职碰壁的时候,突然在求职广场的广告信息栏中发现某公司招聘一名库料总管的信息,于是抱着试试看的心情前去应聘。小韩赶到招聘现场,看见已经有一群人来应聘。小韩看到院子里一片狼藉,地上扔有许多空白纸,他弯下腰捡起一张,是洁白的复印纸,又捡起一张,还是质地很好的复印纸。多么可惜呀!于是小韩俯下身去一张一张地捡起来,这时一个西装革履的人走上前拍拍小韩的肩膀:"小伙子,你是来应聘的吗?怎么不到招聘台前去?"小韩对来人说:"这工厂也太浪费了,这么好的纸扔在地上任人践踏,不知他们的老总是怎么管理的,这样浪费下去准有破产的那一天!"老头笑了,拉着小韩的手说:"我是总经理,小伙子,你通过面试了,我相信你会成为一名出色的库料总管!"

  案例感悟:细节决定成败,已经成为大家的共识。小韩能顺利通过面试,就在于他注重了细节、用好了细节。注重细节是一种良好品格,这种品格的得来并非一朝一夕,需要在日常的学习和生活中处处留心,日积月累方能聚沙成塔,在关键时刻释放出巨大能量。

  4. 用诚信赢得考官的青睐

  用人单位招聘考核毕业生时,对毕业生的素质要求虽说各有所求,但有一条是每个单位一致看重的,那就是诚实守信的品德。在应聘面试过程中,不少毕业生就是用自己的诚信赢得考官的青睐。

经典案例

小李是学中药学专业的毕业生,到一家条件不错的外企应聘。第一次面试,他以自己的能力、素质和自信给考官留下了良好的印象。第二轮面试时,考官是一位美籍华人,在谈了一些专业对口问题之后,想让小李用英语与他继续交谈。小李知道自己学的是哑巴英语,难以招架考官,于是坦诚地对考官说:"虽然我的英语通过了六级考试,但我因为缺乏英语语言环境,口语不是很好,只能进行简单的会话,进行深入的交流还有些困难,希望我能参加你们的英语培训,培训结束后再和您深入交谈。"这位考官笑着说了声:"OK!"小李成功通过了面试。

案例感悟:诚信是一个人的立身之本,求职面试更应该讲诚信。试想,如果小李说假话,用欺骗的方式对待考官的提问,岂不是当场就要露馅?这个案例告诉我们"知之为知之,不知为不知",求职面试必须实事求是,万不可不懂装懂、不会装会。

5. 用勇气和信心争取机会

有时候,阻碍我们前行的,既不是缺乏实力,也不是那些所谓的条条框框,而是我们自己的信心。比起怯懦的面试者,面试官更喜欢那些有魄力与胆识的应聘者。大学生应以"我能行"的心理暗示不断激励自己,保持信心,鼓起勇气,坚信自己最终会找到如意的工作。

经典案例

学营销专业的毕业生小王刚到深圳,就兴冲冲地抱着简历去参加人才交流会。整个会场人如潮涌,唯有一家销售公司的展台前冷冷清清,与会场的气氛形成了鲜明的对比。小王好奇地走了过去,一看该公司招聘启事上的内容,当即吓了一跳,招聘20名业务代表,却指明要名校的毕业生,并且还得有3年以上从事零售业的工作经验。条件这么苛刻,难怪没人敢贸然应聘。小王暗自揣摩了一番,虽然没一条够得上,可这家公司业务代表的工作对他却很有吸引力。小王把心一横,决定试一试,真要被拒绝,就当是一次锻炼好了。他径自走到应聘席前坐下,那位中年主管看了小王一眼,面无表情地指了指那招聘启事问:"看过了吗?"小王点点头说:"我看过,不过很遗憾,我毕业的学校不错,但还没有达到非常知名的程度,我只有实习的经历,没有从事过3年以上零售工作。"那位主管看了小王好半天,才说:"那你还敢来应聘?"小王微微一笑:"我之所以还敢来应聘,是因为我喜欢这份工作,而且相信自己有能力胜任这份工作。"停了停,他又说,"如果求职者真要具备启事上所有的条件,那他肯定不会应聘业务代表,至少是公司主管了。"说完,小王把自己的简历递了过去,那位主管竟然没有拒绝,而是微笑着收下了。第二天,小王接到通知,被录用了。后来才知道,那些苛刻的条件只不过是公司故意设置的门槛罢了,其实当他和主管谈完那些话之后,他就已经通过了公司的两项测试:勇于挑战条款的信心和勇气,以及分析问题的能力。作为一名业务代表,每天都得与形形色色的商家打交道,如果那天小王没勇气去敲这家公司的门,又岂能有勇气去敲其他商家的大门?

案例感悟:孔子说过:"三军可夺帅也,匹夫不可夺志也。"作为青年人,求职的大学毕业生应该时刻保持锐意进取的朝气、"初生牛犊不怕虎"的闯劲和"狭路相逢勇者胜"的气概,以舍我其谁的气度勇敢地在求职路上驰骋,如小王一般,用勇气敲开用人单位的大门。

链接职教

医疗卫生结构化面试常见问题

1. 请简述您对医疗卫生行业的理解以及您为何选择这个行业?
2. 您能否举例说明您在以往的工作中如何处理过紧急医疗情况?
3. 在您的学习或职业生涯中,您最自豪的成就是什么?请详细说明。
4. 您如何确保在高压环境下保持专业和冷静?
5. 请谈谈您对团队合作的看法,并举例说明您在团队中扮演的角色。
6. 您如何处理工作中的冲突,特别是与同事或上级意见不一致时?
7. 在医疗卫生领域,持续学习和专业发展非常重要。您是如何保持自己的知识和技能更新的?
8. 您认为在医疗卫生行业中,哪些技能或特质最为关键?
9. 您是否熟悉最新的医疗技术和设备?请举例说明您是如何学习和适应新技术的。
10. 请谈谈您对医疗卫生行业未来发展趋势的看法。

资源链接

推荐书籍:
李可:《杜拉拉升职记》,陕西师范大学出版社,2007年版。
推荐电影:
《当幸福来敲门》,美国,导演:加布里尔·穆奇诺。

第八章

医药类大学生求职准备

> 凡事预则立，不预则废。
>
> ——《礼记·中庸》

毕业临近，每位大学生都走到了确定职业、寻找工作的重要关口，如何成功求职，找到自己心中理想的工作呢？做好充分的求职准备是关键。机遇总是垂青有准备的人，在开始求职之前，做好各环节的准备，对于应届毕业生成功求职具有重要意义。

医药行业具有较强的专业性，这也造就了相对稳定和封闭的医药类大学生就业市场。面对日益严峻的就业形势，作为医药类大学毕业生，只有深入了解医药行业的市场环境，及时把握医药企事业单位的用人需求，竭尽所能做好求职的信息准备、心理准备、材料准备等，真正做到知己知彼、有备无患，才能在就业的"双向选择"中脱颖而出。

第一节 求职信息的准备

在这个数字化信息时代，谁先掌握了信息谁就占领了先机。大学生求职更是这样，谁先了解到第一手就业资料，谁就能最先掌握获取工作岗位的机会。医药类大学生就业市场这块"蛋糕"的分配，最终取决于毕业生个人获取就业信息的能力。因此，如何及时、准确地掌握有效的求职信息，应该成为每个大学毕业生的必修课。

一、认识大学生求职信息

求职信息的准备是大学生求职择业前的一项重要任务，求职者必须充分利用各种渠道、运用各种手段，及时准确地收集就业有关的信息，为择业决策做好充分的准备。

（一）求职信息的内涵

所谓求职信息，是指通过各种媒介传递的，与就业有关的具有一定价值的资料和情报，既包含宏观方面的就业形势政策信息，也包含微观方面的用人单位需求信息。

就业形势政策信息主要是指国家或地区社会经济发展的方针、政策和规定，社会产业结构调整和变化趋势，毕业生就业市场总体供需状况，以及对口或相关行业、部门的发展情况等信息。熟悉这些信息，能够全面、客观地把握就业方向。

用人单位需求信息是指各级、各类用人单位对毕业生具体的需求情况，包括招聘工作岗位及相应职责、选聘人才的具体要求、岗位薪资状况、职业发展前景、企业文化等信息。这些信息是毕业生求职时必须掌握的具体资料。

毕业生要想获得有效的求职信息，首先应当对自己的职业发展有较为清晰的目标，充分利用不同的求职信息渠道，及时获取各种求职信息，并对求职信息进行分析，选择适合自己的信息，进而实施具体的应聘举措，以期达到理想的求职目标。

收集求职信息，应力求做到"早""广""实"。"早"是要及时、尽早地搜集信息，提早做好准备，切忌临阵磨枪。"广"是要广泛搜集不同方面、各种层次的求职信息，避免放弃或忽视大量的"备用"信息，否则可能在求职不利时不知所措。"实"是要尽量收集详尽、准确的信息，明确岗位要求，提高求职针对性和实效性。

需要注意的是，毕业生收集求职信息往往是一个循环的持续过程（如图8-1），应当根据人才市场的变化需求和职业的发展趋势，不断地调整自己的择业期望，重新审视和确立职业目标，从而进一步搜索相关的求职信息，努力找到适合自己的职位。

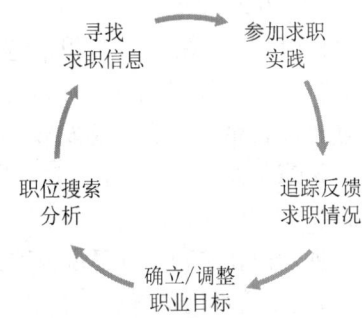

图8-1 收集求职信息循环示意图

（二）求职信息的作用

"知己知彼，百战不殆。"这句话反映了信息的重要性。对于每一位准备求职的大学生，谁掌握了求职信息，为求职做好准备，谁就能够在职场上掌握主动，立于不败之地。

掌握求职信息，有助于顺利解决求职过程中遇到的问题。毕业生在求职过程中可能会遇到各种各样的问题，比如如何在城市落户，如何签订就业协议，如何办理档案派遣手续等，各地方及各高校就业部门一般会制定相关文件和规定，熟悉这些信息，就会从容应对。

掌握求职信息，有助于以最小的成本找到最理想的工作。在求职过程中，毕业生通过各种渠道收集需求信息，从中筛选出适合自身条件并且自己满意的用人单位，这种求职方式与漫无目的地到处递送材料比起来，具有针对性强、成功率高、信息反馈快等优势。

掌握求职信息，有助于适时调整自己主动适应社会需要。毕业生在收集求职信息过程中，往往会发现自己的不足，可以通过及时的弥补和训练，主动掌握相应的技能，从而使自己在求职过程中拥有更强的竞争力。同时也有助于尽快找准自己的位置，有效避开就业中的雷区。

二、求职信息的获取渠道

求职信息的内容十分广泛，来源渠道很多。但是每个人的时间和精力都是有限的，不可能关注到所有的就业信息，要本着便捷、权威的原则，对就业相关信息进行适当选择。作为初次择业的大学毕业生，应主要关注以下几种途径：

（一）学校就业指导部门

学校就业办公室或就业指导中心，是高校学生就业工作的行政管理部门。作为负责全校毕业生就业指导工作的权威部门，与部委和省市的毕业生就业主管部门及用人单位有着密切的联系，他们会根据有关就业政策和社会需求信息，广泛搭建就业平台，积极畅通信息渠道，为毕业生提供针对性的就业指导和服务。学校就业指导部门的就业信息具有针对性强、可靠性高、成功率大的特点，是毕业生获取求职信息的最主要来源。

（二）供需见面会

毕业生供需见面会是由高校和就业主管部门组织的,让毕业生和用人单位直接见面洽谈的就业方式。学校一般每年会举办大型双向选择招聘会,并且长期安排企业校园宣讲会;各地有关主管部门每年也会组织一些季节性和专场性的人才招聘会。毕业生通过直接面对招聘单位,可以获得更为丰富全面的就业信息,较为快捷有效。

（三）互联网

随着网络的高速发展,越来越多的大学生把网络作为求职的一个重要方式。网络信息容量之大,是其他求职方式所不能比拟的。毕业生不仅能够快速地从网上获取各种就业信息,还可以将个人求职信息发布到网上,通过网络参加应聘,真正实现跨时空的人才交流。当然,网络信息纷繁复杂,大学毕业生应当加强防范意识,在充分高效地利用网络资源的同时,谨防虚假信息的陷阱。

（四）各级政府人力资源和教育主管部门

属地主管部门负责制定辖区的毕业生就业政策,定期收集所在地用人单位的需求信息,通过多种渠道进行发布,为毕业生就业提供各种咨询和服务,这些信息几乎涵盖当地各行业的需求信息,因此地域性较强,对于有明确就业地点要求的毕业生来说,这种渠道的信息尤为重要。

（五）社会关系

俗话说:"多一个朋友多一条路。"人际关系网络也是获得求职信息的一个重要渠道。对于即将步入社会的大学生而言,要善于利用家长亲友、学校老师和校友的社会关系,广泛收集就业信息,拓宽信息来源,积极寻找恰当的就业机会。特别是活跃在各行各业的校友掌握着对口单位的第一手需求信息,招聘过程中他们对自己的"学弟""学妹"往往比较青睐,他们提供的用人信息往往能够直接转化为就业机会。

（六）新闻媒介

当前,大学生就业已成为社会热点问题,受到新闻传媒的普遍关注,媒体关于就业政策、行业现状、职业前景等方面有着大量的报道和分析,对求职者具有一定的参考意义。同时,很多媒体还为毕业生提供了丰富的用人单位的需求信息,一些电视节目开设了求职专栏,毕业生可以从中获得感兴趣的有用信息,还可以学到不少应聘技巧。

三、求职信息的整理分析

由于信息的来源和获得方式的不同,就业信息的质量有高有低,内容有虚有实;即使同样的信息,对不同的求职者,其价值也不尽相同。因此,毕业生对于收集到的求职信息,应该结合自己的实际情况,加以筛选处理,去粗取精,去伪存真,有目的、有针对性地进行排列、整理和分析,只有这样才能使求职信息变得准确、科学、有效,使之更好地为己所用。

（一）信息筛选的原则

1. 学以致用的原则

在筛选求职信息时,尽量选择本专业及专业相关的岗位信息,这既能做到发挥所长、学以致用,也可避免人才资源的浪费。如果不考虑自己的专长,即使在求职中取得成功,在未来的职业生涯中也会逐渐暴露自己的弱势,发展后劲明显不足,需要从头开始一点一滴地学习积累。当然,发展前途与兴趣爱好能够结合则为最佳。

2. 量力而行的原则

求职信息是否重要,其判断依据在于是否适合自己,这是筛选信息的核心所在。在择业过程中,毕业生需要将个人的愿望与实际结合起来,选择应聘自己能够做好且有发展空间的工作,不能好高骛远、眼高手低,刻意将目标定得太高,只有量"能"择业,量"才"定位,才能真正找到实现人生价值的合适岗位。

3. 放眼未来的原则

求职者要学会用辩证的思维研究、处理信息,善于挖掘那些具有潜在价值的信息。求职者不要一味追求所谓体制内的单位和一些大的企业,对一些规模不大但具有一定发展前景和成长空间的企业要给予关注。特别是作为应届毕业生,刚刚走出校门、走上社会,务必注重自身能力的锻炼和经验的积累,要学会用发展的眼光看待职业生涯规划,先就业,再决定是否重新择业。

(二) 信息筛选的步骤

求职信息的筛选过程实际上是一个求职决策过程,这是择业的关键所在。求职者在广泛收集信息的基础上,要结合自己的实际情况,对获取的初始信息进行有针对性的整理、归纳和分析。一般来说,信息筛选需要以下步骤:

1. 真伪鉴别

信息的获取,要力求准确无误,这样的信息才有价值。由于毕业生收集的信息来源复杂,信息里可能确实会蕴藏着一些就业机会,也可能是一堆"垃圾",甚至可能潜藏陷阱。毕业生在遇到各方面条件非常诱人的岗位,但对用人单位的实际情况不是很明确的情况下,应多做调查和了解。只有将过时、虚假、无关的信息剔除,才能掌握择业的主动权。

2. 重点筛选

在真实的求职信息里面,也不是每条信息都适合自己的实际情况。毕业生要对所掌握的信息进行比较和选择,根据自己的性格、兴趣和特长从中重点把握一些信息,对一些一般性信息可以做适当的取舍,以免耗费过多的精力。毕业生对筛选的重点信息要进行细致入微的分析,把握准单位对招聘岗位的能力素质要求,以便针对性地准备自己的应聘材料,提高求职成功的概率。

3. 深入挖掘

许多信息的价值往往不是浮在表面上的,必须经过深入挖掘才能发现。一般而言,根据用人单位的一些直观现状,并不能马上准确判断其今后的发展情况和员工的成长空间。这就要求毕业生既要站在高处,从长远的方向看待职业的发展趋势,又要留意信息的细枝末节,由表及里地挖掘信息的内涵价值。例如,从单位的组织结构发现其管理模式和运作机制,从单位的人事、财务报表分析它的人力资源状况和经济状况,从单位历年的招聘岗位和人数的变化了解它的经营方向变化,通过综合各方面的内在信息,考察其是否与自己的预期判断相一致。

4. 及时反馈

求职信息传播速度之快、共享程度之高,折射出就业市场的竞争压力,毕业生得到的信息仅仅代表着一种可能的就业机会。因此,毕业生一旦获得了有价值的就业信息,就要及早准备,尽快出击,主动与用人单位联系,询问应聘的具体方式和要求,并递交自己的求职材料。毕业生有时还要根据需求信息的要求,对照检查自己存在的差距,及时调整和弥补知识和能力的不足,力争在最短的时间内获得最大的提高。

(三)医药单位的信息分析

在了解求职信息筛选的原则和方法后,下面就可以对具体的医药企业单位信息进行分析。充分掌握用人单位的需求信息,不仅可以使毕业生对招聘单位有一个初步的了解,而且可以帮助毕业生发出有效的求职信和简历材料,并在面试时做到有的放矢。为打好这场"有准备之战",毕业生应该了解以下各项关键信息:

1. 医药企业的产品服务

毕业生可以通过企业的宣传册、网站和其他传播途径了解单位的一些概况,看这个行业是否为自己所期望的职业领域。首先对企业所提供的产品和服务要有所把握,其针对的主要市场是什么,以及在市场的占有率如何,这样可以对自己的能力和期望是否适合该单位要求做出相应的评估。

2. 医药企业的社会形象

毕业生在运用信息的过程中要了解企业在社会上的知名度、信誉度和美誉度,包括单位在当地或者在全国是否享有盛名,能否得到社会大众的尊重和认可,新闻媒体对其如何评价,是否具有好的社会效益。

3. 医药企业的竞争潜能

毕业生要研究企业内在的竞争潜能,看企业是处于开创期、成长期、巩固期还是停滞期,是否具有自身的核心竞争力,在同业间的竞争优势如何,其发展方向和发展前景怎样,是否可能会发展什么新的产品线、新的投资方向、新的产业等,这些都决定着企业未来的前途和命运。

4. 医药企业的核心文化

毕业生要考察企业有无深入人心的企业文化,其核心文化能否适应社会发展的主流趋势,单位的管理风格是否与自己的喜好相匹配,未来的发展和晋升空间如何,人际互动的气氛是否融洽。

5. 医药企业的组织结构

毕业生还需要了解企业的组织构架,各个部门的职能如何划分,主要管理者有哪些人,其经营理念是什么。熟悉这些信息可以在面试的时候拉近与对方的关系,显示出真正关心该企业的发展。

忽视信息甄别的"代价"

小赵,生物技术专业,刚毕业时,看着周遭的同学都已找到了满意的工作,自己却一直处于待业的状态,心里十分着急。应聘了多家单位,单位均以没有工作经验为由而婉拒了他。他总觉得刚毕业的大学生在劳动力市场"矮人一截"。

上个月,他看到某生物公司招聘管理培训生岗位,并在介绍中说明"无经验也可",小赵不假思索就到这家公司填写了登记表,并对招聘公司的背景一概不问,面试人员跟他说什么他都答应,在面试过程中面试人员提出要收取报名费、培训费等一系列费用,小赵急于想得到这份工作,便交了钱,也没留下任何票据,便回家等消息。

等了一个月,该公司仍然没有给他任何回音,他来到公司要求退款,但由于拿不出任何凭据,只能无奈走人,工作没找到,连钱也被骗去了不少。

案例感悟:在应届毕业生求职的旺季,不少学生求职心切,疯狂"海投"简历,对于所应聘单位的背景资料也不详加了解,就盲目前往;甚至不少学生为了表示自己应聘的诚意,对企业提出的一些近乎苛刻的要求也照单全收。一些不法企业正是利用了应届毕业生这种心理,设下种种圈套。

网络招聘遇陷阱

日前,硕士研究生小程收到了一封署名为某学院人事处的招聘邮件,便按其要求交纳了85元考务费,后发现自己遭遇了"招聘陷阱"。

小程是应届硕士研究生,4月初在某网站上看到某学院发布的招聘信息,他所学的专业正好和辅导员岗位要求匹配,就在网上投递了简历;之后便收到了一封内容为"你的材料经审核,符合我院专职辅导员招聘条件,面试时间定于某年某月下旬进行,如有意来我院参加招聘面试,请交纳考务费85元"的邮件。

"今年工作特别难找,网上投了很多简历但是通知面试的很少,能进高校当辅导员是很多同学都羡慕的事,而且家在当地,觉得这个工作很适合自己。"小程说,"而且招聘教师、公务员考试等都收取一定的考务费,这种考试收取费用也可以理解。"随后小程就按照邮件里面提供的财务账号交纳了85元考务费。

小程向父母说了某学院通知进面试之后,父母很高兴,建议问问学校面试需要准备什么材料。小程便按照该招聘信息上面的电话打过去,对方说是人事处工作人员,但是说该校今年没有辅导员招聘计划,更没有要求先交费再面试。"这是虚假招聘信息,我们学校的招聘信息都是在学校网站、全国硕博招聘在线发布,招聘工作是省教育厅统一组织,你说的这个招聘信息是假的。"此时,小程才发现自己掉进了"招聘陷阱"。

"对方是财付通账号,报警也不好查,几十块钱就当是买个教训吧,以后真得长个心眼。"小程懊恼地说。

案例感悟:当前就业形势十分严峻,一些不法分子利用高校毕业生急于找工作的心理,发布虚假招聘信息,通过收取电子简历获取个人信息,再通过收取考务费的形式骗取钱财。求职者看到招聘信息一定多留个心眼,要到其官方网站进行查看,或者通过其他联系方式进行确认,对先收取各种名目费用的信息更要小心提防。

第二节 求职心理的调适

随着医药产业的迅速发展,医药人才市场的竞争也日趋激烈。在求职过程中,医药类大学毕业生不可避免地会遇到各种外在困扰和内在心理冲突。如何正确认识自己、怎样做好求职心理准备、如何调适在就业过程中的各种心理冲突,将直接影响毕业生的职业定位和职业生涯发展。

一、认识大学生求职心理

现代社会竞争激烈,用人单位对人才的选拔不限于学历高低、能力强弱,很多时候也会考量求职者在压力状态下的心理素质,抗压素质的高低有时将直接决定求职的成败。

所谓大学生求职心理,是指大学生在毕业选择职业时所表现出来的各种心理状态和心理特征的总和。对于正处于职业生涯探索期的大学生,在其初次就业阶段,往往会遇到比以往任何时候都更深层次的困惑。大学毕业生在求职过程中既表现出稳定、自信的心理状态,又表现出波动、复杂的情绪。

(一) 职业选择的主动性

当代大学生具有实现个人抱负的愿望和积极向上的精神,逐步摆脱了长期以来束缚个性发展的传统观念,重视自我发展,敢于发挥个人能力来获得事业的成功和自我价值的实现。当前实施的双向选择的就业制度,为大学生个人能力的发挥提供了广阔的空间,大大激发了个人自主择业和就业的主动性,就业选择的主体性意识明显增强。大学毕业生一反过去那种被动等待国家分配的局面,主动搜集各种就业信息,奔走于人才市场和用人单位,进行自我推销,希望通过自己的努力,找到理想的工作。

(二) 求职心理状态的稳定性

经过大学的集中学习,大学生职业概念逐渐清晰,能够对自己的个性特点、兴趣爱好和能力发挥等有一个全面而正确的认识,并根据个人的需要对职业做出合适的选择。与此同时,随着就业制度的改革,大多数学生能够勇于面对就业市场的竞争,积极参加求职双向选择,很多学生为了提高自身的竞争力,以适应社会发展的需要,自发参加各种专业考试和学习,使自己成为综合素质较为全面的"通才"。

(三) 求职心理倾向的波动性

大学生主要处于青年中期,从生理发展来看已经成熟,心理素质也趋于稳定。但是,大学生又处于"走向成熟而未真正成熟"的阶段,经常被情绪所左右,在求职过程中不可避免地受到各方面因素的影响和制约,大学毕业生在择业时心理随着外部环境影响的变化而出现波动。面对激烈的就业竞争环境,如果不能及时调整好就业期望值和求职心态,容易导致职业目标的滞后性和多变性,影响其就业前景。

(四) 求职心态矛盾的复杂性

大学生在就业过程中也会面临着各种矛盾,如理想与现实的心理矛盾、就业与择业的心理矛盾、奉献与索取的心理矛盾、独立与依赖的心理矛盾、享乐与创业的心理矛盾、观望与竞争的心理矛盾、自恃与自卑的心理矛盾等。在求职择业过程中,大学生会产生复杂的心理矛盾,在一定程度上也困扰着他们的求职行为。

二、求职迷茫及择业误区

大学生就业面临各种竞争和选择,往往存在这样那样的心理误区,直接影响到他们的求职,应认真分析其原因,找出引导自我走出心理误区的对策。

(一) 求职错误观念

1. 功利心态

当前,社会急功近利的浮躁心态已经蔓延到高校,很多毕业生在就业过程中普遍存在重实用而轻专业的思想,只顾眼前利益和经济效益,一味追求高(薪)大(城市)上(高科技行业等)职业,从而忽视个人的长远发展。由于这种心理没有从实际出发,缺乏务实精神,忽视了个人的兴趣和特长,对自己的职业没有进行一个合理的规划,为日后的发展埋下了隐患。

2. 攀比心态

攀比心理是自己求职不如别人时而产生的一种心理状态。部分毕业生在找工作时经常以周围同学的就业情况来给自己的就业标准定位,总想找一个各方面都超过或不差于别人的工作,只为满足自我的虚荣心。盲目攀比心理往往把自己看得太好,把别人看得过低,容易导致毕业生"这山望着那山高",耽误选择的最佳时机,错过适合自己的单位。

3. 从众心态

从众是指在群体的影响下,个人放弃自己的意志而采取与多数人相一致的行为。从众心理也是大学毕业生不能很好认清就业形势和个人状况的突出表现。一些毕业生在求职过程中,脱离自己的实际情况,总是跟着别人去选择,缺乏相应的自主意识,轻易放弃自己的职业理想,完全不顾或忽视自己的长处与不足,不能很好地扬长避短,结果只能"随波逐流"。

4. 迷茫心态

迷茫心理主要表现为没有明确的就业目标,没有足够的就业准备,求职缺乏计划性和前瞻性。这部分学生不能准确地评价认识自己,对自己能做什么、适合做什么,缺乏清晰认识,这就导致在收集就业信息、准备求职材料、参加面试考核过程中,显得手足无措、非常被动。

(二)不良心理特征

1. 自卑心理

自卑是指自我评价偏低、自愧无能而丧失信心,并伴有自怨自艾、悲观失望等情绪体验的消极心理倾向。自我认知不足和期望值过低是形成自卑的最主要原因。有的毕业生因为缺乏自信心,容易产生消极的自我暗示,它不仅使毕业生忧郁孤僻、不思进取,错失就业良机,更有碍于自身才能的正常发挥,影响其成功就业。

2. 自负心理

与自卑心理相反,自负是指过高地估计个人能力、水平和在竞争中的地位,是缺乏客观地自我分析和自我评价的表现。自负的毕业生通常都是盲目地乐观,心理定位偏高,不能审时度势,不切实际地追求高薪低压的岗位,对于一些发展前景较好但目前条件较为艰苦的工作轻言放弃,最终必然会高不成低不就,无法找到理想的工作,导致就业受挫。

3. 焦虑心理

焦虑是因遭受心理上的冲突或挫折而发生的一种紧张、恐惧、焦躁不安的情绪状态。经历求职时的种种选择和期望,焦虑是大学毕业生中最常见的心理状态。一般来说,适度的焦虑可以给人一种紧迫感和压力感,催人奋斗,使人进步,不断激发自己的动力。但是焦虑如果不能得到及时缓解,就有可能产生心理危机,增加精神负担,带来情绪紧张、心情紊乱等症状。过度的焦虑容易让大学毕业生背上不必要的精神包袱,使其不能完全发挥自己的才能,成为求职的绊脚石。

4. 易挫心理

易挫心理是指个体在日常活动中,一点困难和失败都会导致个体产生挫败感,表现为自责、悲伤、失望和愤怒等情绪。大学毕业生在求职过程中,或多或少会面临不同程度的挫折,很少有人一帆风顺。一定的挫折可以锻炼毕业生应对各种问题的能力,然而,如果过于脆弱,把正常的困难都放大为挫折,则会不利于毕业生的就业选择。所以,毕业生在遭遇求职挫折后,要学会积极地总结经验教训,合理地调整就业目标,适时地改变择业策略。

（三）心理困扰解析

导致大学生求职心理问题的原因是多方面、多层次的,既有制度、机制上的客观原因,也有大学生自身的主观原因。当代大学毕业生必须正视现实,只有全面了解引起心理问题的主要因素,才能及时排解心中疑惑,以更加积极主动的姿态,去争取适合自己的工作。

1. 自我认知片面

成功择业的首要前提是要正确地认识自我。不少大学毕业生在求职之初,对自己各方面不能进行客观地评价,导致在就业过程中存在着自我认知偏差。有的毕业生只看到自己具有的特长和优势,忽视了自身的不足,表现得自以为是、盲目乐观;有的毕业生则过分强调自身的缺点,能力评价过低,对参与就业竞争怀着悲观的心态;有的毕业生对自身状况认识不清,表现得十分迷茫,无法确立一个明确的目标,不善于主动推销和表现自己。

2. 职业定位不当

部分学生把考上大学作为一个终极目标,对社会和市场的关注较低,成长过程中缺乏职业规划的概念,不知道自己适合做什么、不适合做什么。在求职过程中,思想容易理想化,只追求"我想做什么",而不是"我能做什么",不能够很好地择己所爱、择己所长、择世所需,其求职过程必然就容易遭遇困难和挫折。

3. 求职准备不足

不少毕业生在求职前轻视就业知识的学习掌握,缺乏规范系统的技能培训和实践锻炼,无目标、无准备,全凭运气找工作。随着就业季的来临,因为不能及时转变角色、调整就业心态,导致思想上和心理上的准备不足,对求职招聘环节不甚了解,也不够注重沟通技巧,应聘时显得比较被动,必然会产生各种心理困惑和障碍。

4. 应对挫折消极

现在的大学毕业生多为独生子女,从校门跨入校门,过惯了衣食无忧、一帆风顺的生活,缺少应对挫折的经验,欠缺独当一面的能力。求职过程本身就充满了未知和矛盾,在没有做好经受坎坷与不顺的心理准备的情况下,一旦"碰钉子",不能及时正确地化解,就容易意志消沉,导致心理问题愈发严重。

三、求职心理问题的调适

大学毕业生在求职与择业的过程中,必须学会自我调适,使自己始终保持乐观向上的心理状态,坦然面对各种就业机会,充分发挥自己的智慧和才能,以实现自己的职业预期。

（一）自我调适的原则

1. 认识自我,发挥主观能动性

正确地认识自我的职业心理特点并接受自我,是调节就业心理的重要途径,借此可以找到适合自己的职业方向。要敢于承认现状,学会扬长避短,用发展的观点来看待自己。要有敢试敢闯的精神,主动出击,抓住机遇,多收集有关求职信息,多参加一些招聘会,并根据已定的择业标准进行选择,不能盲从他人,适合自己的才是最好的。

2. 认清现实,调整就业期望值

大学生要认清现实,根据就业形势和自己的实际情况,调整自己的就业期望值。调整就业期望值不是对单位没有选择,而是要在职业生涯规划和职业发展观念的基础上重新确定自己的人生轨迹。要树立长远的职业发展观念,放弃过去那种择业就是"一次到位"、绝对安稳的观念。在当前获得一个理想职业的时机还不成熟时,应采取"先就业、后择业、再创业"的办法,不断提高自己的社会生存能力,增加工作经验,逐步实现自我价值。

3. 端正取向,树立合理择业观

在择业时不能只考虑工作的经济收入、工作条件、工作地点等因素,在考察社会需要的基础上,更要考虑职业对人生发展的影响与作用,应看重职业能否帮助实现自我价值。对于那些虽然现在工作条件不是很好,但发展空间大,能让自己充分发挥作用的单位要优先考虑;对于那些现在经济发展水平不太高,但发展潜力大、创业机会多的工作地点也要重视。

4. 坦然面对,提高心理承受力

在求职中遭遇挫折时,要用冷静和坦然的态度待之,客观地分析自己失败的原因,进行正确地归因,及时有效地调整自己的求职策略,合理应对,提高心理承受力,以便在下次的求职中获得成功。

(二)心理调适的方法

1. 加强自我激励

自我激励是指个体具有不需要外界奖励和惩罚作为激励手段,能为设定的目标自我努力工作的一种心理特征。强烈的自我激励是成功的先决条件。当求职受挫时,长时间沉浸在失败的痛苦中是徒劳无益的,更重要的是调整心态,加强自我激励,不要因为一时的失利,就丧失信心和斗志。通过客观地分析原因、总结经验、寻找对策,冷静和坦然地面对各种可能的结果,努力培养自己自主择业的竞争意识。

2. 学会适度宣泄

毕业生在求职过程中难免会遇到焦虑和苦恼的时候,消除这些不良情绪最实用的方法就是学会适度宣泄。过度压抑自己的情绪,只会使困扰加重,不利于身心的健康;适度的宣泄可以使不良的情绪释放出来,使人内心得到缓解和放松。适度的宣泄可以采取以下办法:一是向朋友、老师、家人倾诉,将内心的忧虑和烦闷说出来,从而得到相应的疏导和安慰;二是可以参与一些体育活动,通过适当的运动来宣泄内心的郁闷,使复杂的心绪得到相应的舒缓。

3. 合理转移压力

对于求职过程中产生的各种不良情绪,毕业生可采用注意力转移法,将自己的情感和精力转移到其他活动中去。通过注意力的转移,来缓解就业压力,使自己尽快摆脱不良情绪,把各种心理困扰合理地分化转移,达到平衡心理、保护自己的目的。

4. 适当借用外力

解决心理困扰,毕业生除了要增强自身"免疫力",提高自我调适能力外,还可以积极参加一些心理咨询活动或向其他人寻求帮助。人的心理出现较大的心理负担和压力后,内心冲突激烈,自我调节难以奏效,外来力量的帮助就显得非常重要。当毕业生在面临心理困境时,通过求助心理老师,可以在很大程度上减轻就业压力带来的心理困扰。

📖 **链接职教**

求职心理失衡的反思

面对日益激烈的求职竞争,毕业生需要在机遇与挑战中求"生存",肯定会面临各种各样的心理压力,如不及时调整,则会导致心理失衡,有碍求职工作的顺利进行,值得我们进行反思和改进。

　　小孙是一个比较内敛的女孩,每次参加应聘都输在面试上。一次某用人单位招聘应届毕业生,她收到通知参加面试,得知一起来应聘的条件都比自己好,还有其他名校的"高手",顿时觉得自己比不上别人,面试时手脚都不知道放哪儿,脑子一片空白,一时间信心全无,甚至想打退堂鼓,不出意外被淘汰下来了。

　　而与其一个寝室的室友小张是一名比较优秀的学生,求职期间很多单位都想要她。但她有些自视过高,对那些在其他同学看来不错的单位不屑一顾,迟迟不愿签约。最后当她有危机感时,以前的那些用人单位都将其拒之门外。

　　案例感悟:自信心不足和过高的优越感都属于不良的求职心理,必须认真加以克服和改正,否则自愧不如只会导致不战自败,自视过高则会贻误时机。心理上最大的障碍是自己,阻碍成功的最大敌人也是自己。对于容易自卑的毕业生,在求职前建议进行积极的自我暗示,持着"你行我也行"的信念,进行场景训练和演绎;在与用人单位交谈时,尽量表现出自己擅长和优势的一面,从而体验"我能胜任"的愉悦感。对于本身条件比较优越及有自负感的毕业生,应保持一种谦虚平和的心态,多与周围同学交流,多听听别人的想法和意见,可以有效防止偏见;在与用人单位交流时,要尊重对方和面试机会,客观评价自己的实力,以便明智地做出决定。

第三节　求职材料的准备

　　求职材料是毕业生面向用人单位展现自己的宣传载体,也是用人单位录用审查的参考材料。从广义上说,求职材料是指求职简历、求职信和其他相关材料组成的完整材料。其中,求职简历主要在于介绍毕业生个人的基本情况,而求职信是要突出求职者对用人单位的某一职位具有极大热忱,二者密不可分。一份好的求职材料就是一块好的"敲门砖",如果能够及时吸引招聘者的眼光,让用人单位全面了解自己,就能为自己争取一个面试的机会,帮助自己打开事业的大门。

一、求职简历

(一)简历的概念及构成要素

　　简历,就是对个人基本信息、学习经历、技能专长、取得成绩及其他有关情况所做的简明扼要的书面介绍,是求职者向用人单位提供的一种应用文书。简历具有目的性、客观性、正面性、精炼性等特点。

　　一份完整的个人简历,其构成要素是基本相同的,主要包括个人信息、求职意向、教育背景、实践经历、获奖情况、技能特长、履历照片、自我评价等内容,具体内容如下:

　　1. 个人信息

　　个人信息集中反映了个人的基本情况,通常包含求职者的姓名、联系方式(手机、邮箱、地址)、性别、年龄、籍贯、民族、政治面貌、健康状况等。

2. 求职意向

求职意向是指毕业生想要从事的具体工作岗位,是一份简历的"题眼"。填写求职意向要结合自己的实际情况,根据自己所学专业和经验特长去选择,尽量与应聘的职位相符。

3. 教育背景

主要是指大学期间所接受的各层次的教育经历,按照时间顺序,依次写清楚就读的学校、院系、专业、学历层次、主修课程等。其中,主修课程需要有选择地罗列一些能够说明自己知识结构的部分课程。

4. 实践经历

实践经历是招聘单位对应届毕业生较为看重的内容之一,从中可以看出求职者的个人素质和工作潜能。由于大部分在校学生都缺乏相应的社会工作经历,因此,在校所承担的社会工作、组织和参加活动情况、假期社会实践、实习或兼职工作的经历就显得非常重要。在教育背景相差不多的情况下,它往往是求职成功的"撒手锏"。

5. 获奖情况

这项内容可以显示毕业生在大学专业学习或其他特长方面的优势,主要包括奖学金获得情况及参加活动获奖情况等。

6. 技能特长

求职者所具备的素质、能力和特长是招聘者非常关心的。这部分内容通常包括外语水平、计算机操作能力等,以及与应聘职位相关的职业技能资质。

7. 履历照片

个人简历可根据需要贴上照片,这样能够给招聘者一个直观的印象。简历中的照片一般采用1—2寸半身免冠证件照,需要注意职业着装。

8. 自我评价

自我评价在常规的简历撰写中可能被认为是最轻松容易的部分,但这一部分对于求职者来说依然是争取面试机会的关键部分,建议求职者对照招聘启事从知识、能力、经验、性格等方面表达自身与岗位之间的匹配度,而非泛泛而谈。

在具体的简历撰写过程中,到底要罗列哪些项目,则应视岗位需求、求职者的实际情况及而定。

(二)简历的撰写原则

《论语·雍也》中孔子曾言"质胜文则野,文胜质则史,文质彬彬,然后君子"。就简历制作而言,这句话也一样适用。简历作为求职者就业能力的综合体现,既需要求职者具备实实在在的就业能力,也需要求职者借用一定方式和技巧将就业能力完美地呈现出来。在本书中,这些方式和技巧,我们将它称之为简历的撰写原则。

1. 明白谁在看简历

对于大部分求职者而言,在制作简历时首先想到的是"我要写什么",却忽略了更为重要的问题——谁在看简历?要想把自己成功地推销给雇主,你要学会从雇主视角撰写简历。2012年清华大学面向国内12个主要行业包括制造业、IT业的雇主进行了一项主题为"你最看重应聘者哪些特质"的调研,与大部分求职者罗列在简历中的特质不同,调研结果显示雇主最为看重求职者的前十项特质由高到低依次是个人能力、道德修养、专业对口、心理素质、学校声誉、面试表现、学历层次、性格特点、身体素质以及学习成绩。那么从雇主视角出发,"寸土寸金"的简历版面中,大部分求职者所罗列的性别、民族、籍贯、政治面貌等个人信息,到底有无必要呢?答案很简单:雇主想看到的,就可以罗列;雇主并不关注的话,则完全没有必要体现。以籍贯为例,一般企业招聘对于求职者籍贯并无特殊要求,此时籍贯这一要素则完全没有必要体现。所以说把握住雇主视角,是我们撰写简历的指导性原则。

用一秒钟观察右侧的图片(图8-2),你看到了什么?这是心理学家J.贾斯特罗在他的《心理学中的事实与虚构》中画出的一个模糊的图形,它既可以被看作一只鸭子,也可以被看作一只兔子,但无法同时看成两种动物,这是典型的格式诺心理学例证,即整体决定部分。这是因为在观察分析一个事物的时候,我们总是用自己的认知习惯进行解读。

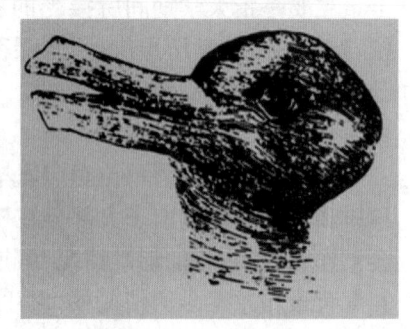

图8-2 鸭兔图

同理,你的简历到底被看成"鸭子"还是"兔子",这取决于雇主。

既然优秀的简历在制作时,要充分考虑雇主的心理,那么雇主的心理是什么呢?他们最关注的是你是否适合并能胜任某一岗位,关于这一问题,我们可以通过下面"如何做到人职匹配"这一原则向大家详细阐述。

2. 做到人职匹配

要做到人职匹配,我们需要:

首先,进行充分的自我探索及职业探索后形成明确的求职意向。

这是一个很重要的问题,但很多求职者在制作简历甚至投递简历时都没有想好自己到底想做什么,不得不说这是简历制作的大忌。求职意向看似简单,似乎只是一个职位名称,但是它是一份优秀简历的题眼,对于求职者而言,这是基于自我探索、职业探索之后进行理性选择。

那么如何确定求职意向呢?大家可以使用职业地图(也可以叫作职业索引)这一小工具,任何一种职业都可以通过三个维度进行界定,即行业、单位以及岗位。具体而言,行业是指从事国民经济中同性质的生产或其他经济社会活动的经营单位和个体等构成的组织结构体系,比如IT行业、医药行业、金融业、服务业、交通运输业等;单位则指国企、外企、民企、三资企业及事业单位等;具体的岗位,则指某一行业的具体分工,如技术、研发、生产、销售、售后服务、行政等。

除了职业地图外,一些网络平台也能给我们提供一些助力,在前程无忧求职网站上,"校园招聘"页面搜索部分,点击"选择职能"后,选择与你求职方向相近的选项,如"生物/制药/医疗/护理",继续选择"生物/制药/医疗器械"后,里面具体的职位可能会给你一些参考。

然后,对意向岗位的职业胜任了然于胸并储备相应的职业能力。

职业胜任通常通过招聘信息获取,为了进一步向雇主证明自己能胜任某一岗位,求职者应该对照招聘启事梳理该岗位所需的职业能力,并依据自己的实际情况进行匹配。那么应该如何精准解读招聘启事中的职业能力呢?以某医药公司学术专员的招聘信息为例:

岗位职责:

①负责公司产品在目标医院的推广;

②使公司产品及信息能及时准确地反馈给医生;

③达成指标并配合公司销售管理系统的实施；
④收集并反馈产品相关的市场信息。

任职资格：
①医药类专业本科及以上学历；
②良好的沟通与表达能力；
③良好的客户服务能力，善于学习；
④诚信，充满活力，进取精神，较强的团队合作意识；
⑤能接受出差。

招聘信息通常由工作描述和工作规范构成。以上招聘信息中，岗位职责便是工作描述，它介绍工作是如何开展的；而任职资格则是工作规范，包括对求职者教育背景、工作经验、知识技能、个性特征、身体和其他方面的要求。参考《你的降落伞是什么颜色？》（理查德·尼尔森·鲍利斯著，2014）的观点，我们可以从三个方面进行解读：

专业能力是通过学习或培训获得的知识和能力，通常以名词形式出现。如招聘信息中的"医药类专业"。而在一些招聘信息中，也会对生产力工具、核心课程提出一些要求，比如Java、CAD 等。

通用能力又称为可迁移能力，是在各个职业中都能用到的能力，在招聘信息中通常以动词形式出现。在上述招聘信息中通用能力的要求为沟通、表达、服务、学习等，一般而言，求职者掌握的通用能力越多，可应聘的岗位就越多。

自我管理能力指个体在工作中管理、自我调整的能力，它受性格影响，在招聘信息中以形容词和副词形式出现。上述招聘信息中，诚信、充满活力、进取、团队合作精神便是自我管理能力的体现。

那么，在了解岗位所需求的职业能力后，我们该如何在简历中体现自己具备这些能力呢？通常而言，教育背景可证明你的知识胜任，成就事件可证明你的能力胜任，当然一些技能资质（如 CET-6、全国计算机等级考试二级证书、教师资格证）等也可以证明你的知识及能力胜任，相关的实践经历则能证明你的经验胜任，同时以上经历中可进一步总结出与岗位相匹配的性格胜任。

经典案例

小仲是制药工程专业的学生，他有意应聘某医药公司的销售代表一职，通过职业探索，他发现销售代表的职业胜任如下：

职业胜任		要　　求
知　　识		市场营销、药学、英语、计算机
能　　力	通用能力	沟通表达、人际交往、组织协调
	自我管理能力	积极、灵活、热忱、抗压
经　　验		销售、策划、关系维护、渠道管理等
性　　格		勤奋、乐观、亲和

小仲非市场营销专业，如要应聘销售代表一职，该如何体现自己的职业胜任？对此，小仲

认真梳理了自己在校期间的相关经历、资质荣誉。在校期间,小仲曾辅修商学院工商管理第二专业;任某院部团委对外交流部部长,主要负责与校内学生组织社团联络沟通及与校外商家的接洽合作;还曾多次在大型超市任促销员、收银员;参与过医药行业调研类的暑期社会实践;曾获校级优秀共青团员、优秀暑期社会实践先进个人、校勇往"职"前求职大赛二等奖等荣誉。

案例分析:可以发现,从实践经历与相关荣誉来看,小仲具备该岗位的能力胜任、经验胜任及性格胜任,但是在知识胜任上略有欠缺,应进行适当的补充。在接下来的大学生活中,小仲应尽可能地填补自己在销售代表上的知识胜任的不足,这样才能在大学毕业时实现自己与意向岗位的人职匹配。

通过上面的案例我们可以发现,进行自我探索与职业探索的意义不仅仅在于帮助自己找寻职业的方向,更重要的在于为职业能力提升与储备提供指导,弥补职业胜任的不足,而且这项工作越早实施,对求职就越有利。

3. 真实独特优美

在前两个原则的基础上,真实独特优美这一原则将侧重于与大家交流简历各模块的撰写技巧。

(1) 个人信息

这一模块,大部分求职者会罗列出很多信息,比如姓名、联系方式、性别、年龄、籍贯、民族、政治面貌、健康状况等等。要知道的是,HR阅读每份简历的时间只有8—10秒钟,过于烦冗的个人信息既占据了简历中 HR 第一眼就能看到的"黄金广告位",又不能展示出自己的绝对优势。所以,我们建议只保留姓名及联系方式,联系方式包括一个能随时联系上你的手机号码以及一个观感成熟、职业的邮箱。其他个人信息则可根据自己及岗位要求,酌情罗列。据统计,每100名大学生中大约有10名中共党员,这一政治面貌可以侧面向雇主说明求职者的能力及性格,这种情况就可将政治面貌体现在简历中;再比如籍贯这一要素,部分岗位倾向于招募该企业所在城市的应届毕业生,如果你恰好是,该项要素也应在简历中得到体现。

(2) 教育背景

教育背景通常是证明求职者的知识胜任,大部分求职者会这样撰写:

"2017年09月—2020年06月,某某大学,药学专业,本科,学分绩:3.2/4,排名84/290;

主修课程:有机化学、物理化学、分析化学、细胞生物学、天然药物化学、药剂学、临床药理学、人体解剖生理学等。"

从雇主视角及人职匹配的两个原则来看,就上面这位同学的情况,除了学习时间、学校、专业外,学分绩、专业排名以及主修课程是否有必要写在简历中?可以看出,这位同学的成绩最多只能算中等,并无太大优势体现自己在知识上的胜任,而且知识能否转化成实际的职业能力,需要在相关实践、面试甚至试用时才能发现,所以说如果雇主没有对成绩及排名有明确的要求,此项则没有必要在简历中体现。通过职业探索我们能了解到,招聘信息中通常会限定某一岗位的相关专业,因此你无须说明专业后再罗列该专业的核心课程。当然如果有人在与意向岗位相关度非常高的学科中成绩非常突出,也可单独罗列3—5门。

(3) 实践经历

实践经历是简历中证明职业胜任最重要的部分,职业所需的知识、能力、经验都可通过该部分得到体现。那么到底该如何撰写实践经历才能凸显应聘岗位所需的核心能力,并向雇主展现出真实独特的自己呢?

①首先要紧密围绕职业胜任挑选写进简历的个人经历。

小郭是市场营销专业的应届毕业生,她准备应聘某医药公司的医药代表一职。在撰写简历之前,她认真回顾了自己大学期间的相关经历,分别有班长、校学生会文艺部副部长、校合唱团高音部、小天鹅洗衣机校园代理、某医药企业医药代表实习生、校级大创课题负责人,为了展现自己职业胜任,小郭该如何筛选以上经历呢?

通过解读医药代表的招聘信息可以发现,医药代表的工作内容主要包括:执行公司的销售策略、维护拜访目标客户、组织市场推广活动、完成相关报告及报表,以上工作内容需要医药代表具备药学或市场营销、计算机等专业能力,沟通表达、组织协调的通用能力以及积极、主动、抗压等可迁移能力。根据对医药代表这一岗位职业能力的解读,小郭将自己的经历按照与职业胜任的相关度进行了筛选和排序:

经　　历	与职业胜任的相关度
某医药企业医药代表实习生	☆☆☆☆☆
小天鹅洗衣机校园代理	☆☆☆☆☆
校级大创课题负责人	☆☆☆☆
班长	☆☆☆

就小郭的案例我们可以看出,光鲜亮丽的经历(如合唱团及文艺部的经历)不一定要写进简历,只要与职业胜任相关且能充分体现意向岗位所需的职业能力,即便不起眼的经历(如校园代理、超市促销等),也有你想象不到的意义。

②其次要学会真实独特的表达。

小郭在挑选完写入简历的经历后,对其中一段经历是这样描述的:

"某某大学　小天鹅洗衣机校园代理

2017年暑假及军训期间代理学校2016级和2017级中外专业洗衣机购买,积累了交流和销售经验,最终在两个专业中销售近30台,在销售代理中名列前茅。"

小郭的这段校园代理的经历中,工作内容及工作业绩的描述相对清晰,但职业能力未能较好地体现,若想进一步凸显自己在此项经历中积累的职业能力,还应该对这段经历进行进一步的打磨。

细化经历——

小郭是学校小天鹅洗衣机的唯一销售代表,主要面向2016级及2017级中外专业共35个宿舍销售,她选择逐一上门进行售卖,并邀请已购买洗衣机的同学帮自己宣传,同时与厂家协商为同学们争取到最低折扣以及1年的延保服务,最终在2周之内成功销售出26台洗衣机,收益近3000元。与其他大学城的数十名校园代理相比,小郭的业绩居于前三。

在小郭的这段销售经历中,尽量用数字说明问题,这样既能让雇主对小郭的销售对象、销售时长、工作业绩有一个比较直观的感受,也能体现出小郭工作的认真细致。在销售过程中,小郭发现对熟人进行售卖更为容易,所以她发动已经购买洗衣机的同学帮忙宣传,既节省了很多时间也提高了售卖数量,还结识了很多新的同学。这一部分体现了小郭的销售技巧与人脉积累的意识,是职业能力的直观体现,应进行详细表述。

STAR原则下的程序式排版——STAR原则来源于Situation(情景)、Task(任务)、Action(行动)和Result(结果)的首字母,是全面描述经历的重要工具。

S:面向2016及2017级中外专业共35个宿舍售卖洗衣机;

T:逐一上门售卖,邀请买家同学帮忙宣传,与厂家协商争取最低折扣及延保服务;

A:两周内售出26台洗衣机,收益近3000元,销售排名3/12;

R:积累了销售经验,提升了沟通表达能力,培养了主动竞争的商业意识。

③最后要了解学习并合理运用职业术语。

有一位同学想留校做辅导员,所以她在校期间申请了辅导员助理一职,了解到很多辅导员行业内用语,比如只是做过学生干部的同学,他们的简历会写"积累了丰富的学生干部经历,有领导能力和组织能力",但这位同学就表达为"对于班级和团支部组织建设有较多实践探索,对于学生骨干培养、班团日常事务管理,尤其是优秀班集体的打造有较强的胜任力",那么对于各高校辅导员招聘人员而言,这段简历阅读起来非常亲切,表明求职者具备职业必要的文化认同,这也意味着这位求职者比别人离目标职业更近一步。

(4)获奖情况与技能特长

这一部分,首先还是要从雇主视角出发,筛选能体现职业胜任力的获奖与资质;然后按照与职业胜任的相关性,依照某种逻辑(如时间、级别或等级)进行罗列;当然这里也有一些表达技巧,如某位担任班级团支书的同学在写获奖情况时写到曾获"某学院优秀团日活动一等奖",因为该项比赛共有84个参赛班级,那么这个奖项可以表达为"某学院优秀团日活动一等奖 排名1/84",可以更加清晰地表达该奖项的含金量。此外,如有文体方面的奖项,也可适当展示,因为这将向雇主显示一个更加鲜活立体的求职者。

(5)自我评价

我们先来看一下大部分求职者的自我评价:

"本人性格开朗、稳重、有活力,待人热情、真诚;工作认真负责,积极主动,能吃苦耐劳,勇于承受压力,勇于创新;有很强的组织能力和团队协作精神,具有较强的适应能力;纪律性强,工作积极配合;意志坚强,具有较强的无私奉献精神。"

不难发现,这种放之四海而皆准的自我评价实在缺乏新意,更难以打动阅简历无数的雇主,若真想获得面试甚至是工作的机会,自我评价部分依然需要求职者认真对待。可以再次从职业胜任角度出发,总结陈列出自己与岗位的知识、能力、经验以及性格匹配。大家不妨体会下面的写法:

"我热爱药物分析员这一职业,在实验课及大创实验中,掌握了规范的操作规程及各类物质的测试工作,可熟练使用、维护HPLC、GC等精密仪器。"

(三)简历的规格与版式

虽说简历的撰写无固定要求,但如果能寻找到在职业中普遍遵守又较为严格的规范,也不失为一种职业化的体现,国家党政机关公文规范便可作为简历撰写的参考范式。

字体建议一级标题使用黑体,二级标题使用楷体加粗,三级及四级标题使用仿宋,正文部分建议宋体,首行缩进两字符;简历中若出现阿拉伯数字,使用Times New Roman字体会比较美观。

字号正文部分建议使用11号或12号,不要因为要将内容控制在一页纸上而使用10号或更小的字,这样会增加阅读者的阅读不适感。简历的各模块(如个人信息、教育背景、实践经历等)标题字号应相同,应比正文部分字号大一号。需要注意的是,在使用电脑进行输入时,标题的括号均应是中文输入下的括号"()",标题"()"后不用"、",同时标题序号后应为英文输入法下的".",而不要输入为"。"。

排版建议尽量使用程序式版面,传统的文章式版面经常是大段文字的陈述,这样容易造成信息淹没、阅读者疲劳等弊端。程序式版面则是将内容分行分层次撰写,因为文字的长度越短越利于阅读,所以程序式版面的简历撰写最好不超过一行。每一段落各行可适当使用统一的项目符号,两行时可以上下对齐等长,三行及以上时可排成金字塔、倒金字塔或瓶式。内容排布尽量做到词意完整、排列对称、间距恰当。比如在实习实践经验撰写部分,可参考"STAR"原则,分别用一句话描述情景、任务、行动及结果,这样的撰写方式可以帮助求职者信息清晰呈现,也方便雇主有效获取信息。

我们以某同学简历中的一段实践经历为例,来看一下文章式版面与程序式版面的差异。

【文章式版面】

2018年9月1日—2018年9月15日,面向新生销售实验服

主要工作:由于学校售卖实验服的报亭在2018年停产了一年,因此在2018级新生开学之际,我和另外9位同学组成销售小分队。我们在联系了实验服制造厂商订货的同时还与各班新生负责人取得联系,邀请他们现场试穿看货后与同班同学交流,自愿购买。最终,除外语系与商学院外,其余班级基本从我们这里订购了实验服。我们也同时开展了听力耳机和计算器业务。此次销售净收益28000元。这次经历不仅锻炼了我与人交往的能力,也让我意识到了商机是无处不在的,我们要有敏锐的洞察力和牢牢把握住它的能力。

【程序式版面】(兼用SATR原则)

2018年9月1日—2018年9月15日,实验服销售经历

▲ 面向2018级近100个班级销售实验服;

▲ 组建销售团队,联系制造厂商,并与各班级负责人洽谈;

▲ 最终与60个班级达成售卖意向,销售出近1800件实验服,获益28000元;

▲ 具备较强的商业敏锐性,同时团队合作能力、人际交往能力、沟通表达能力较佳。

如简历中如需结构层次序数,可依次使用"一、(一)、1、(1)"标注;简历制作完成后,尽量使用PDF格式进行保存,以免出现格式错乱。当然,以上排版的具体要求都可以通过"段落"设置实现。

篇幅建议一页为佳,如果两页,第二页要超过三分之二,以免被雇主忽略。除此以外,公文中的排版、日期、装订要求,简历撰写都可参考国家党政机关公文规范。

呈现方式上,简历一般分为表格式和非表格式。表格式简历的优点是模块清晰,不过也因为其固有的模块,导致此类简历格式较为固定,无法体现出每个求职者的个体特性,而这种特性恰好是最能打动雇主的。在信息呈现上,固化的表格式简历也会涉及较多的个人信

息,如性别、民族、籍贯和健康状况等,而雇主最为关心的恐怕只有姓名与联系方式。与表格式简历相比,非表格式简历则相对比较灵活、独特。但是不管是表格式简历还是非表格式简历,求职者都应根据自己的实际情况进行适当调整,以便更好地凸显自己的优势,展现自己与岗位的匹配度。

打印简历时建议使用 80 克以上的简历专用纸,以喷墨打印或激光打印最佳,尽量少用复印。

（四）简历的投递

简历的投递大体可以分为实体与网络两种方式。具体而言,实体投递简历一般指招聘会或宣讲会投递简历,网络投递则指网申或者将简历按照雇主要求投递到其指定的邮箱。

方式一:实体投递

实体投递的最大优势是求职者能与招聘者面对面沟通,因此实体投递前,你要详细了解雇主提供的职位及招聘要求,思考自己是否能胜任该岗位。精准且高效地投递,建立在知己知彼的基础上。当你经过充分的职业探索,发现自己具备该职业胜任能力的话,你就可以利用招聘会现场的有利条件,与雇主积极交流,这将很大程度上决定你是否能够获得进一步面试的机会。

在一场面向应届毕业生的招聘会上,一个同学向一家单位呈递了自己的简历,却不想单位招聘人员仅看了一眼该生的简历就将简历还了回去,并声称不招该学校的毕业生。但是该同学在求职前充分阅读了该单位的招聘启事,他具备该岗位所需的相关条件。于是他理直气壮地与该工作人员说:"我认真阅读过贵公司该岗位的招聘启事,我具备胜任这个岗位的条件,你可以因为我不具备胜任该岗位的能力拒绝我,但是不能因为我的学校而拒绝我。"这段话让这位工作人员既尴尬又吃惊,他重新接过学生的简历认真阅读了一番,最后,这位做好充足职业探索的同学最终获得该单位的面试机会。

方式二:网络投递

互联网时代背景下,很多雇主倾向于通过网络招聘,通过让求职者在线填写相关信息,并设置一些筛选条件,对求职者进行选择,这种方式称为"网申"。如果你心仪的雇主恰好使用了网申,你需要做到以下两点:首先,你应该对雇主的组织文化、制度及招聘岗位了然于胸,即进行充分的职业探索;然后,在进行网络填写时,你要注意细节,避免出现文字和标点符号的错误。一般而言,优质雇主的网申在线填写需要一到两个小时,对此你要有充足的时间和心理准备。

除了"网申",也有很多雇主通过电子邮箱接收简历,这里你需要注意的是,遵守雇主规定的电子邮件发送的具体要求。比如,雇主会要求你在邮件标题上标注学校、姓名、应聘职位,并将简历以附件的形式进行发送,如果你不能遵守"游戏规则",你的简历很有可能就会标识为垃圾邮件而被拖入回收站。需要注意的是,切忌向同一雇主申请多项职位,这容易给雇主造成职业探索不足、求职意向不明确的不良印象。

在这里需要说明的是,投递简历后,要及时做好投递记录并与用人单位联系,主动询问结果,如若被录取,则应该继续准备后续的笔试、面试等工作;即使没有被录用,也要礼貌地对用人单位给予感谢,并询问自己的不足,以便自己得到改进。在投递简历的过程中,你可能会发现简历中的疏漏及不足,这时你需要认真地进行更新完善。此外,你还需要注意网络投递中的个人信息安全。

二、求职信

求职信是求职者向用人单位介绍自己的基本情况、表达自己就业愿望的一种专用书信。在毕业生求职过程中,撰写求职信是求职择业的手段之一。作为个人简历的一个补充,求职信就是简历的"开场白",求职者的个性特点和独到见解都可以在求职信里体现,它可以激发招聘者对求职者的兴趣,使其愿意提供进一步面谈的机会。

(一) 求职信的格式与内容

作为一种自我介绍和推荐的信件,求职信的格式与内容相对比较固定,其重点在于"为何求职"以及"凭何求职"。

1. 求职信的格式

求职信属于书信的范畴,其格式应当符合书信的基本要求,主要包括标题、称呼、正文、结尾、落款等五部分。求职信的篇幅一般不宜过长,建议在一页以内,三至五段即可。特别注意不能有错字、别字、病句和语句不顺的现象发生,以免给招聘者不好的印象。

2. 求职信的内容

(1) 标题

标题是求职信的标志和称谓,一般居中标注"求职信"。还可以选择其他一些比较醒目、优雅的标题,能够引起招聘者的注意。

(2) 称呼

称呼是对收信人的称谓,写在第一行顶格。求职信不同于一般私人书信,称谓必须恰当,郑重其事。如果能够确定具体的收信人,则应该写上准确的称呼,一般为"尊敬的××(姓+职位)",对方会觉得求职者是个有心人,会为求职信加分不少。但如果不能确定谁会收到求职信,可以给该公司的人力资源部打电话了解一下,不要贸然使用任何称谓,以免出错;如实在无法获取收信人的信息,可以用"××公司领导"等来代替。称呼下一行空两格一般还要加上问候语"您好",建议不要使用"你好",更不能使用"您们好"。

(3) 正文

这是求职信的核心部分,其形式多样,风格各异,一般要求说明个人基本情况、信息来源、条件展示、求职愿望等内容。

①开头介绍及应聘岗位。求职信正文的开头非常重要,否则还未切入主题,就让雇主对你失去了兴趣。如果能在求职信的开头提一下雇主的同事、同行或朋友将会成功引起雇主的注意,如果没有这样的人选,也可以选择一位行业内的名人或一位大家都耳熟能详的人,这样做最大的益处就是可以让雇主有熟悉感甚至亲切感,从而增加继续阅读信件的可能性。然后你就可以切入求职主题,直截了当说明通过何种渠道获得招聘信息,指明所要应聘的具体职位。

②能力评价及求职愿望。自我能力的展示是求职信的关键内容,主要写清自己能够胜任该职位的原因,即所具有的相应专业知识和工作经验,以及与工作要求相符的特长和能

力,使对方感觉应聘者各方面的情况与他们招聘条件基本一致。对个人能力的评价切忌长篇大论,要抓住关键点。在这一部分,可进一步申述求职动机,表明对求职单位及应聘职位的总体认识和态度,表达希望成为其中一员的真诚意愿,暗示自身发展前途及潜力,尽量做到谦虚诚恳,不卑不亢,恰到好处,不落俗套,最终实现吸引和打动招聘者的目的。

③希望及要求。这部分可以恰当地表达求职的迫切心情,恳请招聘单位考虑求职要求,写明希望对方给予答复。但并不是每个人的求职信都会有回应,求职者要做好心理准备,与其等待别人的回复不如自己把握主动,在收笔的时候写上将再次和对方联系可能会获得更好的效果。另外,此处一般还要写上表示感谢的话语,但切不可过多寒暄,以免画蛇添足。

(4) 结尾

结尾部分需要按信函格式写上敬语或祝福的话,虽然只有几个字,但能够表示出对收信人的祝愿和尊敬,不可忽视。致敬语有格式上的规范要求,一般分两行书写,上一行前空两格,下一行顶格,常用"此致敬礼"等。

(5) 落款

求职信的落款包括署名和日期。在求职信右下角,首先需要署上应聘者的姓名,可直接署名,也可附上合适的限定语,比如觉得自己毕业的学校能够为自己加分,则可一起写上。需要注意的是,书面的求职信署名一定要手写,特别在打印的求职信上书写自己的个人签名是非常必要的。

日期写在署名的下方,但不能缩写,那是轻率和不礼貌的表现,正式的信函里需要将年、月、日写全。

(二) 求职信撰写的原则与技巧

1. 撰写原则

用人单位每天可能收到成百上千的求职信件,如何激发招聘者继续往下看,并最终安排求职者面试,是撰写求职信所要遵循的根本原则。

(1) 目标明确的原则

撰写求职信必须明确求职目标,不同的用人单位或招聘者,选聘人才的方式和角度都不甚相同。因此,求职者应该针对用人单位的具体需要,有选择、有重点地展示自己,以便争取招聘者的关注。

(2) 突出重点的原则

当前社会对于人才的评价标准已经由过去的"分数至上"转向了"能力至上",用人单位越来越重视应聘者的综合素质和能力。求职信最好能将自己的能力和素质从专业的角度量化出来,才能使自己在众多的求职者中脱颖而出。

(3) 以诚动人的原则

真诚则是赢得他人好感的法宝,是建立良好人际关系的秘诀,也是成功推销自己的关键。求职信的写作要秉承"精诚所至,金石为开"的精神,突出求职者的"诚意"和"诚实"。

2. 撰写技巧

求职信的撰写应该以明确用人单位的需要为前提基础,做到知己知彼,从而有针对性地

"投其所好"。在围绕上述一般原则撰写时,还应该根据自己的特点和情况有所发挥,特别要注意以下几点:

(1) 态度真诚,摆正位置

撰写求职信,首先应站在招聘者的角度阐述问题,即要强调自己能给用人单位做些什么,而不要强调自身需要什么或会有多大收益。不少求职者表达求职愿望,往往只从个人角度去表述,这样只会令招聘者反感。

(2) 突出个性,巧妙包装

一封好的求职信,需要立意新颖,以独特的个人元素给对方留下深刻的印象。要根据不同的应聘单位和岗位,采用内容侧重不同的求职信,尽量不要将一个版本的求职信遍地撒网。特别忌陈词滥调,要推陈出新;忌千篇一律,要独具匠心;忌面面俱到,要短小精悍,做到富有个性,不落俗套。

(3) 掌握分寸,措辞得体

求职信对自己的特长应有恰如其分的评价,对自己的未来应有切合实际的打算,能够体现出自信而不自大、自谦而不自卑。不少毕业生的求职信存在空泛、笼统的倾向,没有用事实说话,很难令用人单位信服。而有的求职信只注意推销自己,言过其实、夸大其词,结果只会适得其反。

(4) 格式美观,行文准确

求职信主要考量的是求职者的文字表述能力,一定程度上反映了个人的逻辑思辨能力和工作作风状况,求职者应该足够重视。求职信不要求辞藻华丽、注重文采,但务必做到文面整洁、格式规范、层次清晰,排版、印制美观大方,切忌错别字和有歧义的文字。

求职信范例

求 职 信

尊敬的××经理:

您好!

感谢您在百忙之中阅读我的求职材料!昨日从《××晚报》获悉贵单位正在招聘市场策划主管助理,我很感兴趣。

我叫×××,是××大学工商管理专业2013届毕业生。大学4年中,我学习了本专业及相关专业的理论知识,并以优异的成绩完成了专业课程学习,还获得过××奖学金,为以后的工作实践打下了坚实的基础。同时,我注重其他各项技能的学习,具有良好的英语听、说、读、写能力,通过大学英语六级;熟练掌握计算机的基本理论和应用技术,并顺利通过了江苏省和国家计算机二级。

4年来,我一直组织、参与学生活动,曾先后担任××学院学生会宣传部部长、班级团支部书记等职务。4年的学生工作培养了我的团队协作精神,提高了我的组织协调能力。在组织学生活动的同时,我也参加学校和社会的各项活动,努力培养自己的各种兴趣和爱好,积极参加文体娱乐活动、社会实践调查、校内外兼职等。通过这些活动和实践,我养成了良好的工作作风和处事态度。

"剑鸣匣中,期之以声。"通过了解贵单位信息和招聘要求,我自信适合并胜任本岗位,我愿把工作视为一个协作奋斗的舞台和自我展示的空间。为了您进一步了解我,现一同附上简历、成绩单和证书复印件等。

最后,祝愿贵单位事业蒸蒸日上!期待您的回音。
此致
敬礼

×××

×年×月×日

三、其他材料

除了简历和求职信外,一份完整的求职材料还应包括推荐表、成绩单和其他各类证明材料。这些支撑材料虽然不是求职材料的主体部分,但往往更具有说服力,可以使招聘者直接了解求职者的个人能力,所以同样需要精心准备。

(一)就业推荐表

毕业生双向选择就业推荐表是由学校统一印发并加盖公章的应届毕业生就业证明材料,对用人单位具有较大的参考价值,很多单位将该表作为接收毕业生的主要依据。

就业推荐表主要包括毕业生本人的情况介绍、学校评语及推荐意见。要本着实事求是的态度认真填写,避免错别字,对于个人履历加分项目的内容,比如英语和计算机掌握程度、担任职务、特长爱好等信息,尽量不要填"无"。

需要注意的是,因学校打印盖章发给毕业生的正式推荐表每人有且只有一份,所以毕业生在求职时使用推荐表复印件。只有当双方达成就业意向时,才能将正式推荐表交给用人单位。

毕业生还可以准备相关专业或者行业的知名教授、专家的推荐意见材料,往往能起到事半功倍的良好效果。

(二)成绩单

成绩单是毕业生大学学习成绩的证明,用人单位普遍较为重视。成绩单一般有两种。一种是在就业期间,由院系统一印制,用于学生求职的成绩单,这种成绩单通常只列出各专业所学的主要课程,能够体现毕业生的专业技能。另一种成绩单是从教务系统直接打印,包括大学所学的全部课程,有些单位会要求提供这样的成绩单;一些出国升学的毕业生,也需要提供这样的英文成绩单。

(三)证明材料

证明材料有很多类型,凡是能够证明求职者某种素质和能力的书面材料都可整理成证明材料,常见的有毕业证、学位证、外语等级证书、计算机等级证书、获奖证书、职业技能证书以及发表作品和科研成果等。

建议求职者收集尽可能多的证明材料,以提高自己的身价,但切勿弄虚作假,否则反被其累。证明材料多用复印件,应按照重要程度进行归类和排序,方面用人单位浏览。

高校毕业生"私人订制"简历受青睐

2月22日,由北京高校毕业生就业指导中心主办的首场毕业生招聘会在北京大学生就业之家"开锣"。记者在现场发现,不少毕业生在应聘不同岗位时"一份简历走天下",而这种行为并不受欢迎,企业更钟爱贴合招聘要求的简历。

"你想应聘什么岗位呢?"一家教育企业的招聘负责人拿着一名毕业生的简历问道。"我想应聘市场部专员。""我看了你的简历,你并不是学相关专业的,而且没有相关实习经历。""我在大二、大三暑假都做过品牌饮料的营销调研。""可是你并没在简历中体现出来。如果我不追问你,只看简历,你立马就被淘汰了。"

在另一家企业的招聘台前,记者遇到一名更"迷糊"的毕业生。"你想做人力资源专员,可我们不招这个职位。""啊!我想应聘的是行政助理,忘记改简历了。"招聘负责人皱了皱眉头,拿起笔在简历上加上求职意向,简单聊了几句就把简历退给了这名毕业生。"这学生可真行,简历不改就拿来了。"毕业生离开后,招聘负责人跟同伴交流。

记者在不同的招聘台前总能碰上这种"一份简历走天下"的毕业生。在一家地产企业的招聘台前"旁听"了30分钟后,记者发现期间共有16名毕业生来投递简历,其中多数人都在同一份简历中列述了各类不同的实践经历或各种行业跨度较大的求职意向。"你到底要应聘哪个岗位?""相关的实践经历在哪儿?"虽然手里拿着毕业生的简历,但招聘负责人陈中卫很难快速从中找到答案,要换个儿再问一遍。他表示,很多学生喜欢广投简历。为了省事,不管面对的是哪家公司、哪种职位,有些人会递上一份内容相同的简历。明明应聘的是"销售"岗位,简历中却用大半页篇幅介绍自己做家教的经历;招聘启事的岗位说明中明确要求"英语水平六级以上",而简历中却完全不提及英语水平和优势。

陈中卫提醒毕业生,缺乏针对性和匹配度的"万能简历"会石沉大海。在投递简历前,毕业生要仔细研究应聘公司的情况及所招聘职位的要求,把自己的优势在简历的显著位置体现出来,通过简历表达自己的用心和诚意。

人事经理希望看到公司所招聘职位的职责在应聘者的简历中有所体现,更希望从中找到两者的契合点。职位的需求不同,企业考察的侧重点也会不同。比如招聘技术型人才时,比较注重其专业成绩、在校是否有过相关作品;如果招聘管理型人才,除了看毕业生所学专业和成绩外,还会注重其在校时担任的职务、参加的社会活动等。

一份好的简历要渗透营销理念,以招聘方视角为出发点,将关键信息有层次、有逻辑地呈现出来,让招聘方能迅速抓住求职者的优势和特点。

——《北京考试报》,2014年2月26日

好的开始是成功的一半,成功的求职必须从有计划的求职准备开始。大学生通过在思想、信息、心理和材料上进行全方位的求职准备,将求职工作与自己的职业规划和大学生活紧密结合起来,才能更好地未雨绸缪,找到打开职场大门的钥匙,为自己的求职服务,提高求职成功率。

第九章

求职礼仪

> 人的一切都应该是美的,面貌、衣裳、心灵、思想。
>
> ——(俄)契诃夫

案例导读

某知名药企扩大规模,求贤若渴,待遇丰厚,广发招聘信息。应届毕业生A看到招聘信息立马投了简历,A所学专业与应聘职位相符,在读期间多次获得奖学金,担任过学生干部,性格外向,追求潮流。应聘当天,A特意提前挑染了头发,穿着时下流行的露脐装和格子裙,下着一双马丁靴,在面试开始之际才匆匆赶到,进入面试场看见凳子就径直坐下,随后开始滔滔不绝地进行自我介绍。在场的几位面试官相互交换了眼神,问了几个简单的问题便让A回去等通知。A道:"居然就这么简单!"随后A便跑着离开了。但几日后A却收到了落选的通知。为什么A条件优异却落选?如果是你,在整个面试过程中会怎么做?

我国素有"礼仪之邦"的美称,讲礼重仪是我国自古以来的优良传统。孔子道:"人无礼则不生,事无礼则不成,国无礼则不守。"《晏子春秋》中也有很多关于礼仪的记载,例如:"凡之所以贵于禽兽者,以有礼也。"这些论述都表明孔子和晏子将礼仪放到了一个很高的地位,大到国家命运,小到个人生存,礼仪都有着至关重要的作用。面试是大学毕业生求职过程中的关键步骤,也是决定求职成功与否的重要环节,而礼仪则是面试过程中面试官的一个重要考察点。正如孟子所曰:"爱人者,人恒爱之;敬人者,人恒敬之。"在整个求职过程中,大学毕业生应以敬畏之心对待每个人与每件事,从外在的仪态仪表、举止谈吐,到内在的气质修养都应符合日常礼仪规范和准则。求职者充分恰当地将自己的才能与礼仪相结合,使二者融为一体,在礼仪中彰显能力,在才能中展示修养;切合招聘者的需求,尊重职位本身的价值,才能在层层考核中脱颖而出,获得满意的工作。

第一节 礼仪概述

在人类社会发展中,人们根据各方面的需要逐渐形成现有的、被人们普遍认同和接受的礼仪。在一切社会行为中,礼仪都规范着人们的行为。"礼出于俗,俗化为礼",在人际交往中做到时刻约束自己、尊重他人，才能使交往变得更加轻松愉悦。掌握一定的礼仪知识可以提升自身修养，起到美化自身、在众人面前树立良好个人形象的作用。所以即将步入职场的毕业生应时刻注重礼仪，这不仅仅是时代潮流，也是提升求职成功概率的现实所需。

一、礼仪的内涵

良好的礼仪贵在内化于心，外显于形。由心而发的敬畏是礼，跟随敬畏之心自然的外在表现是仪。概括起来，礼仪是在人类社会发展中，由于对信仰的敬畏、风俗习惯的演变、社会交际的需求、自身感情的表露等因素影响，而逐渐形成的行为准则和规范的总和，这是社会演变而带来的一种约定俗成的，能被人们广泛遵守的合乎礼的精神、要求。

就本质而言，礼仪的根源是发自内心的敬畏，不是一朝一夕的惺惺作态，而是一个人、一个民族、一个国家的思想、底蕴与价值观的外在体现。英国最具影响力的启蒙思想家之一约翰·洛克认为："良好礼仪的功能或目的，只在使得那些与我们交谈的人感到安适与满足，没有别的。要能做到通过恰如其分的普通礼节与尊重，表明自身对他人的尊敬、重视与善意，是一种很高的境界。要能做到这种境地，而又不被对方疑心谄媚、伪善或卑鄙，需要一定的技巧。"

二、礼仪的特点

礼仪作为一种特定的社会现象，具有自身独有的特征，主要表现在规范性、可行性、地域性、时代性、限定性、承继性、相互性和等级性等八个方面。

（一）规范性

礼仪是人们在生活、人际交往中遵守的行为准则和规范，例如，在求职时穿着应干净得体，行握手礼时注意顺序、把握好时间与力度等。这些条条框框并没有写在法律规范里，做与不做也没有硬性要求，但是从古至今，只有按照人们广泛认可的礼仪准则及规范行事，才能达到礼仪实施应有的效果，建立良好的人际关系。由此看来，礼仪具有一定的规范性，以道德为基础约束着人们在日常生活和人际交往中的言谈举止，使其符合礼仪的精神和要求；礼仪也是判断自己、衡量他人是否敬人、自律的尺度，可以说是一切人际交往中必须采用的"通用语言"，只有恰到好处地遵守礼仪，才能在任何场所表现得彬彬有礼。

（二）可行性

礼仪需要融入日常生活之中，易学易会、具有实际的操作性是礼仪的重要特点之一。简单可行的礼仪才能被人们广泛接受并且遵守，但简便易行、便于操作并不意味着矫揉造作、故弄玄虚，为礼仪而礼仪是不可取的。真正的礼仪具有原则、规范以及细化的方式方法，能让人们将之落到实处，做到"行之有礼""言之有物"。

（三）地域性

虽然礼仪是人们普遍接受的准则和规范，但是不同国家、民族，甚至同一国家、民族的不同地区，都有各自的风俗习惯、地理特点、文化背景、思维方式等，这使得礼仪虽具普遍性但也存在一定的差异。例如，中国常用餐具是筷子，而在英国人们则习惯使用刀叉；再如亲吻脸颊在西方民族是代表着热情友好的见面礼，而中国则更偏向行握手礼。

（四）时代性

时代变更，社会发展，人们的思维方式、生活习惯等也会随之发生变化，社交方式也会顺应时代的变化出现新的特征和问题。此外，地球村的概念也正在逐步落到实处，不同群体之间的交流日趋紧密,各自的礼仪相互碰撞、融合以顺应时代的变化。理解了礼仪的时代性之后,我们便会知道其并不是一成不变,要以发展、变化的眼光去对待它,同时也应顺应礼仪的时代性,遵守符合所处时代的礼仪。

(五)限定性

不同的场合有不同的礼仪要求,例如,在与亲近的朋友约会时,我们可以穿着时下潮流的服装,尽情与好友交往,但是这样的打扮与行为不适合面试这样的正式场合。犹如被普遍接受的礼仪存在一定的差异性一样,我们不能认为一种礼仪放之四海而皆准,而要清晰地认识到,不同的场合和不同的身份有着与之相适应的礼仪,不可同一而论,这便是礼仪的限定性。

(六)承继性

每个国家现有的礼仪都是在本国古代的礼仪的基础上传承、发展而来的,是一个国家社会发展的产物,有着国家自古以来鲜明的民族特色,离开了对本国、本民族既往礼仪成果的承继、扬弃,就不可能形成当代礼仪。礼仪是一种人类文明的积累,符合时代发展要求的部分终会被保存并一代代流传,不会随着时代的变更、社会制度的更替而消失。

(七)相互性

尊重是相互的,正如《礼记》中记载:"礼尚往来,往而不来,非礼也;来而不往,亦非礼也。"例如在求职面试中,被面试者要以尊重、敬畏的态度对待面试官和工作,才更有机会获得理想的工作岗位。反之,在面试中面试官也需要以适宜的礼节对待被面试者,才更有机会招聘到中意的人才。在人际交往中相互尊重、双向交流,是建立和谐人际关系的重要条件,也能让双方不断提高礼仪修养。由此可见相互性是礼仪的重要特征之一。

(八)等级性

在日常生活和人际交往中,对待不同身份、地位的人士要以不同的礼仪对待,这便是礼仪的等级性。例如,尊老爱幼是我国自古以来的优良传统,对待老人应满怀敬意,对待儿童要多加爱护。再如,在官方交往中也会根据双方所任公职或社会地位的高低确定官方礼宾次序,并且带有一定的强制性,但这并不是如同古代那般尊卑有别,而是一种对高级别人才所做贡献的嘉奖及尊重。

三、礼仪的作用

礼仪是时代变更、社会发展、前辈智慧相结合的产物,是适应人们交往的准则和规范。个人注重礼仪教养,能帮助提高竞争力;组织加强礼仪教育;社会重视礼仪培养,能促进精神文明的提高。总而言之,礼仪在个人、组织和社会的发展中都具有不可忽视的作用,具体表现在以下几个方面:

(一)塑造良好形象,提高竞争力

在社会交际中,礼仪是否合适、到位,是影响别人对自己第一印象的重要因素。在求职中,求职者整洁的仪容仪表、得体的言谈举止、灵活的应变能力,都能给面试官留下美好又深刻的印象,提高其在求职中的竞争力。

礼仪在组织形象的塑造中也发挥着重要的作用。夺人眼球的企业标识、统一的着装、人性化的办公环境、亲切和蔼的管理者、彬彬有礼的员工、质量可靠的产品都会给公众留下良好的印象,有助于企业在众多商业竞争中脱颖而出。

由此可见，无论是个人还是企业，以发自内心的礼仪对待人与事，都能帮助其提高自身修养、塑造良好形象、提升在现代社会中的竞争力，从而一步步迈向成功。

（二）助力社会交际，改善人际关系

现代社会是一个信息时代，人际交往日益趋多，人们通过各种方式的沟通获得信息、拓宽视野、增进感情、调节情绪、结交良友等，沟通交流涉及人们日常生活中的方方面面，也是人类社会保持正常运转的必备条件。在社会交际活动中，个人良好的仪表仪态、优雅的言谈举止能帮助其更快地获得自己想要的信息、获得别人的尊重。双方共同遵守交际中的礼仪，才能更好地表达相互之间的尊重，增进彼此的信任，从而表达进一步交流的愿望，取得对方的好感，进而构成融洽的人际关系。

无论是求职路上的你，还是已在高位的管理者，都应该以符合礼仪的举止、良好的气质风度对待交往对象，这样才能感染周围的人。若人人皆能做到如此，那人际关系势必会得到改善，从而成为个人乃至社会进步的一大动力。

（三）弘扬传统文化，提高社会文明

现代社会礼仪的基础来源于对古代文化的传承。在滚滚历史长河中，文化中的糟粕被逐步洗去，先辈们以其智慧和勤奋为我们留下了其中的精华，这是我们极为宝贵的精神财富，如寓意待人以诚的"三顾茅庐"、讲究礼让的"将相和"等，在当今仍有很大的启发教育意义，潜移默化地推动着社会向前发展。由此可见，讲究礼仪对弘扬我国传统文化有着不可忽视的作用。

社会的进步也离不开对礼仪的学习及培养，一个注重以良好礼仪规范教导新一代的国家，才能更好地促进人类文明的延续和社会文化水平的提高。一个人人应用礼仪、讲究礼貌的国家，必定是一个代表世界文明高度的国家，人人皆能如此，全社会文明水平的提升就指日可待。

四、求职礼仪

从求职者投简历前评估自己是否符合招聘方的需求，到最终面试过程中的细节，无一不体现着对礼仪的要求。只有在整个应聘过程中，均以"礼"对待人与事的求职者，才能顺利得到招聘方的青睐，获得理想中的岗位。

（一）仔细评估，满足需求

任何招聘方都不是慈善家，他们以各种方式吸引优秀毕业生投到自家门下，都是为了给自己的单位或企业创造价值，这是招聘方最本质的需求。求职者"礼"的精神内涵则是充分认同招聘方的需求，继而充分剖析自己，用能力、礼仪等方式让自己近乎完美地满足招聘方的要求。当然，从另一个角度出发，求职者帮助招聘方创造价值，其实也是在为自己创造价值，这是双方在面试过程中即达成的共识。想要获得双赢的局面，求职者必须对自己进行细致全面的了解，将自己现有的经历、能力与能创造出的价值进行联系，充分展现自身优势，用行动说服招聘方，相信自己能为单位或企业带来更大价值。

（二）观察入微，随机应变

面试过程中处处是陷阱，但也处处藏机遇。从来到面试场外等候那一刻开始，到完全离开面试场地，求职者都可能遇到意想不到的考核。这便要求求职者在日常生活中就要做到观察入微，用良好的礼仪对待日常学习和生活中的小细节，培养自身随机应变的能力，做到

遇事从容不慌张。在日常训练中,将这些能力融入自身的每个细胞中,随时准备展现,而这些能力恰恰是最能反映一个求职者的价值观以及道德修养的基础潜质。例如,招聘方想从侧面了解求职者能否在入职后处理好与同事及上级的关系,则会在面试中不经意地问到求职者与父母、同学、老师的关系如何。招聘方会在这些看似随意的对话中收集求职者潜在的信息,以此判断其是否认同企业文化以及价值观,从而作为选拔人才的参考。由此看来,每位求职者都应该关注到生活中的小细节,进行礼仪的学习和培养,才更能在面试中做到观察入微,随机应变,展示自我,由此脱颖而出。

(三) 仪表得体,谈吐优雅

纵观礼仪在社会生活中的表现,其实可以将其拆分成"礼"——礼貌、礼节,"仪"——仪表、仪态、仪式等。礼是发自内心、刻在骨子里的自身修养,仪是礼自然而然的外在表现,也是最能将自身修养展现给他人的直观表现。面试时,求职者的外表,即仪态、仪表,包括服装、饰物、容貌、表情、气质、言行、个人卫生等,都是礼仪的重要组成,是面试官能直观观察到的,也是求职者给面试官留下美好印象的关键一步。此外,面试官会关注求职者在整个面试过程中的言语、表情、行为等表现,即礼仪贯穿着求职的全过程。由此看来,礼仪在求职者的应聘工作中占据了重要地位,每位求职者都应该像提高专业能力一样看重礼仪的培养,将礼仪融入骨髓,在与人处事中自然而然地散发出良好的修养,才能更好地感染他人,也有助于提高自身在求职过程中的竞争力。

第二节　面试前礼仪

在面试前夕,靠突袭提高内在修养是一件几乎不可能完成的事,但在面试前对自己的"外在"进行适宜的修饰却不是一件难事。世间职业千万种,对求职者的要求也不可同一而语,一个职场老手都不一定能完全摸清楚其中的弯弯道道,更何况是初入社会的应届毕业生。但就礼仪方面而言,我们要能在差异中找到广泛为人们所接受的普遍性。因此,一个初入职场的求职者需要掌握面试礼仪的一般规则,再以此为基础进行举一反三,做到触类旁通,在遇到具体的问题时有能力进行具体的分析,以不变应万变。

一、服饰礼仪

对于应届大学生而言,无论男生还是女生,在求职之前选择面试着装时要以"整洁"为主,整洁得体的服饰可以使男生的阳刚活力和女生的朝气靓丽得到最好的展示,在面试过程中也更易博得面试官的喜爱。由此看来,洁净得体、整齐有致的着装打扮将会是成功获得心仪工作岗位的第一步。

(一) 男生服饰

面试是一个正式的场合,求职者应选择与其氛围相契合的服装。一般而言,求职者应穿着具有正统样式、符合大众审美的服饰,通常要求为穿着正装。此处的正装并不完全是指规矩的西装,而是大学生根据自身体型、经济能力、对所应聘工作的认识等综合考虑后打扮出来最整洁得体的装束。不论是一件简单的T恤,还是昂贵的西装,都应该讲究与之相符的搭配,做好内衫、外套、裤子、袜子、鞋子之间在颜色、长短、样式上的协调,这样才能穿出气质,

贴近求职要求。具体而言,男生着装应该注意以下几点:

1. 服饰整洁

邋遢不洁、不修边幅的着装在日常生活中便不受人待见,更何况是面试这类正式的场合。即使是简陋的服装,只要穿着者将之打理得干干净净、整整洁洁,便能体现出求职者对于这份工作的重视程度,面试官也能从侧面考察出该求职者入职后也会注重单位或企业形象。服饰整洁主要体现在衣领袖口干净,上衣、裤子无皱且平整挺括,皮鞋干净无尘等。

2. 衣领高度适宜

衣领不仅要干净还应挺括,并且高度宜合适,不应将脖子全部包住。因此,在面试时最好舍弃各种高领衣物,如高领衬衫、高领毛衣等,使颈部显得修长,一个颈部修长的男性能给人一种协调的美感和阳光的气质,直观地给别人一种挺拔干练的感觉。再则,心理学统计也显示,一个人颈部是否修长能直接决定别人对其身高的视觉印象,男性相对女性而言,个人身高在视觉上本就不占优势,身高同为1.7米,人们普遍会认为1.7米的女性极为高挑,而1.7米的男性却比较矮。因此,男性在其他方面修饰身高、给人一种挺拔的视觉感受是极为重要的,在众多求职者中,某位求职者若能有身高上的"拔高",其气质便会随之提升,该求职者也就能更好地展现干净、干练的气质。

3. 衣袖长度要合适

在中国人的概念里,手腕一直代表着胆识和力量,男性之间最常见的力量比拼不是赤身搏斗,而是掰手腕。此外,心理学的观点表示,一个时常露出手腕的人是有担当敢作为的人,尤其是男性;而将手和手腕缩进袖子里的举动,通常是人们在紧张时下意识的举动。因此男性的手腕也是一个关键的部位,求职者在选择服装时也要注意服装与手腕的关系,将手腕展现出来可以表露出自己的勇气,同时也会给面试官一种干净阳光的感觉;此外衣袖也不宜过短,若一个人穿着一件袖口在小臂中上部位的西装来面试,留给面试官的第一印象可能会是:这个人敷衍地穿了一件别人的衣服就来面试!

4. 袜子、内衣要藏好

袜子和内衣是最贴近每个人身体的服饰,在中国人传统的观念里,这两样东西都是非常私人的物品。袜子和内衣在某种程度上代表着个人的隐私,将其显现在外会有向他人暴露隐私的意味,这与面试这样的正式场合气氛不符;另外这两者显露在外与现代时尚的审美观不相符合,是一种稍显土气的象征;再则人们也可能从这两件物品中产生联想,例如在公共场合着见有人穿拖鞋,即使没有味道,人们也会下意识地皱起眉头。因此,在面试这种场合最好不要将袜子和内衣露出来,对于内衣而言,主要在脖颈处,选择适宜高度衣领的衣服就能较好地解决;对于袜子而言,主要强调在走路时随步伐飘忽的裤摆不露出袜子即可。

5. 裤腿宽窄适宜

大腿是人们关注他人行动是否利落的主要部位,也是体形的体现,因此求职者在面试前打扮自己时,一定要关注大腿是否有一种"绷紧"的感觉。但凡事过犹不及,将西裤穿成紧身裤去面试也不符合求职者应有的形象。另外也需要注意,为追求舒适穿着过于宽松的裤子,比如打扮成嘻哈风,在面试官眼中这是不尊重面试的表现。因此求职者在选择裤子时,选择刚好贴合腿部、不松不紧的裤子才是最适宜的。

6. 上衣不宜过短

中国人一直比较注重腹部的文化。面试常常要求穿着正式,一般而言正式的衣物都有一定的修身效果,尤其是西装,因此较肥胖的人在穿着西装时很容易将肚子突显出来,降低形象分,在面试场合则易造成面试官的反感。因此求职者在选择上衣时,以能修饰自身体形最为适宜,不能露出肚脐,也不能过长。

(二)女生服饰

女性的美丽是特有的优点,但在面试时也应注意适度地展示自身的美貌,将美貌、气质和能力良好协调能给面试官一种亲和力,激发面试官的求才欲。选择款式大方、颜色淡雅的着装可以较好地将这些优点展现,彰显出求职女大学生的青春朝气。女生着装具体要注意以下几个方面:

1. 套装

以素色或深色色调为主的套裙或长裤套装较为适合,也比较容易博得面试官的好感。上装和下装面料的颜色、质地应该统一,因此求职者在能承受的消费范围内应选择较好的面料,一则能彰显出求职者对应聘工作的重视,二则好的面料在视觉上给人一种美的享受,这些都会为求职者的第一印象加分。不论是套裙还是长裤套装,都应该注重上衣的整洁、挺括以及最重要的贴身合体;在图案和饰物方面,以少或无图案和饰物为宜。求职者在选择裙子时应根据自身的体形进行选择,最大限度地体现自身体型带来的优势,对于曲线型身材,裙摆稍宽的版式较为适合,比如 A 字裙等;对于直线型身材,直筒裙或窄裙则更为适宜。如若求职者不能对自己的身材有较好的把握,选择筒裙则更为保险。裙长应适宜,超短裙不适合面试场合,一般而言,裙长在膝盖上下 5 厘米之间较为适宜,其中又以及膝最佳。在色调方面以能体现出端庄、优雅和稳重的冷色调为主,比如炭黑、藏青等色调都比较适合面试场合。

2. 衬衫

衬衫在色彩上要求与套裙的色调相协调,以纯色最为适宜,一般而言白色是最不易出错的选择;另外衬衫以单纯简单为主,不宜有图案或夸张的饰物。在求职者能承受的范围内选择最适合的面料,一般要求柔软、轻薄、挺括,做到既合身又舒适。另外求职者在选好衬衫后,在穿着方面也应该多加注意,一般而言要遵循以下几点:除衬衫最上面一粒纽扣可按照个人习惯选择是否系好以外,其余纽扣应该全部系好,这不仅是女生自我保护的一个方式,也是面试场合的一项规定;无论是男生还是女生,无论是长裤套装还是套裙,无论是否穿着外衣,衬衫的下摆都应该全部整齐地放入裤(裙)腰之内,衬衫与其交界处不应左右扭曲;在面试场合,非特殊情况不可随意脱下外衣直接穿着衬衫,求职者也应该充分考虑到特殊情况,因此在内衣的选择上应注意内衣的颜色和版式,尽可能选用白色、肤色一类的颜色,以免造成尴尬。

3. 鞋袜

高跟鞋对于女生有修身、提升气质的作用,一般而言,套装配上高跟鞋可以提高气质,给人一种朝气、干练的感觉。对于鞋跟高度的选择也有讲究,太高会使得步态不稳,无跟又会显得步态拖拉没有气质,因此求职者在选择高跟鞋时,鞋跟的高度是一个重要的关注点,以 3—5 厘米为宜。鞋子的颜色也应与套装色调相适宜,纯色较为适宜,其中黑色是最不容易出错的颜色,另外也可以搭配肤色等。此外,鞋子饰物也宜无胜有、宜少不宜多、宜简不宜繁。在款式的选择上应避免丁字形皮鞋、系带式皮鞋,而应选择船型皮鞋。选择套裙后还应注意必须搭配丝袜,丝袜在颜色选择上也应与自身体型相配合,腿较粗的人宜选择深色丝袜,而腿细的人可选择浅色丝袜;无论深色还是浅色都应以纯色为主,颜色也不宜鲜艳;样式应中规中矩,有明显的网格和花纹的丝袜都是不可取的;袜边不能外露,这也是对裙子长度选择的要求之一;此外要保持丝袜干净整洁、无破损。

(三) 不同机构和职位的面试着装原则

以上描述的一系列着装都是一般原则,是最不宜出错的装扮。正如世上的树叶没有两片是相同的,世间千千万万个职业对于求职者着装的要求也会有一定的差异。求职者若想在应聘过程中大放异彩,仅仅掌握上述一般原则是远远不够的,但对于初入职场的大学生而言,在学业结束后到找工作这短短的时间内要将各种各样的服饰礼仪规范完全掌握几乎是不可能的。因此,求职者应认真研读所求岗位及其单位对着装的要求。

1. 政府、金融、外企等——突出稳重、大方、简约的形象

政府、金融、外企等除了关注应聘者本身的能力之外,还会注重求职者的资历和经验,并且这些机构都不同程度地具有一定的权威性,更偏爱稳重、干练的人才。应届毕业生在资历和经验上本就处于相对弱势,因此更应该着重关注自己的服饰,力求给面试官留下稳重、大方、简约的形象。男生应选择得体、有质感的西装,女生应选择干练、有气质的套装,必要时可以选择稍有垫肩的外衣,彰显出成熟稳重的气质,增加自身的威严感;色调方面较其他岗位更为严格,一般为深色系,不得有花里胡哨的装饰,不得选择自认时尚的撞色服装;整体服饰要求干净、整洁、合体。总而言之,求职者应选择尽可能突显出自身成熟、稳重、干练气质的服饰。

2. 销售、公关咨询等——突出机灵、时尚、干练的形象

销售和公关咨询等都是需要时刻与人打交道的职业,求职者在入职后会遇到形形色色的客户,也会时刻面临客户出其不意的考察;这一类的工作岗位还要求求职者有容易让他人与其打交道的亲和力,又需要给客户留下可以信赖的印象。因此,在着装上要求不像应聘金融等职位那样固定刻板,求职者可以在细节上花一些小心思,比如女生可以选择一个有品位的耳饰或项链;男生可以在衬衫上着力,挑选正式而又不失休闲的衬衫,并搭配别致的袖扣。总体而言,求职者应选择既可以突显自身稳重干练的特征又能在细节上显示出自身的热情、亲切与机灵的服饰。

3. 专业、学术、行政等——突出端庄、严谨的气质

对于专业化程度高的岗位或者行政类的岗位,可以彰显出求职者严谨气质的服饰是极为重要的。例如药企的科研岗位,在呈现成品阶段都是容不得一丝差错的,严谨细致的品质很重要,因此在服装的选择上也需要尽可能地展示出求职者严谨、端庄和成熟的气质。再如应聘某些办公室内的职位时,选择清新淡雅、剪裁得体、颇有质感的上衣,米色的长裤和黑色的皮鞋则是比较明智的选择,既能显示出自身成熟端庄的气质,又减少了沉闷感。

4. 秘书、服务人员等——突出亲切、谦和的气质

这类人员与销售等职位类似,需要时常与人打交道,但两者在性质上又存在一定的区别,对于秘书、服务人员等最重要的是要给面试官留下亲切、谦和的印象。因此在服装的选择上也较其他有所不同,可以选择稍有装饰的白衬衫,或者佩戴精美的胸针,如果是女性职员,还可以选择及膝裙装,雅致又不失活泼,再配上办公室百搭的船鞋,就可以明显地突出求职者亲切谦和的气质,这对于服务类、较初级的职位是相当适合的。

二、饰物礼仪

在求职过程中,除了要重视服装的选择与搭配,对于饰物的选择也应该花一定的心思。

饰品的选择、搭配和使用都属于小细节,却可以反映求职者的自身修养。选择合适的饰物,比如耳饰、项链、胸针、手表等,可以在一个人的穿着打扮上起到画龙点睛的作用。

(一) 常见的饰品

1. 戒指

戒指的佩戴往往暗示了自己婚姻和择偶状况,一般情况下,戒指只佩戴在左手,并且数量最好是一枚,最多两枚。当佩戴两枚时,对佩戴手指的选择也是有要求的,一般是左手相邻的两根手指,或者两只手对应的手指。求职者若在面试时佩戴戒指,切忌在与面试官交谈过程中转动、抚弄戒指,这会给面试官留下心不在焉或特意炫耀的不佳印象。

2. 耳饰

对于大学毕业生求职者来说,耳饰是非必要的装饰物,一般而言不建议佩戴,但若情况特殊,可以选择简约小巧的耳钉,而非夸张、张扬的耳环、耳坠。而男生不建议佩戴耳环,尤其是面试要求稳重、严谨的岗位时。

3. 项链

不论是男性求职者还是女性求职者都可以佩戴项链,但一般而言,男性佩戴项链时不宜外露。项链从材质可以大致分为金属项链和珠宝项链两类,在项链的选择上应注重项链与自身体形、脖子粗细、年龄、整体着装等方面的搭配。短项链适合脖子细长的女生;项链的粗细应与脖子的粗细成正比;根据服装的特点选择合适的项链。

4. 手链和手镯

手链是男女都可以佩戴的饰物,但手镯一般只适合女生。不论是手链还是手镯,一只手一般只佩戴一条(只),并且通常佩戴在左手;双手不能同时佩戴手链,但是可以分别佩戴一只手镯;一般不要手链和手镯同时佩戴,手链、手镯与手表佩戴在同一只手上也是不适宜的。

5. 手表

男女都可以佩戴手表。佩戴手表通常代表一个人具有强烈的时间观念,也能彰显出佩戴者严谨的作风。面试属于正式场合,要想选择与之相匹配的手表,就应该佩戴具有庄重、保守造型的手表,一般而言正方形、长方形、圆形、椭圆形等是适用范围较广、较容易被人接受的;表带最好是纯色,能较好地与着装相呼应。求职者在面试中不应频频看手表,否则会给面试官造成其不耐烦、想尽早结束面试的印象。

6. 胸针和领针

男女都可以佩戴胸针和领针。胸针和领针在佩戴时都只能佩戴一只,并且相互之间、与其他佩戴在胸前的饰品不共存;领针别在西装上衣左侧领上;胸针根据所选服装的不同,别的位置也有所差异,穿西装时别在左侧衣领上,穿无领上衣时别在左侧胸前。

(二) 饰物的佩戴注意事项

面试中佩戴的饰物宜越少越好,挑选最符合面试着装以及自身气质的饰物,才能起到画龙点睛的作用,否则就是画蛇添足。一般忌讳所有首饰齐上阵,既给人一种暴发户的感觉,又会成为面试过程中的一大累赘。此外还应注意以下几点事项:

1. 饰品不宜发声

求职者身上的饰品不宜发出声音,否则不仅会影响与面试官的交流,还会间接表露求职者对身上佩戴的饰物不能进行很好的协调,显得佩戴者品位不佳,影响面试发挥。此外,心理学上还有一观点认为,过分关注自身的人,其放在工作上的心思相对会有所减少,毕竟每个人的精力都是有限的。

2. 饰品不宜闪亮

昂贵的钻戒、铂金、黄金等这类饰品闪亮耀眼,可能是某些求职者自以为最好的饰物,却往往会使其错失成功被选中的机会。刚出校门的毕业生则更不应该佩戴这些饰物,否则会失去亲和力,降低在面试官心中的印象分。

三、仪容修饰

通俗来说,仪容是一个人的容貌、外观,是别人通过眼睛能直观感受到的部分。一般而言,仪容美包括自然美、修饰美、内在美三个要素。自然美即天生丽质,这是父母给的,我们谁也没有选择权,但修饰美和内在美却是我们可以通过外在努力而改善的。内在美是最高的境界,它能使仪容美得以升华,但这种形式的美需要人们在后天时时刻刻进行培养,不可能一蹴而就。而修饰美的养成相对内在美则较为便捷,即使自己没有那么高超的修饰技术,也可以通过别人的帮助来修饰自身在仪容上的先天不足之处,这是人们对仪容美关注的重点,尤其是女性,也是求职者较容易做到的一点。

仪容美通常是通过对自己的发型、面部妆容进行修饰,再搭配上合适的服装及相应的饰物,从而掩盖自身的不足,做到扬长补短,以此塑造一个美好的形象。

(一)仪容修饰遵循的一般原则

1. 时间(time)、地点(place)、场合(occasion)原则(简称 TPO 原则)

仪容礼仪作为礼仪的一部分也应该符合礼仪限定性的特征,在不同的时间、地点和场合,以及会见不同身份、地位的人时,都应该做出特定的仪容修饰,以契合当下的环境。正如不能穿着时髦的服装去参加面试这样正式的场合一样,也不应穿着正式的西装去参加好友安排在 KTV 中的聚会,不合当下氛围的仪容修饰会显得自己格格不入。

2. 适体性原则

每个人都是独一无二的,人与人之间的美或不足之处都是不尽相同的,因此在对自身进行仪容修饰时,应根据自身的年纪、性别、体形、容貌、肤色、气质、身份、职业等因素做出特有的、适合自身的修饰设计。

3. 适度性原则

凡事都有度,仪容修饰也是这个道理,无论是在修饰程度上,还是饰物的佩戴上都应该掌握好尺度,通过适当的仪容修饰达到自然而不刻意、美貌而又亲切的效果才是最好的。

4. 整体性原则

一个人进入别人的视野先是一个整体,而后别人才会观察其自身的细节。对于自身仪容的修饰也应该从整体着手,协调好每个部位,再进行局部的修饰,这样才能将修饰与自身现有特点完美地结合起来,使之浑然一体,营造出整体的风采。

(二)仪容修饰的注意事项

1. 仪容应当干净卫生

在日常生活中,每个人都应注重自身卫生,没有人愿意和一个邋里邋遢、满身异味的人待在一起,更何况是面试这样的正式场合。日常生活中要勤洗手、颈、脸,勤洗澡,勤换衣物,消除自身异味,勤剪指甲,勤修理头发。在面试前则更应注重这些方面,要保持身体及着装干净卫生、无异味,甚至可以根据场合适当地使用一些香水。在进入面试场前,要关注自己的口角、鼻孔及眼角是否有分泌物,若有则要及时清除;在面试前更要关注自己的口腔卫生,若因时间关系或特殊情况,面试被安排在餐后,则须在进入面试场之前漱口,必要时可以使用口腔清新剂,切忌为了省事在面试官面前咀嚼口香糖。总而言之,在面试时要保持干净利落、清新优雅的形象。

2. 仪容应当整洁

整洁是整齐、洁净、清爽的总称,在日常生活中求职者应注重自身的形象,才能在面试前做到从容不迫。持之以恒地保持仪容整洁清爽,会慢慢形成习惯,也会帮助自身形象得以逐步完善,特别是在面试的细节考核中更容易获得面试官的认可。

3. 仪容应当简约

仪容修饰的目的并不是标新立异,应避免哗众取宠、只为博人眼球的做法。特别是在面试场合,仪容的修饰是为了突显求职者自身的美,掩盖其不足,并不是过度修饰,不伦不类。"裸妆"显然比"烟熏妆"更适合面试,只佩戴合适的项链显然比各种首饰齐上阵更合适。总而言之,简约、朴素最能使人亲近。

4. 仪容应当端庄

仪容端庄是提高自身气质的撒手锏之一,端庄大方的仪容会给面试官一种优雅清新的美感。相较于修饰得花里胡哨的求职者,端庄优雅的求职者显然会给面试官更值得信赖的印象,也更容易在今后的工作中获得他人的认可及信任,为企业、为自身创造最大的价值。

第三节 面试中礼仪

第一印象是求职成功的关键,前面所述的仪容仪表礼仪只是增加第一印象分的一部分,在面试过程中的言语、谈吐、举止、表情等都是在无形中给自身加分的重要方面。社会心理学中有一个"印象管理"的概念,是指在与人交往过程中控制自己、展示自我、留给他人美好印象的一些技巧。面试是一个很短暂的过程,多则半小时,少则几分钟,求职者若能在如此短暂的时间里运用好"印象管理",不仅能将自身的内在底蕴如思想品格、专业能力、自身修养等以最好的方式向面试官展示,还能从侧面表现出自身认真对待这场面试的态度,能实实在在地给自己加分,以成功步入职业的道路。

一、见面礼仪

见面礼仪是人际交往开始的第一步,在面试礼仪中占有重要的地位,没有哪个面试官会喜欢一个进入考场连问候都没有就开始自讲自话的求职者。因此,求职者应对见面礼仪有一定的掌握。

(一)互致问候或致意

1. 问候的内容

在面试开始时,求职者应先对各位面试官进行问候,既简单又不易出错的问候如:"您好""大家好""上午好"或"下午好"。看似简单的举动却是能体现个人修养的小细节,也是在进入面试室后博得面试官好感的第一步。

2. 问候的态度

问候是我们见到别人时表现自我敬意的第一步,这时态度是极为重要的,否则会如同不加问候直接切入主题一样糟糕。毕业生作为准备步入职场的新人,进入面试室时一定要积极主动向面试官问好,切不可等待面试官向你问好。问候的时间最好是在步入面试室站稳后。在向面试官进行问候时要做到真诚、友好,并配以微笑的表情。

3. 问候的顺序

问候的顺序根据场合的不同分为一对一问候、一对多问候。一对一问候,通常为"低位者先行问候",具体表现为较低职位的人先行向较高职位人的问候,晚辈首先向长辈问候,男士先行向女士问候。而面试时很少是一对一的场景,更多是一对多的场景。求职者在进入面试场后既可以笼统地加以问候,例如"大家好",也可以逐一进行问候,逐一问候的顺序没有强制性的要求,既可以"由长及幼",也可以"由近及远""从左到右"依次进行问候。求职者在面试时应根据面试时间的长短、面试官的人数选择适合的问候顺序;有多位面试官时,要注意做到不厚此薄彼。

4. 致意

致意是指将想要表达问候的心意用礼节举止展现出来,具体包括点头致意、招手致意、躬身致意、脱帽致意。除躬身致意外,其他都是在熟人或朋友见面中应用。将躬身致意运用到面试场合中是可以进一步表达自己对面试官敬意的一种方式。

(二) 握手礼仪

握手是指交流双方以握手的形式进行相互致意和问候,是一种较为普遍的见面礼。

1. 握手的先后顺序

握手礼不同于见面时的问候和致意,它在顺序上讲究"尊者优先"。在面试过程中具体表现为:只有面试官先伸手,才能完成握手礼,面试官没有伸手的意向,求职者也不应该急于行握手礼。在行握手礼时,当面试官伸出手,求职者应立马单手相应,热情相握,并且在行礼时双眼要与面试官对视,以表尊重。

2. 握手的时间与力度

握手时间的长短宜根据行握手礼双方的亲密程度灵活掌握。就面试过程中求职者与面试官而言,两者大多属于初次见面,握手时间以 3—5 秒为宜,但在实际操作中,握手的时间由面试官控制,求职者应把握好面试官的意图。

行握手礼时应使用适当的力度,过轻或者过重都代表着不礼貌,尤其是求职者在与面试官握手时更应该掌握好力度。

3. 握手的表情与姿势

前面已提到求职者在握手时双眼应与面试官对视,此时面部表情的把握极为重要。此刻是求职者与面试官难得的近距离接触机会,求职者表情要自然,流露出发自内心的喜悦和表达真诚的笑容,才可以加深面试官对自己的印象。

由于某些国家认为"左手不洁",因此现在行握手礼时人们默认使用右手,但是左手可以加握,即双手握住面试官的右手,但是左手并不直接接触面试官的右手,这样既可以表达求职者对面试官的恭谨与热情,又不至于失礼。另外,对于握手时身体的弯曲程度也有一定的讲究,就面试过程中的握手礼而言,求职者身体宜稍微前倾,切忌昂首挺胸。

二、表情礼仪

人的面部表情极为丰富,并且不同的表情能迅速反映表情主人的不同情绪以及态度,极具表现力,因此表情是肢体语言很重要的组成部分。例如,失意的人在得到身边人面带微笑的安慰时会觉得如沐春风,为其重新振作提供动力;而眉头紧皱的表情则代表着担心与忧虑。初入社会的毕业生,正处于最为朝气蓬勃的阶段,可爱、有活力、青春是他们的代名词,也是企业想要纳入的新鲜血液,因此毕业生在求职过程中不用特意模仿前辈装扮成熟,否则在没有经过时间磨砺的内在气质的衬托下反而会显得不伦不类。

(一) 目光

求职者在进入面试室后,要以热情的目光注视面试官片刻,但注视的时间不宜过长,否则会带有一定的侵略性和不礼貌,也会让对方感到尴尬。求职者在与面试官交谈的过程中也应不断通过眼神和面试官进行交流,即表明自身十分重视这场面试,也对与面试官的交流十分感兴趣;若有多位面试官,也应在交流过程中时常用目光扫视几位面试官,以示尊重。良好有度的目光交流是面试过程中隐藏的加分项之一。

(二) 微笑

微笑是面试过程中最能增加亲和力的表情,与眼神一样,都是无声的语言。求职者在踏入面试室向各位面试官问候致意的同时,面带微笑,是对面试官的一大尊重。同时,微笑也是自信的象征,一个相信自己实力的求职者才能在面试过程中从容微笑。但是求职者不能一直傻乎乎地看着面试官微笑,应该把握好时间以及分寸,例如在与面试官打过招呼后、正式开始面试时,应收敛脸上的微笑,集中精力应试,以免给面试官留下轻浮的印象。

三、姿态礼仪

姿态是衡量一个人是否优雅、挺拔、阳刚、端庄的重要面试礼仪,在面试过程中主要涉及以下几个姿势:

(一) 站姿

"站如松"是我国传统文化中对站姿的形容,具体要求为自然、挺直、舒展、稳重、亲切,落实到具体做法上则为头抬起、眼平视、颈挺直、肩放松、腰直立、下颌微收、呼吸自然、双臂自然下垂。双脚的位置根据性别不同略有差异,一般而言,男性为了彰显自身的阳刚之气,可以使双脚之间的宽度与自身肩宽相同;女性双脚的位置稍微多样化,既可以双脚并拢或者站成V形,从直观的视觉感受来看,这两种摆放位置更适合腿部修长笔直的女性,会更具美感,此外也可以两脚分开,其中一只脚的脚后跟置于另一只的脚掌后半部分处,即所谓的"不丁不八"形。确认一个人的站姿是否符合基本要求,一般从正面和侧面两个方面观察,从正面看应是头正、身直、肩平;侧面主要是看其轮廓曲线,一般要求为胸挺、腹收、腿直。

在面试过程中采用基本站姿会给面试官留下较好的印象,并且也会帮助求职者提升自信,从而在面试过程中更好地发挥。

(二) 坐姿

我国古代将"坐如钟"视为一个良好的坐姿,意指坐着要像座钟那样端正。现代社会的要求与古代要求差别不大,即坐姿要体现出端庄、稳重、自然、亲切,给人一种舒适感。具体的做法如下:

女性在面试过程中可以采用双膝并拢的标准式,也可以采用双腿并拢放在一侧的方式,一般而言后者会给人一种腿部线条修长的视觉感受,也会体现出求职者娴雅的气质,尤其是在面试秘书、服务员等岗位时,更能获得面试官的好感;而男性在面试中可以选择双脚踏地、双膝间隔一定的距离、双手分别放在左右膝盖上的姿势。

(三) 走姿

标准走姿的基础是标准的站姿,因此标准走姿的具体要求几乎概括了标准站姿的全部要求,具体表现为:目光平视、下颌微收、面带微笑、双肩平稳、上身挺直、双臂伸直放松、手指自然弯曲,以肘关节为轴进行摆动,用大臂带动小臂,自然地前后摆动,摆动幅度以向前35°、向后30°为宜。在行走过程中要保持脚尖和膝关节均正对前进的方向,每步行走的间距一般是以前脚脚跟相距后脚脚尖一个脚长为宜,身高在1.75米以上的人应相距一个半脚长,每次抬脚的高度以落脚声音不大为标准。

(四) 蹲姿

求职者,尤其是穿着套裙的女性求职者,学习优雅的蹲姿是极为重要的,否则在面试室中随意弓背拾物很容易露出私人物品,这是很不雅观的行为。蹲姿一般有高低式、交叉式、半蹲式和半跪式四种姿势,在面试中前两种姿势较为常用。

蹲姿的基本要领包括:站立在待取物品旁边时,再屈膝蹲下,在拾取的过程中尽量做到不低头、不弓背,慢慢地将腰部低下,在蹲下的同时要掌握好身体的重心,双腿需合力支撑身体,保持臀部向下。

(五) 常用手势

手势如同面部表情一样,也是一种极富表现力的肢体语言,不同的手势往往代表着不同的含义。在面试发表言论的过程中适当增加手势可以增加言语的表现力和感染力,会在一定程度上起到锦上添花的作用。但是求职者也要始终铭记过犹不及的道理,在运用手势时也应该注意动作不宜过多、幅度不宜过大。

四、言谈礼仪

交谈是面试过程中最为重要的环节,也是面试者将自己的经历、能力、求职的愿望直观表现出来的方式。虽然求职者平日里会时刻与人交谈,但要真正达到满意的交谈效果也需要学习相关方面的礼仪知识,才能起到传递信息、交流思想、增进感情的作用。

交谈有一定的规律和原则性,一般而言在交谈前应明确交谈对象的特征,明确与之交谈的目的、想获得什么样的信息,以及掌握如何在交谈过程中把握好分寸。总体而言,要做到言之有据、言之有理、言之有情、言之有文,才能表现出优雅的内涵,达到理想的交谈效果。

(一) 三思而后言

在日常生活中,与身边熟悉的亲朋好友说话时,往往可能因为一时口快而引起不必要的误会。在面试时求职者往往是首次见到面试官,因此求职者在面试过程中一定要做到三思而后言,在与面试官交流之前要深思熟虑,以求用最令人舒适的语言表达自己的观点。

(二) 不进行比赛式沟通

比赛式沟通是指在与人沟通时总想挑出对方的漏洞并进行争论,从而显示自己"知识渊博""伶牙俐齿",但这种交流一般被认为具有较强的侵略性,容易惹怒交流对象,也容易让别人产生排斥感。面试时求职者和面试官在身份上本就存在一定的差异,因此求职者应特别注意避免使用这种方式与面试官进行交流,而应选择温和、随性的方式。

(三)选择适当的说话时机

求职者在开口前应衡量是不是讲话的正确时机,比如在面试官进行提问或对求职者表达的观点进行建议时,求职者不能随便打断面试官的问话或者进行抢答;求职者在开始进行自我介绍或进行某方面观点表述时,也应注意观察面试官是否已经做好听讲准备;在面试过程中也应避免提起一些敏感或者隐私的话题。

(四)失言时即刻道歉

在意识到自己讲错话时要立即道歉,这不仅是求职者在面试中应注意的,在日常生活中也应注意这一点,既是礼貌的表现,也是体现自身修养的表现。若在注意到自己讲错话时,非但不承认错误并及时进行道歉,反而为此编排一堆理由,只会越描越黑,给面试官留下不好的印象。

(五)学会聆听

无论是在日常生活中还是在面试等正式的场合中,都应做一个有礼貌的聆听者。在面试过程中,求职者要仔细聆听面试官对自己发表的意见的反映或回馈,这不仅是具有良好修养的表现,也是帮助求职者观察面试官对自己满意程度的一种方式。

第四节 面试后礼仪

面试前和面试中的准备、表现均是为了让面试官认识求职者、对求职者有一定的了解,但面试官不可能在短短几分钟内将一个求职者了解得清清楚楚,因此求职者合理地运用面试后礼仪可以起到加深、强化、完善自身在面试官心目中印象的作用,也能加深与面试官之间的感情,因此面试后的礼仪同样至关重要。面试后礼仪主要分为道别礼仪和致谢礼仪两个方面,在与面试官道别时掌握好一些小动作与一些适当的语言,运用好与面试官相处的最后时间,可以使自身的形象在面试官心中更为清晰;在面试结束后求职者还可通过写邮件或打电话的形式表达对面试官的谢意。面试后礼仪可以成为面试成功的隐形礼仪。

一、道别礼仪

面试官招聘人才都具有一定的时效性,不可能为了招聘新人花费大量的时间与之相处或者仔细了解求职者的方方面面来做录用决定。一般情况下,面试官会选择对企业忠诚而非纸上谈兵、入职后即转换态度的新人,其衡量的重要标准之一是求职者是否有情义,因为此特点不能通过短时间的训练而展现出来,因此,求职者应该把握好面试结束、进行道别时的机会,尽量将自己对这份工作的渴望、对面试官的尊重展现出来。

(一)道别时的小动作

一般而言,人的行为会直接地表现出其自身真实的情感,一些情感的表达也可以通过动作进行展现。在面试结束时要注意与面试官进行眼神交流,展示出自己的不舍以及对这份工作的期待。切不可埋头收拾东西而与面试官进行交流,否则反而会使自己在面试中的精彩表现大打折扣。如果面试官已经流露出疲惫的情态,或者当天面试者很多,面试官没有多余的时间与自己交流时,应快速收拾好自己的物品,向面试官道声"谢谢"即可。

（二）道别时的小话语

在时间允许的情况下，求职者也可以抓住机会与面试官多交流几句，这也是展示恋恋不舍的一种方式，通过与面试官最后几分钟的交流也可以打探其对自己的印象如何。交流的语句要表达出自己对面试官的尊敬，以及自己对获得这份工作的渴望，比如："非常感谢您能给我一个面试的机会，在面试过程中与您的交流让我学习到很多，不知道我以后能否拥有继续向您请教的机会？"

二、致谢礼仪

（一）致谢的重要性

1. 使求职者在面试官心中的形象更清晰

一般而言，面试官在当天会面试众多求职者，通过简短的面试时间，面试官对大部分求职者的印象可能并不深刻，因此求职者在面试后选择适当的时机向面试官表达感谢，可以帮助面试官加深对其面试时的记忆，加之礼貌地再次向面试官表达自己的感激之情，会使求职者在面试官心中的形象更加清晰，会为求职者争取到更多的机会。

2. 使求职者在面试官心中的形象加以完善

虽然求职者都希望自己在面试过程中一帆风顺，不发生错误，给面试官留下良好的印象，但不可避免会出现一些小失误，当发生这些情况时，切忌自暴自弃，要想办法补救。而面试结束后一个恰当的感谢也许就能弥补自己的失误，从而完善自己在面试官心中的形象。

3. 使求职者在面试官心中的形象得到强化

对于面试官而言，求职者在面试结束后的致谢不仅代表对自己的致谢，还可从这一行为中解读到求职者对这份工作的重视程度。对于在面试后特意感谢面试官的求职者，面试官往往还可以解读出，这位求职者具有很强的人际沟通意识及一定的人际交往能力，这恰恰是现代职场所需的关键能力之一。由此可见，求职者通过在面试后的致谢，可以进一步强化其在面试官心中的形象。

（二）致谢的方式

1. 通过电子邮件致谢

电子邮件是最不容易打扰到面试官的一种方式，但是在书写电子邮件时要注意写明主题，避免长篇大论，达到表示感谢以及渴望加入团队的意思即可。需要注意的是，电子邮件虽不容易打扰到面试官，但也很有可能被面试官遗漏。

2. 通过电话致谢

如果对面试官的工作时间掌握得较为准确，并想真切地与面试官进行再次接触，可以选择打电话的方式来表示谢意。一般而言打电话的时间应该避开周一上午、周五下午、午休时间以及刚好上班或者刚好下班，以免对方无暇或无心处理电话。在面试官接通时即要说明自己的姓名、面试的时间以及面试的职位，然后再表达自己对面试官真诚的谢意，切忌询问面试结果。电话时间最好控制在 3 分钟以内，并在通话过程中一直保持良好的状态，将自己良好的修养展现出来。

求职面试是大学毕业生开启人生新起点的关键一步，因此求职者在整理自己优秀履历的同时，要增强礼仪知识的学习和礼仪习惯的培养。面试官不会用礼仪知识给求职者出一道明明白白的考题，但礼仪实实在在地贯穿于整个求职过程中，稍不注意就会成为面试的扣分点,甚至全盘抹掉求职者优秀的履历。求职者面试时的穿着打扮是增加形象分的关键环节,也是在细节上体现礼仪的方式之一,良好的外观形象决定着面试官对求职者的第一印象;在面试过程中的举止谈吐,都与礼仪分不开,具备良好礼仪修养的求职者才能在与面试官交流的过程中逐渐加深、完善自己的形象;面试结束并不代表求职过程的结束,时刻展现良好礼仪修养的求职者,总是能让面试官在难以抉择时将好感偏向自己。礼仪不像法律法规会一条一条地书写出来,但是又像法律法规一样可以约束我们在学习、工作和生活中的一切行为。只有符合大众广泛认可的礼仪规范,才更能为大家所接受,才能建立良好的社会人际关系,助力自己一步步走向成功。

资源链接

推荐书籍:

英格丽·张:《你的形象价值百万:世界形象设计师的忠告》,中国青年出版社,2011年版。

苏·福克斯:《阿呆系列:身边的礼仪》,张乐、马千译,机械工业出版社,2008年版。

孙祺奇:《面试礼仪帮你找到好工作》,中国经济出版社,2014年版。

第十章

医药类毕业生就业政策与权益保障

> 法律的基本原则是:为人诚实,不损害他人,给予每个人他应得的部分。
> ——(东罗马)查士丁尼

毕业生就业工作是一项政策性、操作性都很强的工作,除了国家有关法律的明文规定之外,各级地方政府和高等院校都有明确的规定。大学生从开始求职择业到毕业离校、就业入职,面临的环节和手续较多。在这一过程中,毕业生对就业政策及相关法律、法规的正确理解和掌握,是顺利从学校走向职场的关键,更是对自身权益进行有效保护的前提。

第一节 高校毕业生就业政策

高校毕业生就业政策是国家及地方政府部门、高校为了保障和促进毕业生就业工作,出台的一系列指导方针与准则要求,为就业工作的开展提供了保障和依据。

一、高校毕业生就业政策法规

与毕业生就业有关的政策法规主要包括以下三个层面:法律法规、国家及地方就业主管部门的规范性文件和条例、高校关于毕业生就业的政策文件。

1. 法律法规

《中华人民共和国劳动法》(以下简称《劳动法》)、《中华人民共和国劳动合同法》(以下简称《劳动合同法》)作为全国人大常委会通过的两部法律,是我国规范劳动关系、保障劳动者合法权益的效力阶位最高的法律。毕业生与用人单位签订就业协议(劳动合同),双方的权利义务都受到法律的保障和约束。其他还有《中华人民共和国高等教育法》《中华人民共和国就业促进法》《中华人民共和国劳动争议调解仲裁法》等,这些法律法规的颁布和实施,都是为促进就业,维护社会稳定和保持经济与社会的协调发展,为大学生的就业过程保驾护航。

2. 各级政府的政策性文件

(1) 国家层级政策性文件

教育部负责全国高校毕业生就业工作,教育部颁布的《普通高等学校毕业生就业工作暂行规定》,对各高校毕业生和用人单位具有普遍约束力,是最为系统全面的就业规范。此外,教育部和有关部委还会针对当年就业情况下达就业工作专门文件,如《教育部关于做好2023届全国普通高校毕业生就业创业工作的通知》(教学〔2022〕5号)、《关于进一步引导和鼓励高校毕业生到基层工作的意见》、《人力资源社会保障部 教育部 国务院扶贫办关于进一步加强贫困家庭高校毕业生就业帮扶工作的通知》(人社部函〔2020〕75号)、《教育部办公厅关于进一步发挥高校辅导员作用助力毕业生就业创业工作的通知》(教学厅函〔2020〕11号)等。

(2)各级地方就业主管部门规范性文件

各省、自治区、直辖市依据国家发布的相关大学生就业政策,结合地方实际情况制定出台一些规范性文件,用于规范、指导本地区的毕业生就业工作。促进高校毕业生就业的政策文件:如河北《关于促进2020届高校毕业生就业创业的若干政策措施》、江苏《关于促进高校毕业生等青年就业创业的若干政策措施》(苏政办发〔2020〕45号);人才引进、培养发展政策文件:如深圳《关于促进人才优先发展的若干措施》、上海《上海市人民政府关于印发〈上海市引进人才申办本市常住户口办法〉的通知》及细则、《上海市浦江人才计划管理办法》、重庆《进一步加快博士后事业创新发展若干措施》等;毕业生就业扶持政策文件:如南京《关于支持促进高校毕业生在宁就业创业的十项措施》、天津《进一步做好新时代高校毕业生就业创业工作若干措施》等。

(3)高校关于毕业生就业的实施办法或细则

高校在毕业生就业工作中起着主导作用,学校每年都要根据国家就业方针、政策和规定以及主管部门的工作意见,结合学校实际制定具体的实施办法或细则,如"某某大学2021届毕业生就业工作意见"。

二、医药类毕业生的档案管理

(一)学籍档案和人事档案

高校毕业生档案,在校期间称为学籍档案。主要包含高中学籍材料、大学生登记表、学习成绩单、在校期间的一切奖惩材料、入团入党志愿书、《高校毕业生登记表》(本专科生)、《毕业研究生登记表》(研究生)、毕业生报到通知书、毕业体检表等,研究生还包括学位授予决定、毕业论文等材料。学籍档案是大学生在校期间的生活、学习和参加各类社会实践的真实记录,也是大学生就业时用人单位选拔、聘用、考核的重要参考依据。毕业后,在学籍档案中放入报到证,由学校将档案转寄至毕业生就业单位的人事部门或委托的人才服务机构,此时毕业生学籍档案将转为人事档案。

(二)档案的作用

档案除了供用人单位考察录用人员之外,也是维护个人权益和福利的凭证。无论是工作调动、考研、公务员招考,还是职称评审、考资格证、工龄认定、社保办理、住房补贴发放、入党、离退休手续办理等,都要用到它,特别是在事业单位、政府机关、国有企业等,人事档案尤为重要。如果出现遗失,对自身今后职位晋升发展都会带来无法弥补的遗憾,所以千万不能疏忽大意。

（三）毕业生档案去向

大学生毕业时，除了办理相应的就业派遣、毕业离校等手续外，毕业生档案也需要根据自身的毕业去向转寄至相应接收单位。

1. 毕业生去机关、事业单位、国有企业就业

高校毕业生到具有档案管理权限的机关、事业单位、国有企业就业的，由单位直接接收、管理档案。

2. 毕业生到私营民营企业、外资企业就业

高校毕业生到无档案管理权限的单位（私营民营企业、外资企业等）就业的，可委托由单位所在地公共就业和人才服务机构负责提供档案管理等人事代理服务，或可以申请将档案转至毕业生生源地公共就业服务机构，个人凭《报到证》前去办理报到和户档托管手续。

3. 毕业生升学（包括毕业生考取专转本、第二学位、硕士/博士研究生、进入博士后工作站等情况）

档案一律转至升学院校（培养单位）或博士后工作站。

4. 毕业生境外升学或就业

档案可存放在留学服务中心或托管的人事代理机构，也可以申请转至生源地公共就业服务机构。

5. 定向委培毕业生

档案将转递至定向委培单位，少数民族培养骨干计划生根据就业通知书转递至各省、自治区教育厅或工作单位。

6. 毕业生离校时尚未就业

毕业生离校时尚未就业，可申请将档案转至生源地公共就业服务机构，这种方式适合毕业生打算回生源地范围内就业或暂时无就业意愿。

毕业生也可以申请将档案暂留学校，由学校代为管理，期限不得超过两年。待落实工作单位后，可将户口和档案转至工作单位所在地。若超过两年仍未落实工作单位，学校会将毕业生档案转至其原户籍所在地公共就业和人才服务机构。

（四）毕业生档案转寄

毕业生档案作为一份很重要的文件，须经由国家"机要"文件发送方式邮寄（2014年前主要转寄方式），或由EMS邮政速递高校毕业生档案邮寄专用通道进行转寄（2014年后主要转寄方式），毕业生个人不得携带和保管本人档案。

毕业生应在和学校确认档案邮寄出两周至两个月内，查询本人档案邮寄情况，并及时前往接收单位办理报到手续，与档案管理人员确认档案材料是否齐全，如有错漏，应及时与学校就业主管部门联系，以免因时间过长，档案出现遗失，无法查找，影响自己今后诸多事项的办理。

> ## 小贴士
>
> ### 毕业后户档暂留学校
>
> 毕业后如申请将户档暂留在学校,学校虽然能免费保存两年,但毕业生要清楚这样只是延长了择业期,因与学校没有人事隶属关系,其档案性质仍为学籍档案,无法转为人事档案。在转正定级、职称评定以及出具涉及人事关系证明等事宜时,学校都无法办理相关手续。按国家政策规定,高校毕业生毕业派遣(以报到证签发日期为准)一年后,即可由工作单位人事部门或委托的人才服务机构批准转正定级;大学本科毕业工作满一年(以报到日期为准)、大中专毕业生毕业工作满三年,即可申报初级职称,由所在单位人事部门或委托的人才服务机构负责办理,学校并无此职能。

(五)人事代理制度

大学生毕业时还未落实就业单位,或已签约某事业单位但无事业编制,或签约单位没有人事档案管理权(如外资企业、民营企业),或签约单位无法接收毕业生户口档案(如北京、上海等属地的单位),或毕业生个人意愿想落户在某个城市(非工作所在地,当地有大学生入户优惠政策),都可以申请办理人事代理服务。

(1) 人事代理制度:是指县级以上政府人事部门所属的人才交流服务机构或人事代理机构,受代理对象的委托,根据国家有关人事政策法规要求,在其服务项目范围内,为那些无主管单位、没有或不需要具备人事管理权限的单位、要求委托人事代理的其他企事业单位及自费出国、以辞职等方式流动后尚未落实单位的专业技术人员和管理人员,提供规范、统一的档案保管或有关人事方面的服务工作。

(2) 人事代理服务分为单位委托代理和个人委托代理。委托方为需要人事代理服务的各类企业、事业单位和个人;代理方为县级以上政府人事行政部门所属的人才流动服务机构。

委托代理的方式由委托方与代理方商定,并以合同的形式予以明确。

(3) 人事代理制度是一种人事管理和人员使用相分离的新型人事管理制度。人事代理制度的实行,改变了以往毕业生单一的就业模式,为毕业生提供了更为宽松的就业环境,解除了毕业生的后顾之忧,便利了人才流动。毕业生在人才服务中心办理人事代理手续后,便可办理落户手续。

"有惊无险",档案不是件小事

2016年,毕业生小张经过多轮面试筛选终于签约一家心仪的外资企业。张同学非常满意自己的工作,在拿到毕业证后信心满满地踏上了工作岗位。

因为签约的是外资企业,公司是没有人事档案接收管理权限的,所以小张的档案和户籍应在毕业时转回生源地的人才服务机构。学校帮他办理好报到证,并转寄了档案。正常情况下,小张应该拿着报到证去办理自己的户籍转移,并要在学校寄出其档案后,到生源地人才服务机构办理报到和托管手续。但他一直以为,外资企业不需要户口档案,学校自会将自己的户口档案打回原籍,自己就不用管其他事情了。

毕业几年后,小张重新做了人生规划,辞去外资企业工作,考取了家乡的公务员。在笔试面试都通过后,招录单位要求调档政审,小张这时才想起来不知道自己的档案究竟在哪儿。他急忙咨询当年在校的辅导员,了解到自己档案的去向,已在毕业时转递至家乡人才服务机构。所幸,当年人才服务机构在收到档案后一直妥善保管,没有造成遗失,但需要小张提供报到证,方能办理其他相关手续。时间已经过去几年,毕业时从老师那领的报到证,因没有及时去办理报到手续,早已不知踪影,一时间,小张急得六神无主。最后,经过学校老师的帮助,他申请补办了报到证证明书,方才去人才机构补全了托管手续,成功调档。虽然说最后有惊无险,办好了相关事宜,确实也是一波三折,小张也差点因自己当年毕业时对相关就业程序的不了解和大意疏忽,与千辛万苦方考取的公务员职位失之交臂。

三、其他毕业生就业优惠政策

当前各级政府和部门都在持续推进高校毕业生就业创业工作,为此出台了很多优惠政策,了解和利用好这些政策有利于毕业生实现更高质量就业。

(一)鼓励企业特别是中小企业吸纳高校毕业生就业

依据《国务院关于进一步做好新形势下就业创业工作的意见》(国发〔2015〕23号)、《国务院办公厅关于做好2014年全国普通高等学校毕业生就业创业工作的通知》(国发〔2014〕22号)、《国务院关于进一步支持小型微型企业健康发展的意见》(国发〔2012〕14号)等文件精神,国家鼓励中小企业吸纳高校毕业生。

1. 国家鼓励中小企业吸纳高校毕业生的政策措施

高校毕业生到中小企业就业的,在专业技术职称评定、科研项目经费申请、科研成果或荣誉称号申报等方面,享受与国有企事业单位同类人员同等待遇。对小微企业新招用的毕业年度高校毕业生,签订一年以上劳动合同并缴纳社会保险费的,给予一年的社会保险补贴。

2. 服务外包企业吸纳高校毕业生的财政支持

服务外包是指企业将其非核心的业务外包出去,利用外部最优秀的专业化团队来承接该业务,从而使其专注于核心业务,达到降低成本、提高效率、增强企业核心竞争力和对环境应变能力的一种管理模式。服务外包企业是指其与服务外包发包商签订中长期服务合同,承接服务外包业务的企业。服务外包企业吸纳就业困难的高校毕业生就业,享受社会保险补贴等扶持政策。就业困难的高校毕业生参加服务外包培训,可按规定享受职业培训补贴和职业技能鉴定补贴。

3. 鼓励高校毕业生到城乡社区就业创业

中央组织部、人力资源社会保障部、教育部等七部门联合印发《关于引导和鼓励高校毕业生到城乡社区就业创业的通知》,鼓励高校毕业生围绕社区服务需求就业创业,通过落实税费减免、场地支持、政府购买服务等政策,支持社区服务类企业、社会组织吸纳高校毕业生就业或组织见习,并按规定享受吸纳就业扶持政策。支持高校毕业生到城乡社区服务领域创业和灵活就业。城乡社区工作者队伍出现空缺岗位优先招用高校毕业生,着力补齐社区工作力量短板,完善政府购买社区服务政策措施,培育发展各类城乡社区社会组织和社会工作服务机构,通过服务供给增加带动高校毕业生就业创业。

(二)面向基层就业政策

国家及地方政府已连续十余年出台了一系列相关文件,各地区各有关部门创新政策措施,完善服务保障机制,引导大批高校毕业生到基层工作,有力推动了基层事业发展。近年来,面向基层就业的政策性项目有"大学生志愿服务西部计划"、"三支一扶"(支教、支农、支医和扶贫)计划、"农村义务教育阶段学校教师特设岗计划"、"特聘高校毕业生到村任职工作"、"特设岗位计划"等。

1. 国家鼓励高校毕业生到基层就业的主要优惠政策

(1) 加大教育培训力度

面向基层高校毕业生组织开展有针对性的多层次、多元化教育培训,多渠道组织引导高校毕业生到基层实践锻炼。各地组织实施的专业技术人才知识更新工程、创新创业培训项目等,安排一定比例班次或人次专门面向在基层工作的高校毕业生。

(2) 营造有利于高校毕业生发展的制度环境

认真落实县以下机关公务员职务与职级并行制度。建立事业单位管理岗位职员等级晋升制度。优化基层事业单位岗位设置,适当提高基层中、高级专业技术岗位比例。对到条件特别艰苦乡镇事业单位工作的高校毕业生,统筹做好交流工作。

(3) 完善基层职称评审制度

建立体现基层一线特别是脱贫攻坚一线专业技术人才工作实际特点的职称评价标准,合理设置评审条件,对论文、科研、外语、计算机应用等不做硬性要求。对长期在基层一线工作或做出重要贡献的基层专业技术人才,可破格晋升职称等级。有条件的地区可试行基层专业技术人才申报高级职称单独分组、单独评审、单独确定通过率。

(4) 逐步提高基层工作人员工资待遇

对到中西部地区、东北地区或艰苦边远地区、国家扶贫开发工作重点县以下机关事业单位工作的高校毕业生,新录用为公务员、事业单位工作人员的,在试用期工资、转正定级及工资方面都按政策规定享受高定待遇。

(5) 加强其他待遇保障

结合政府购买服务工作的推进,在基层特别是街道(乡镇)、社区(村)购买一批公共管理和社会服务岗位,优先用于吸纳高校毕业生就业。对在基层履行一定服务期限的高校毕业生给予学费补偿和国家助学贷款代偿。对到农村基层急需紧缺专业(行业)就业的高校毕业生可给予专项安家费。落实省会及以下城市放开对高校毕业生落户限制的规定,高校毕业生在基层就业可根据需要自愿迁移户口。

2. 选聘高校毕业生到村任职

2008年,有关部委出台了《关于印发〈关于选聘高校毕业生到村任职工作的意见(试行)〉的通知》(组通字〔2008〕18号),计划用五年时间选聘10万名高校毕业生到农村担任村党支部书记助理村委会主任助理或团支部书记、副书记等职务。从2010年开始,扩大选聘规模,逐步实现"一村一名大学生村官"计划的目标。选聘的高校毕业生在村工作期限一般为2至3年。

选聘对象为30岁以下应届和往届毕业的全日制普通高校专科以上学历的毕业生,重点是应届毕业和毕业1至2年的本科生、研究生,原则上为中共党员(含预备党员),非中共党员的优秀团干部、优秀学生干部也可以选聘。此外,参加"三支一扶"、"志愿服务西部计划"等活动期满的高校毕业生,本人自愿且符合选聘条件的,经组织推荐可作为选聘对象。

3. "三支一扶"计划

"三支一扶"是支教、支农、支医和扶贫的简称。2006年,中组部、原人事部等八部门下发《关于组织开展高校毕业生到农村基层从事支教、支农、支医和扶贫工作的通知》(国人部发〔2006〕16号),以公开招募、自愿报名、组织选拔、统一派遣的方式,从2006年开始连续5年,每年招募2万名高校毕业生,主要安排到乡镇从事支教、支农、支医和扶贫工作。服务期限一般为2—3年。招募对象主要为全国普通高校应届毕业生。

2011年4月,人力资源和社会保障部下发《关于继续做好高校毕业生三支一扶计划实施工作的通知》(人社部发〔2011〕27号),决定继续组织开展高校毕业生"三支一扶"计划,从2011年起,每年选拔2万名,5年内选拔10万名高校毕业生到基层从事"三支一扶"服务。

4. 大学生志愿服务西部计划

大学生志愿服务西部计划由共青团中央牵头,教育部、财政部、人力资源和社会保障部共同组织实施。从2003年开始,每年招募1.8万名普通高等学校应届毕业生,到西部基层从事为期1—3年的教育、卫生、农技、扶贫以及青年中心建设和管理等方面的志愿服务工作。

5. 农村义务教育阶段学校教师特设岗位计划

2006年,教育部、财政部、原人事部、中央编办下发《关于实施农村义务教育阶段学校教师特设岗位计划的通知》(教师〔2006〕2号),联合启动实施"特岗计划",公开招聘高校毕业生到"两基"攻坚县农村义务教育阶段学校任教。特岗教师聘期3年。农村教师特岗计划的招聘对象和条件可以参考每年的招录通知。

6. 基层就业项目服务期满后可以享受的优惠政策

根据有关政策规定,参加中央部门组织实施的基层就业项目、服务期满的毕业生,享受以下优惠政策:

(1) 公务员招录优惠

每年拿出公务员考录计划的一定比例,专门用于定向招录服务期满且考核称职(合格)的服务基层项目人员。服务基层项目人员也可报考其他职位。

(2) 事业单位招聘优惠

鼓励在项目结束后留在当地就业,参加各基层就业项目相对应的自然减员空岗,全部聘用服务期满的高校毕业生。从2009年起到乡镇事业单位服务的高校毕业生服务满3年后,在现岗位空缺情况下,经考核合格,即可与所在单位签订不少于3年的聘用合同。同时,各省(区、市)、县及县以上相关的事业单位公开招聘工作人员,应拿出不低于40%的比例聘用各专门项目服务期满、考核合格的高校毕业生。

(3) 考学升学优惠

服务期满后,3年内报考硕士研究生初试总分加10分,同等条件下优先录取。高职(高专)学生可免试入读成人本科。

(4) 国家补偿学费和代偿助学贷款政策

参加各基层就业项目的毕业生,符合规定条件的,可享受相应的学费补偿和助学贷款代偿政策。

（5）服务期满自主创业

可享受税收优惠行政事业性收费减免、小额贷款担保和贴息等有关政策。

（6）其他

按各基层就业项目服务年限计算工龄。服务期满到企业就业的按照规定转接社会保险关系。

> **小贴士**
>
> ### 公务员和事业单位
>
> 公务员：是指依法履行公职、纳入国家行政编制、由国家财政负担工资福利的工作人员。录用担任一级主任科员以下及其他相当职级层次的公务员，采取公开考试、严格考察、平等竞争、择优录取的办法。机关根据工作需要，经省级以上公务员主管部门批准，可以对专业性较强的职位和辅助性职位实行聘任制。公务员是行政编制，财政全额拨款。
>
> 事业单位：事业单位是指受国家行政机关领导，没有生产收入，所需经费由公共财政支出，不实行经济核算，主要提供教育、科技、文化、卫生等活动的社会服务组织，事业单位接受政府领导，是表现形式为组织或机构的法人实体。事业单位按单位性质分为全额事业编制、差额事业编制、自筹自支事业编制。
>
> 全额财政拨款事业编制，参照公务员管理，基本待遇与公务员一致，多为一些公益性事业单位和部分具有行政执法职能的事业单位。差额事业编制，由财政进行差额拨款，待遇和收入在一定程度上挂钩，如医院。自筹自支事业编制，实际上与企业差不多，待遇和经营状况息息相关，多为一些服务型事业单位。
>
> **公务员和事业单位人员对比**
>
> | 对比类别 | 公务员 | 事业单位人员 |
> | --- | --- | --- |
> | 招录方式、途径 | 由国家中组部、人社部、地方省、市委组织部和人事厅发起，各用人单位上报岗位需求 | 由各用人单位的人事部门发起招考 |
> | 录用、管理 | 录用、提升、退休、辞退、辞职等参照《国家公务员管理条例》 | 参照《中华人民共和国劳动法》有关规定 |
> | 编制 | 行政编制 | 事业编制可分为全额事业编制、差额事业编制、自筹自支事业编制 |
> | 工作性质 | 国家行政事务性工作 | 社会公益性工作 |
> | 经费来源 | 财政全额拨款 | 国家事业经费开支 |
> | 工资收入 | 按《国家公务员管理条例》规定发放 | 由各事业单位根据市场情况而定 |
> | 保险福利 | 按《国家公务员管理条例》规定执行 | 按照国家有关的社会保障规定执行 |

(三)鼓励高校毕业生应征入伍政策

1. 应征入伍的对象和条件

征集对象指根据国家有关规定批准设立、实施高等学历教育的全日制公办普通高等学校、民办普通高等学校和独立学院,按照国家招生规定录取的全日制普通本科、专科(含高职)、研究生、第二学士学位的应(往)届毕业生。征集的大学生以男性为主,女性大学生征集根据军队需要确定。

2. 高校毕业生应征入伍流程

①网上报名:有应征意向的毕业生登录"全国征兵网"(www.gfbzb.gov.cn)进行报名。

②初检初审:按照兵役机关的统一安排,应征报名毕业生参加身体初检、政治初审。初检初审合格的毕业生择优确定为预征对象。

③体格检查、政治考核:应届毕业生可在学校所在地或者入学前户籍所在地,经常居住地选择一个作为自己参军入伍的应征地。征兵开始后,应征地兵役机关会将具体上站体检时间、地点通知毕业生,可根据通知要求参加应征地县级征兵办公室组织的体格检查,并由当地公安、教育部门同步展开政治联考工作。

④预定新兵:县级征兵办公室对体检和政考双合格者进行全面衡量,确定预定批准入伍对象,同等条件下,优先确定学历高的毕业生为预定新兵。

⑤批准入伍:体检、政考合格并经公示的,由县级征兵办公室正式批准入伍,发放《入伍通知书》。

3. 高校毕业生应征入伍服义务兵役优惠政策

高校毕业生应征入伍服义务兵役,除享有优先、优待政策外,还在选拔培养、退役后考学升学、就业服务等方面享有优惠政策。

①优先征集:优先报名应征、优先体检政审、优先审批定兵、优先安排使用,大学生参加体检开辟绿色通道。

②优待政策:国家对毕业生在校期间缴纳的学费实行一次性补偿或获得的国家助学贷款实行代偿;由批准入伍地发放家庭优待金,其家庭享受军属待遇。

③选用培养:选取士官、士兵提干、报考军校、报送军校。

④考试升学:高校学生应征入伍服现役退役,达到报考条件后,3年内参加全国硕士研究生招生考试的考生,初试总分加10分,同等条件下优先录取。在部队荣立二等功及以上,符合全国硕士研究生招生考试报考条件的,退役后可申请免试(初试)攻读硕士研究生。自2021年硕士研究生招生起,"退役大学生士兵"专项硕士研究生招生计划由目前的每年5000人扩大到8000人,并重点向"双一流"建设高校倾斜。高职(专科)毕业生及在校生(含高校新生)应征入伍,退役后在完成高职(专科)学业的前提下,可免试入读普通本科,或根据意愿入读成人本科,自2022年专升本招生起执行。高校毕业生退役后报考政法干警招录培养体制改革试点招生时,教育考试笔试成绩总分加10分。

⑤就业服务:高校毕业生士兵退役后一年内,可视同当年的应届毕业生,凭用人单位录(聘)用手续,向原就读高校再次申请办理就业报到手续,户档随迁(直辖市按照有关规定执行)。按照国家规定发给退役金,根据当地实际情况,发给经济补助,安置地的县级以上地方人民政府组织其免费参加职业教育、技能培训,经考试考核合格的,发给相应的学历证书、职业资格证书并推荐就业。退役士兵报考公务员、应聘事业单位职位的,在军队服现役经历视

为基层工作经历,服现役年限计算为工龄。乡镇补充干部、基层专职武装干部配备时,注重从退役大学生士兵中招录;对返乡务农的退役大学生士兵,鼓励通过法定程序积极参与村居"两委"班子的选举;在军队服役5年(含)以上的高校毕业生士兵可以报考面向服务基层项目人员定向考录的职位,同服务基层项目人员共享定向考录计划,优先录用建档立卡贫困户家庭高校毕业生退役士兵。

(四)鼓励科研项目开发科研助理岗位吸纳高校毕业生就业

按照《关于鼓励科研项目开发科研助理岗位吸纳高校毕业生就业的通知》(国科发资〔2020〕132号),承担国家科技计划(专项、基金等)科研项目的高校、科研院所、企业等单位(以下简称项目承担单位)开发科研助理岗位,吸纳高校毕业生就业。

科研项目吸纳的高校毕业生不是项目承担单位的正式在编职工,被吸纳高校毕业生需与项目单位签订服务协议,明确双方的权力、责任和义务。服务期限最多可签三年。高校毕业生在担任科研助理期间,其户口、档案可存放在项目单位所在地或入学前家庭所在地人才交流中心。服务协议期满,根据工作需要可以续签协议,其户口和档案按照有关规定办理手续。就业后工龄与科研助理期间的工作时间合并计算,社会保险缴费年限合并计算。

(五)毕业生就业地方优惠政策

高校毕业生是宝贵的高层次人才资源,通过引进高校毕业生提高区域人口质量、带动科技创新,是促进区域经济转型发展的必由之路。全国发布了一系列的区域人才就业政策,各省市也纷纷开出优惠性条件:提供求职创业补贴、严禁就业歧视、放宽落户条件、培养流动、服务保障等一系列举措为高校毕业生就业"保驾护航"。

1. 全国多地出台落户新政吸引人才

从全国范围来看,一方面经济转型迫在眉睫,相关产业及其人才资源重要性凸显;另一方面老龄化趋势加剧、生育率下降,适龄劳动力人口难以满足城市需要。在此背景下,更多人才和年轻劳动力就意味着城市发展有更多动力。

2020年12月,广州、无锡、青岛、福州、苏州等至少5个城市发布落户新政策,降低落户门槛。其中,两个省会城市政策优惠力度明显。福州推出落户"零门槛"。广州征求公众意见"差别化入户"落户政策:只需满足大专或技校学历、社保满一年、年龄在28岁及以下即可在7个行政区落户。

2. 毕业生就业帮扶政策

全国多省市针对毕业年度有就业创业意愿并积极求职创业的低保家庭、贫困残疾人家庭、建档立卡贫困家庭的高校毕业生以及残疾、获得国家助学贷款、特困人员中的高校毕业生,可发放一次性求职创业补贴。

在困难毕业生重点帮扶和拓宽就业渠道方面,各地区也都有自己的特色做法,助力高校毕业生充分就业。如海南将零就业家庭、经济困难家庭、残疾等就业困难的未就业高校毕业生列为重点工作对象,提供"一对一"个性化就业帮扶,确保实现就业;江苏省加大政府购买基层公共管理和社会服务岗位力度,用于吸纳高校毕业生就业。

3. 人才引进优惠政策

城市区域经济的竞争取决于人才竞争。全国多地市在引进人才时,都会配套出台大量各具地方特色和含金量的人才政策,建立健全人才政策体系。比如,南京市外省毕业生来宁求职面试,可领取求职应聘补贴;按不同学历层次可享受见习生活补贴、租房补贴、购房补贴、一次性安家费等;对博士、博士后等引进的创新和研发型高层次人才,给予一定金额的科研项目支持以及奖励;部分地区还在引进人才配偶就业、父母医疗待遇、子女入学等方面都有相应的资助和政策支持,解决他们的后顾之忧。

小贴士

城市人才引进政策列举

1. 深圳:大专以上学历、年龄小于35岁,且缴纳了深圳社保即可申请在深圳落户;一次性发放生活补贴和租房补助,本科补贴1.5万元、硕士2.5万元、博士3万元;提供30万套人才住房解决应届生租房困难,研究生以上学历可优先承租;研究生以上学历可享有优先购买人才住房权;对于创新和研发型人才,最高可提供5000万元的科研项目支持。

2. 广州:新引进入户的全日制应届本科生,只需在广州工作满一年,即可获得2万元住房补贴,硕士研究生可获得3万元;博士研究生以及副高级以上专业技术人才,可获得5万元住房补贴。

3. 天津:本科以上学历可直接落户;租房补助博士毕业生每年3.6万元,硕士每年2.4万元,本科生则是1.2万元;对于高端人才最高将给予1000万元的科研支持和200万元的奖励资助,而且在父母的医疗待遇、子女入学上都有相应的资助和政策扶持。

4. 杭州:全日制普通高校大学本科及以上学历或者大专紧缺专业的毕业生,可以直接落户;来杭州工作的本科可以领到补助1万元,硕士研究生可领到补助3万元,博士研究生补助5万元;建设有5万套人才专项租赁住房,租金便宜;对高端人才分别给予100万、80万、60万元购房补贴。

5. 石家庄:大专以上学历凭毕业证则可申请。首次购房不限购,且学士可领取5万元的一次性购房补贴,硕士10万元,博士15万元;创业可以领取补贴,办理了营业执照且稳定经营半年以上,即可获得1万元的一次性补助。

6. 南京:外地高校毕业生来宁面试即可获得1000元求职面试补贴;租房补贴年限从2年改为3年,即毕业3年内在南京工作都能获得与学历相对应的租房补贴,本科每月600元,硕士每月800元,博士每月2000元;青年大学生首次创业开业补贴2000元等。

除上面这些城市外,还有沈阳、郑州、成都、武汉、长沙、海口等大城市也都出台了相应的人才引进政策,在购房补助、住房补贴、创业补助、落户政策、培养、流动、服务保障等各方面都给予了很大的扶持。毕业生们如想了解具体的政策内容,可以登录全国大学生就业网(新职业网:www.ncss.cn)、各地市政府网站,去就业地的政务大厅或电话联系进行咨询。尤其是即将毕业的学子们,不要因对就业地的相关政策不了解而错失各项人才引进福利。

(六) 大学生创业政策

国家制定了《国务院关于进一步做好新形势下就业创业工作的意见》(国发〔2015〕23号)、《国务院办公厅关于深化高等学校创新创业教育改革的实施意见》(国办发〔2015〕36号)等文件,为高校毕业生自主创业提供了一系列优惠政策。

1. 高校毕业生自主创业可以享受的优惠政策

(1) 税收优惠

简化大学生创业流程,取消《大学生自主创业证》。持人社部门核发《就业创业证》(注明"毕业年度内自主创业税收政策")的高校毕业生在毕业年度内(指毕业所在自然年,即1月1日至12月31日)创办个体工商户、个人独资企业的,3年内按每户每年8000元为限额依次扣减其当年实际应缴纳的营业税、城市维护建设税、教育费附加和个人所得税。对高校毕业生创办的小型微利企业,按国家规定享受相关税收支持政策。

(2) 创业担保贷款和贴息支持

财政部等三部门2020年4月出台政策,进一步加大创业担保贷款贴息力度,高校毕业生自主创业,符合条件的个人可申请最高20万元创业担保贷款。对符合条件的个人创业担保贷款借款人合伙创业的,可根据合伙创业人数适当提高贷款额度,最高不超过符合条件个人贷款总额度的10%。对个人申请10万元以下创业担保贷款,免除反担保要求。鼓励金融机构参照贷款基础利率,结合风险分担情况,合理确定贷款利率水平,对个人发放的创业担保贷款,在贷款基础利率基础上上浮3个百分点以内的,由财政给予贴息。

(3) 免收有关行政事业性收费

毕业2年以内的普通高校毕业生从事个体经营(除国家限制的行业外)的,自其在工商部门首次注册登记之日起3年内,免收管理类、登记类和证照类等有关行政事业性收费。

(4) 享受创业和培训补贴

有条件的地区,对首次创办小微企业或从事个体经营,且所创办企业或个体工商户自工商登记注册之日起正常运营1年以上的离校2年内高校毕业生,给予一次性创业补贴。补贴标准和申领流程由各省级人力资源社会保障、财政部门确定。符合条件的高校毕业生可到当地人力资源社会保障部门申请。

对高校毕业生在毕业学年(即从毕业前一年7月1日起的12个月)内参加创业培训的,根据其获得创业培训合格证书或就业、创业情况,按规定给予培训补贴。

(5) 免费创业服务

有创业意愿的高校毕业生,可免费获得公共就业和人才服务机构提供的创业指导服务,包括政策咨询、信息服务、项目开发风险评估、开业指导、融资服务、跟踪扶持等"一条龙"创业服务。各地在充分发挥各类创业孵化基地作用的基础上,因地制宜建设一批大学生创业孵化基地,并给予相关政策扶持。对基地内大学生创业企业提供培训和指导服务,落实扶持政策,努力提高创业成功率,延长企业存活期。

(6) 取消高校毕业生落户限制

允许高校毕业生在创业地办理落户手续(直辖市按有关规定执行)。

2. 大学生创业工商登记制度

国家深化商事制度改革,进一步落实注册资本登记制度改革,推行工商营业执照、组织机构代码证、税务登记证"三证合一",统一社会信用代码,实现"一照一码"。放宽新注册企业场所登记条件限制,推动"一址多照"、集群注册等,降低大学生创业门槛。

第二节　正确签订就业协议

毕业生经过求职、应聘、面试成功,与用人单位达成就业意向后,会签订就业协议书,明确用人单位和毕业生双方权利和义务等。那么,就业协议书是什么?具体有什么内容?毕业生签订就业协议有什么用途?签订过程中又需要注意什么?下面我们就此将作详细介绍。

一、就业协议概述

(一)就业协议书的内容

就业协议是《毕业生就业协议书》的简称,是毕业生和用人单位在正式确定劳动人事关系前,经双向选择,明确大学毕业生、用人单位和学校关于毕业生就业意向初步约定的书面表现形式。一经毕业生和用人单位签字盖章,协议书便生效,具有一定的法律效应。

就业协议书主要由甲乙双方信息栏、规定条款和签署意见栏这三部分组成。

1. 双方信息栏

一是用人单位情况。这项内容由用人单位填写。用人单位的情况包括单位名称、组织机构代码、单位类型、联系人、联系电话、邮政编码、通信地址、档案接收单位地址。

二是毕业生情况。毕业生情况包括姓名、性别、年龄、民族、政治面貌、专业、学历和家庭地址。这项内容根据当年度学校上报至省级教育部门的毕业生生源信息内容,系统自动调用填充。

2. 规定条款

毕业生就业协议规定条款有以下几个方面内容。

一是双方意愿表达。甲方同意录用乙方,乙方同意到甲方工作。

二是协议解除条款。一般有这样的约定:符合下列情况之一,经书面告知对方,本协议解除。甲方被撤销或依法被宣告破产;乙方在毕业离校前升学、入伍、被录用为国家公务员或参加国家级地方志愿服务项目;乙方报到时未取得毕业资格;乙方被判处拘役以上刑罚或被劳动教养;法律、法规、政策规定的其他情况。

3. 其他约定

协议未尽事宜,由甲乙双方按照有关法律、法规、规章和政策规定,另行约定,形成补充协议。补充协议可以附在协议书之后,与协议书具有同等的法律效力。关于工作岗位、薪酬、违约金、报到时间的规定等等,都可以在补充协议中约定。

(二)就业协议书的作用

协议书是学校派遣毕业生的依据,学校将根据协议书的签订内容开具毕业生就业报到证和户口迁移证,同时转递学生档案。就业协议书一般由教育部或各省区市就业主管部门统一制表,每位毕业生拥有唯一编号协议书,实行编号管理。

毕业生就业协议书的主要作用有:一是作为毕业生落实用人单位、用人单位同意接收毕业生的主要依据;二是毕业生就业主管部门和高校进行就业管理、编制就业方案以及毕业生就业派遣、人事、户口、档案转接的重要依据;三是可以杜绝用人单位和毕业生在双向选择过程中的随意性,以保护双方的权益,避免给制订毕业生就业计划带来混乱。就业协议在毕业生到用人单位报到、双方签订劳动合同后自行终止。

二、就业协议的签订流程

就业协议书签订形式主要有纸质签约和网上签约两种形式,具有等同的法律效应。为了促进用人单位与毕业生签约工作信息化、便捷化,提高工作实效,教育主管部门会同高校开发启用了毕业生网上签约系统。实行网上签约,大大提高了工作效率,减少环节,方便了用人单位和毕业生,节约了时间。

(一)纸质就业协议的签订流程

①毕业生与用人单位通过双向选择,达成就业意向;
②毕业生与用人单位协商,就协议书各项条款达成一致意见;
③填写好由毕业生填写的内容;
④用人单位在协议书上盖章,毕业生在协议书上签字;
⑤用人单位按管理权限报主管部门和政府毕业生就业工作部门审核备案;
⑥用人单位接收手续齐备后,毕业生将就业协议书上交学校毕业生就业主管部门,进行备案;
⑦学校根据毕业生签约材料编制就业方案,报省级教育厅签发报到证。

(二)网上签约流程

主要包括:
①用人单位在江苏省91job智慧就业平台(http://www.91job.org.cn/)注册账户,申请网签资格授权;
②用人单位登录电子签约系统,查找意向签约毕业生信息,发送签约邀约;
③毕业生登录江苏省91job智慧就业平台,进入电子签约系统,查看意向单位发送的签约邀约详细内容,确认无误后应约;
④学校登录江苏省91job智慧就业平台,进入电子签约系统,查看已网签待审核学生信息,确认相关信息无误后,审核通过;
⑤用人单位和毕业生签约手续完成,可以下载打印电子协议书,双方签字盖章,互作签约依据留存。
⑥学校将毕业生网签信息列入毕业生就业方案,报省级教育厅签发报到证。

三、就业协议签订的注意事项

(一)保护自身权益

就业协商过程中,如果有双方需要相互承诺的部分,一定要在协议书或补充协议上加以说明。毕业生在签约时,一定要注意新约定条款的合理性,考虑对自身权益的保护。对于一些条款如"必须取得学士学位""必须体检合格""服务期多少年""违约金多少"等,毕业生应看仔细,尤其对服务期和违约金等,毕业生要针对自身的实际情况看是否合理,清楚自己承受能力的大小,权衡利弊。毕业生要注意新约定条款一定要以文字形式写下来,避免空头支票。另外,根据我国劳动法规定,用人单位不得以任何理由向毕业生收取报名费、培训费、押金、保证金等，并以此作为是否录用的决定条件。

（二）遵守诚信原则

签订协议书是一件非常严肃的事情，各方一经签署（含网上邀约应约）即具有法律效力，任何一方都有履行协议的责任和义务，不得擅自解除。毕业生在签订就业协议书后，应践行契约精神和职业诚信，切忌"脚踩两只船"，否则既损害自己的利益，又影响了学校的声誉，而且如随意违约，将会影响用人单位对学校人才培养管理的不认可，影响到本校下一年度毕业生的就业工作。即使因多种原因要提出解约，也要注意方式方法，与用人单位良好沟通，并切实履行违约责任（如支付违约金等）。广大毕业生在签约过程中，一定要做到慎重选择，认真履约。

（三）及时签订劳动合同

签订就业协议书后，一定要及时签署劳动合同，进一步明确劳动内容、劳动报酬、保险福利、服务期限等事项，以免发生纠纷。正式的劳动合同可能是学生毕业前签订、毕业后生效的，也可能是毕业后签订、立即生效的。一般就业协议书也会在劳动合同生效时，而终止其效力。

（四）关于公务员、升学优先的问题

江苏省教育厅制定的就业协议书附加条款中规定："乙方（毕业生）在毕业离校前升学、入伍、被录用为国家公务员或参加国家及地方志愿服务项目，本协议解除。"该条款需得到签约单位的认可，方可生效。

第三节　正确签订劳动合同

劳动合同是规范就业市场的重要法律依据，是合同双方维护自己权利的法律武器。求职者在签订合同时，一定要对合同内容斟酌清楚仔细推敲，以防掉进合同陷阱。

一、劳动合同概述

（一）劳动合同的概念

《劳动法》规定，建立劳动关系应当订立劳动合同。劳动合同是劳动者与用人单位确立劳动关系、明确双方权利和义务的协议。其内容涉及工作岗位、工作内容、劳动报酬、工作时间、休息休假、劳动保护、劳动纪律、保险福利、职工培训等方方面面，劳动权益和义务更加明确。有了书面劳动合同，劳动者在用人单位工作期间就有了保障，即使日后发生劳动争议，书面劳动合同也是证明劳动者身份和确定双方权利义务关系的重要文件。

劳动合同的主体是劳动者和用人单位，《劳动法》第十七条规定："订立和变更劳动合同，应当遵循平等自愿、协商一致的原则，不得违反法律、行政法规的规定。"而2012年修订的《劳动合同法》对维护广大劳动者的合法权益，构建和谐劳动关系，促进经济发展和社会进步，保持社会稳定具有重要意义。

（二）劳动合同的作用

劳动合同依法订立具有法律约束力，在保护劳动者的合法权益、协调稳定劳动关系等方面有着重要作用。当事人必须履行劳动合同规定的义务。

首先,劳动合同是劳动者实现劳动权的有效法律途径。

其次,劳动合同是维护劳动者的合法权益的法律保障。《劳动法》确认了劳动者应有的各项基本权利,如劳动权、劳动报酬权、劳动保护权、休息权、获得物质帮助权、民主管理权等,并为这些权利的实现提供了切实的保障。在劳动者和用人单位订立的劳动合同中,应对有关事项进行详细而完备的约定,如劳动报酬、劳动条件、社会保险、福利待遇等。一旦用人单位违反合同,劳动者就可以依据法律规定保护自己的权益。

最后,劳动合同有利于保持劳动关系的相对稳定,减少劳动争议的发生。

(三)劳动合同的类型

劳动合同分为以下三种类型:

①固定期限劳动合同,是指用人单位与劳动者约定合同终止时间的劳动合同。

②无固定期限劳动合同,是指用人单位与劳动者约定无确定终止时间的劳动合同。

③以完成一定工作任务为期限的劳动合同,是指用人单位与劳动者约定以某项工作的完成为合同期限的劳动合同。

需要注意的是,无固定期限合同是指劳动合同没有一个确切的终止时间,合同期限长短不做约定,但并不是没有终止时间。事实上,除了没有"合同期满"这一终止条件外,无固定期限劳动合同与固定期限劳动合同并没有很大区别。只要符合法律规定的条件,劳动者与用人单位都可以依法解除劳动合同,劳动者退休、死亡,用人单位破产、注销等法定事宜出现也会终止劳动合同。

二、签订劳动合同的注意事项

毕业生到用人单位报到正式走上工作岗位后,都需要和用人单位签订劳动合同。下面我们就结合《劳动合同法》来说一说签订劳动合同的注意事项。

(一)劳动合同签订时间

用人单位与劳动者应当在建立劳动关系的一个月内签订劳动合同。如果超过一个月不满一年未签订书面劳动合同,用人单位须向劳动者支付双倍工资;如果超过一年未签订书面劳动合同,用人单位需要向劳动者支付11个月的双倍工资,同时,签订无固定期限劳动合同。如果在就业过程中,求职者遇到了上述情况,可以通过协商、申诉、仲裁直至诉讼的渠道要求赔偿。

通常情况下,用人单位与劳动者经协商一致,双方在劳动合同文本上签字盖章后劳动合同即生效。如果双方对劳动合同生效时间或生效条件有约定的,到达约定的时间或约定的条件成立时劳动合同生效。但不论劳动合同何时生效,并不直接产生劳动关系建立的法律效果。建立劳动关系,应当签订书面劳动合同,但签订了书面劳动合同并不一定建立了劳动关系。劳动关系的建立以用工开始为标志。

(二)劳动合同条款

签订劳动合同是求职过程的最后一个阶段,也是整个求职过程的重中之重。毕业生在签订劳动合同之前,应与用人单位认真协商,切忌草率签订,特别要注意劳动合同是否具备《劳动合同法》规定的必备条款,以及有关用人单位义务和劳动者权利的条款是否缺失。正规合法的劳动合同应包含以下九个方面的固定条款

①用人单位的名称、住所和法定代表人或者主要负责人;

②劳动者的姓名、住址和居民身份证或其他有效身份证件号码；
③劳动合同期限；
④工作内容和工作地点；
⑤工作时间和休息休假；
⑥劳动报酬；
⑦社会保险；
⑧劳动保护、劳动条件和职业危害防护；
⑨法律、法规规定应当纳入劳动合同的其他事项。

劳动合同除前款规定的必备条款外，用人单位与劳动者可以约定试用期、培训、保守秘密、补充保险和福利待遇等其他事项。同时，在法律责任中规定，用人单位自用工之日起超过1个月未与劳动者订立书面劳动合同的，应当向劳动者每个月支付2倍的工资。

(三) 试用期

试用期是指包括在劳动合同范围期限内，用人单位对劳动者是否合格进行考核、劳动者对用人单位是否符合自己要求也进行考核的期限，这是一种双方双向选择的表现。

根据《劳动合同法》的规定，劳动合同期限三个月以上不满一年的，试用期不得超过一个月；劳动合同期限一年以上不满三年的，试用期不得超过两个月；三年以上固定期限和无固定期限的劳动合同，试用期不得超过六个月。以完成一定工作任务为期限的劳动合同或者劳动合同期限不满三个月的，不得约定试用期。

试用期间工资不得低于本单位相同岗位最低档工资或合同约定工资的80%，不得低于用人单位所在地的最低工资标准。

劳动关系一旦建立，用人单位就应依法向劳动者及时足额支付劳动报酬，为劳动者缴纳社会保险，包括：养老保险、医疗保险、工伤保险、失业保险、生育保险、住房公积金。试用期包含在劳动合同期限内。同一用人单位与同一劳动者只能约定一次试用期。

用人单位应当严格执行劳动定额标准，不得强迫或者变相强迫劳动者加班。用人单位安排加班的，应当按照国家有关规定向劳动者支付加班费。用人单位也不得以试用期为由随意压低工资、拒交社保等，这些行为是违法的，若发生以上情况，劳动者可以向用人单位所在地的劳动部门进行投诉，也可到劳动仲裁部门申请仲裁维权。

经典案例

公司以双方签有"三方协议"为由，拒绝签订劳动合同

小赵是国贸专业应届毕业生，毕业后入职某贸易公司，双方并未签订劳动合同。就此，贸易公司解释称：公司、小赵及小赵的毕业学校间签订有"三方协议"，协议已经确定了小赵的劳动关系，因此公司无须与小赵另行签订劳动合同。小赵接受了公司的解释，未再就劳动合同问题提出异议。一年后，小赵与贸易公司就工资支付问题发生争议，小赵提起劳动仲裁、诉讼。贸易公司以双方间无劳动合同为由，主张与小赵之间并无劳动关系。虽然，最终法院依据其他相关证据材料认定了小赵与贸易公司的劳动关系并判决贸易公司向小赵支付工资，但双方间没有劳动合同文本的客观情况确实给小赵此前的维权行动造成了不小的障碍。

案例感悟:劳动合同是用人单位与劳动者之间存有劳动关系的重要证明,是劳动争议案件中劳动者一方的重要证据。案例中,贸易公司将"三方协议"视同于劳动合同,并以此为由未与小赵签订书面劳动合同的行为有违法律规定。"三方协议"即《毕业生就业协议书》,是明确毕业生、学校、用人单位三方在应届毕业生就业过程中权利义务的书面文件。而劳动合同是用人单位与劳动者就工作岗位、工作待遇等劳动法上权利义务关系进行约定的书面文件。因此,在签订有"三方协议"的情况下,用人单位仍应依法与劳动者签署书面劳动合同。

公司以"培训考察"等为由,拒绝签订劳动合同

小李是药学专业毕业生,毕业后入职某医药公司。公司提出,需要六个月到一年的时间对小李进行"试用考察",小李通过该段"试工期"后,双方再签订劳动合同。六个月后,医药公司以小李在试用期表现不佳、无法通过"试工期"为由,与小李解除劳动关系。经过咨询相关法律人士,小李提起劳动仲裁、诉讼,要求医药公司支付未签劳动合同二倍工资差额,最终得到法院支持。

案例感悟:案例中,医药公司以"试用考察"期为由,拒绝与小李签订劳动合同,有违法律规定。依据劳动法律法规,劳动关系自用工之日起建立,而"用工"是一种客观、事实状态,与双方有无"试用"约定无关。因此,即使是约定有"试用期""考察期",用人单位仍需与劳动者签订劳动合同。那么,如果遭遇用人单位拒绝签订劳动合同,应怎样维权呢?劳动者可以考虑以仲裁、诉讼的方式,依据《劳动合同法》第八十二条的规定,要求用人单位支付未签劳动合同二倍工资差额。

(四)关于劳动合同的解除

用人单位与劳动者协商一致,可以解除劳动合同。劳动者提前三十日以书面形式通知用人单位,可以解除劳动合同。劳动者在试用期内提前三日通知用人单位,可以解除劳动合同。

1. 用人单位有下列情形之一的,劳动者可以解除劳动合同:
①未按照劳动合同约定提供劳动保护或者劳动条件的;
②未及时足额支付劳动报酬的;
③未依法为劳动者缴纳社会保险费的;
④用人单位的规章制度违反法律、法规的规定,损害劳动者权益的;
⑤因用人单位过错致使劳动合同无效的;
⑥法律、行政法规规定劳动者可以解除劳动合同的其他情形。

用人单位以暴力、威胁或者非法限制人身自由的手段强迫劳动者劳动的,或者用人单位违章指挥、强令冒险作业危及劳动者人身安全的,劳动者可以立即解除劳动合同,不需事先告知用人单位。

2. 劳动者有下列情形之一的,用人单位可以解除劳动合同:
①在试用期间被证明不符合录用条件的;
②严重违反用人单位的规章制度的;
③严重失职,营私舞弊,给用人单位造成重大损害的;
④劳动者同时与其他用人单位建立劳动关系,对完成本单位的工作任务造成严重影响,

或者经用人单位提出,拒不改正的;

⑤因劳动者过错致使劳动合同无效的;

⑥被依法追究刑事责任的。

还有一些情形下,用人单位可以解除劳动合同,但"应当提前三十日以书面形式通知劳动者本人",并"应当按照国家有关规定给予经济补偿"。例如"劳动者不能胜任工作,经过培训或调整岗位仍不能胜任工作"等;毕业生还应该了解在"患病或者负伤,在规定的医疗期内""女职工在孕期、产期、哺乳期"等,用人单位不得与劳动者解除劳动合同。

小贴士

五险一金

五险一金是指用人单位给予劳动者的几种保障性待遇的合称,"五险"指的是五种保险,包括养老保险、医疗保险、失业保险、工伤保险和生育保险;"一金"指的是住房公积金。其中养老保险、医疗保险和失业保险,这三种险是由企业和个人共同缴纳的保费,工伤保险和生育保险完全是由企业承担的,个人不需要缴纳。这里要注意的是"五险"是法定的,任何单位都须依法缴纳。

就业协议与劳动合同比较

就业协议是高校毕业生与用人单位确立劳动关系的依据,劳动合同是劳动者与用人单位确定劳动关系的法律形式,两者在确立劳动关系这点上是相通的。但就业协议和劳动合同还在某些方面有着不同的内涵和区别。

(1) 签署时间不同。就业协议一般在学生毕业前签订,劳动合同是学生毕业后方可签订。对毕业生来说,到用人单位报到后,双方签订劳动合同,原就业协议随之失效。二者分处两个相互联系的不同的阶段,并发挥不同的作用。

(2) 签署内容不同。就业协议与劳动合同是用人单位聘用毕业生所订立的两种书面协议。就业协议可规定毕业生自身情况、就业意向、用人单位同意接收、学校派遣等。劳动合同依法必须明确劳动合同期限、工作内容、劳动保护和劳动条件、劳动报酬和劳动纪律、合同终止条件,以及违反合同的责任等必备条款。

(3) 法律效力不同。学生签订毕业生就业协议的时候,仍属于在校学生的身份,学生和招聘单位之间的关系还不是劳动法意义上的劳动关系,但这并不意味着就业协议就没有约束力。事实上,作为一般民事协议,在平等、自愿等基础上建立起来的毕业生就业协议受法律保护,任何一方无正当理由任意违反都要承担相应的违约责任。

因此,大学生在决定签署就业协议前,要认真对待就业协议的约定,特别是其中的违约条款,以免给自己造成损失。另外,在约定违约金时金额要合适,以免违约造成更大的损失。

第四节 高校毕业生就业权益及维护

在当前大学生就业市场中,由于就业法律法规不健全、部分用人单位用工不规范、大学生自身维权意识不强、就业权益申诉渠道不畅等原因,高校毕业生在求职、就业过程中,就业权益受到侵害的现象时有发生。了解大学生享有的就业权益、常见的侵权行为、就业权益保障的基本方式,学习和掌握与大学生求职就业密切相关的法律法规,对维护毕业生的合法权益、提高就业能力将有很大的帮助。

一、高校毕业生应享有的就业权益

大学生作为自身权益的主体,应主动加强对我国就业相关政策法规的学习,明确知晓自身就业权益和维权路径,增强法律维权意识,提高维权能力,这样才能在择业、就业过程中避免精神上的伤害和经济上的损失。毕业生在求职过程中应享有的最主要就业权益有以下几项。

(一)信息知情权

大学生在择业、就业过程中,有权了解国家关于就业的法律法规和方针政策,获知用人单位发展实际与岗位要求、工作环境、劳动报酬和发展前景等各方面的情况。任何单位或个人不得隐瞒或是欺骗。毕业生所在高校、各地就业主管部门需确保学生能及时、全面地获知相关信息,并对其中的疑问做出权威解释。

(二)就业选择权

毕业生有在国家就业方针、政策指导下自主择业的权利。除委培生、定向生外,其他高校毕业生在求职中享有自主求职的绝对权利,按照自己的兴趣、爱好和能力可以自主地选择用人单位,学校、其他单位和个人均不得干涉。毕业生可结合自身情况,自主与用人单位协商,达成意向后即可签订就业协议,家长、学校和用人单位可以适时提供一定的指导。

(三)平等就业权

大学生在就业过程中应有获得公平就业环境和公正对待的权利。不因性别、学历、经验、生理健康等原因受到排挤。公平竞争是自主择业的前提,是大学毕业生在择业过程中的一项基本权利。维护大学生的平等就业权,才能够让大学生在就业过程中获得同等的机会和资源,促使大学生专业素养、工作能力成为就业竞争力中的核心因素。

(四)就业签约权

大学生享有与用人单位平等协商、签订就业协议书和劳动合同的权益。签订就业协议和劳动合同是明确各方权益责任、为大学生就业权益维护提供依据的重要基础。用人单位不得以各种理由拖延签约时间,不履行签约义务。

(五)追究违约权

大学毕业生与用人单位签订就业协议,是双方遵循平等自愿、协商一致的原则达成的,双方均有遵守协议约定的义务,任何一方不得擅自毁约。如果用人单位不能按照就业协议的约定履行,毕业生有权要求用人单位提供赔偿。

二、高校毕业生应履行的就业义务

大学毕业生就业的义务是指毕业生在就业活动中应对国家、社会、单位承担的责任。在就业过程中,大学毕业生在享有法律、法规和有关政策规定的权利的同时,也应当履行自己的义务。

(一) 责任义务

大学毕业生是国家培养的高等专业技术人才,虽然毕业生在就业时获得相当大的自主择业及其他权利,但不能排除服从国家需要的义务。当国家重点建设项目或某行业急需人才时,毕业生理应积极地、有责任地依托自己的职业行为,主动用自己所学的知识报效国家、社会和家庭,承担起自己应尽的责任。

(二) 诚实义务

大学毕业生应向用人单位进行自我推荐、自我介绍和接受考察时,有义务全面真实地反映个人情况。毕业生向用人单位提供的自荐材料应全面和实事求是,不能弄虚作假、夸大其词。

(三) 守信义务

诚实守信是对毕业生职业道德的基本要求之一。大学毕业生要认真履行就业协议。毕业生与用人单位的就业协议书一旦签订,将具有法律效应,即在通常情况下,毕业生将不得选择其他单位,用人单位也不会用其他人取代该毕业生。毕业生必须增强信用意识,自觉履行遵守协议的义务。

三、高校毕业生求职侵权行为分析

(一) 就业侵权的行为种类和表现

就业侵权行为是侵权行为人违反法定义务,侵害毕业生在就业过程中受国家法律和政策保护的权益,给毕业生造成一定损害并承担法律责任的行为。在实际求职过程中,诸如此类的侵权现象不胜枚举,严重侵害了毕业生的平等求职权益,比较常见的就业侵犯行为有以下几个方面:

1. **性别歧视**

这是女大学生最常遭遇的一种求职歧视,如限制女生前来应聘;提高同一岗位对女生学历、技能等方面的要求;变相对女大学生设置求职障碍等。

2. **经验歧视**

在部分应届毕业生专场招聘会上,不少单位提出"具有相关工作经验"的招聘条件。由于应届毕业生没有工作经验,一味强调对工作经验的要求,这实际上就是一种经验歧视,而这种歧视在大学毕业生求职过程中的影响是最大的。

3. **学历歧视**

学历和毕业学校,是很多招聘方在聘用求职者过程中的首要筛选条件。面临人才的"高消费"现象,许多用人单位盲目追求高学历,违反了人职匹配的人才选聘原则。

4. **生理健康歧视**

如部分单位对毕业生的身高、相貌、体重等提出过分要求,有毕业生因为长相的原因而屡次遭到用人单位的拒绝,有单位将符合其他招聘条件、身体稍有微疾的毕业生拒之门外,等等。

5. 侵犯隐私权

求职时,毕业生往往会按照要求在相关网站或招聘材料上留下自己电话、身份证号码等个人信息,这些个人信息属于个人隐私部分,未经本人同意是不允许公开、泄露和出售的。但由于种种原因,某些不法商家有意套取,或者由于个别工作人员的疏忽,导致这些个人信息泄露,给求职者带来不必要的麻烦。

(二) 常见求职陷阱

大学生在就业市场中属于弱势群体,社会经验薄弱,求职心理迫切,很容易就会陷入各种就业陷阱。求职陷阱以侵害大学生的权益为目的,形式五花八门。因此,高校毕业生必须在求职过程中提高警惕,强化自我保护意识。

1. 试用期陷阱

有些用人单位在招聘时,不明确告知试用期,试用期工资很低,或无故延长试用时间,试用期结束后用人单位又以应聘者不合格为由拒绝签约。关于试用期,毕业生们一定要牢记《劳动合同法》中规定:试用期最长不超过6个月;试用期只能在劳动合同中约定,不允许单独签订试用期合同。

2. 协议陷阱

(1) 口头承诺。毕业生与用人单位达成录用意向,但仅是口头约定,没有签订任何合同、协议,或协商约定的某些权益未在协议书上予以体现,一旦毕业生就业权益受到侵害,因为没有凭证,很难举证,极易遭到不公平待遇。

(2) 不平等协议。部分大学毕业生维权意识缺乏,在求职过程中处于弱势地位,对不平等条款不了解或不敢提出异议,使就业协议一定程度上成为霸王约定。

(3) 就业协议代替劳动合同。有些用人单位以就业协议代替劳动合同,在学生毕业上岗后,不及时签订劳动合同。很大原因是这些用人单位在就业协议中的某些约定不符合劳动法规定,就一再拖延和毕业生签订劳动合同。

3. 廉价劳动力陷阱

有些用人单位不讲究诚信,以各种方式,如无故克扣工资、不缴纳社会保险费、加班不付加班工资等,把刚刚毕业的大学生当作廉价劳动力使用。按照《劳动法》以及国家有关规定,企业必须为员工缴纳各类保险的部分费用,由员工缴纳的部分,也有明确的数额规定。

4. 骗财夺智陷阱

有些单位以招聘为幌子,待应聘者交完体检费、培训费之后就"人去楼空"。还有些不法企业利用毕业生涉世不深,不懂就业权益法规,大肆侵占应聘者的劳动成果。他们通过收取简历、组织面试,剽窃应聘者殚精竭虑做出的策划文案、广告设计、计划书、创意成果。最终求职者没得到工作,而用人单位却不劳而获。

5. 高薪承诺陷阱

招聘单位对招聘岗位介绍故意夸大说辞,开出高薪,承诺优厚的工作条件和今后发展空间,诱惑求职者冲动签约。但等真正入职后才发现实际情况和签约前的约定差距甚大,此时再想变更,却因已经签约,可能需要支付一笔不菲的违约金,求职时间和金钱都遭受损失。

四、高校毕业生就业权益维护

(一)面对招聘"暗礁",如何做好防范

1. 通过正规网站或途径查找招聘信息

学校每年会对来校招聘或在就业网站上发布招聘信息的单位资质与招聘信息的合法性、真实性和有效性进行严格审查,并进行甄选,为毕业生筛选出行业内众多优质单位和岗位,所以毕业生们应充分关注和了解学校就业相关平台上发布的就业信息。

2. 核实招聘企业的真实性

对企业的工商注册情况、企业信用情况等进行一些简单的调查。求职者可以通过以下网站查询招聘单位的真实性和合法性:全国组织机构统一社会信用代码数据服务中心(https://www.cods.org.cn);国家企业信用信息公示系统(http://www.gsxt.gov.cn/index.html);天眼查(http://www.tianyancha.com)。

3. 保护好个人证件与财物的安全

简历中其实包含有大量的个人信息,所以我们可以对简历中填写的家庭住址、身份证号等信息模糊处理,避免被不法分子利用。在远程面试中,如果面试官试图获取求职者的家庭情况等隐私信息,要提高警惕,必要时对涉及个人隐私的问题要拒绝作答,不给诈骗分子可乘之机。

4. 谨慎提供个人证件和其他资料

在求职过程中,不要随便把身份证、毕业证等证件交由中介机构或个人保管,防止被一些不法分子盗用个人身份信息。使用身份证复印件时,身份证复印件要注明身份证的用途,以及"仅可使用一次,再复印无效"等语句。

5. 警惕应聘收费行为

应聘时,以任何名义向求职者收取报名费、培训费、抵押金、服装费、风险金等收费行为,都属于违法行为。或以其他方式变相收费时,一定要提高警惕。

6. 应聘后签订书面合同

在应聘成功后,一定要与用工方签订书面合同,特别是要写明工资数额、计酬方式、福利待遇、保险交纳、事故赔偿等条款。

不管哪种就业陷阱,都有一个共同点:就是用人单位利用求职人期望过高、求职心切、经验不足的特点,通过各种手段榨取他们的钱财和劳动力。毕业生就业不仅要主动尝试,还要有良好的心态,更要办理正规书面手续来维护自己合理的利益。另外毕业生一定要熟知法律法规,善用法律救济,掌握合法的维权手段。如果毕业生在就业中遇到劳动保障方面的问题,可以及时拨打全国统一的劳动保障公益服务热线12333,咨询劳动保障方面的政策,维护自己的合法权益。

小贴士

遇到求职陷阱你该怎么办?

1. 如被欺诈或误入非法行业,应立即向公安机关报案。

2. 合法的中介机构应持有《职业介绍许可证》或《人才中介服务许可证》《营业执照》《税务登记证》《收费许可证》等。如果遇到无证照或证照不全的中介,应及时向有关的劳动部门、工商管理部门或公安部门反映。

3. 如果遇到用人单位发布虚假招聘信息,信息中所列待遇、薪酬与实际情况严重不符的,求职者应向劳动部门反映,请求查处。

4. 用人单位以招聘推销员为名,订立销售员不可能完成的任务,致使销售员不能获取报酬的,其行为系以欺诈手段建立劳动关系,同样违反了法律的有关规定,如果其行为触犯刑律,应由相关部门追究刑事责任。

5. 对于因用人单位或中介机构收取一定中介费用后搬迁消失的情况,如果是正规中介机构或有营业执照的用人单位,可向劳动部门投诉;如果没有营业执照的用人单位,则可向所在地公安部门报案,由公安部门查实。

6. 对境外就业的毕业生应谨防非法中介机构的陷阱。无论是在国外办理出境时的中介机构,还是去国外后面对外国的中介机构,都应该仔细查看这些机构的资质证明。

(二)毕业生就业维权途径

毕业生在求职过程中往往会遇到一些侵害毕业生权益的行为,可通过以下途径对自身权益实施保护:

1. 各级政府和毕业生就业主管部门的保护

各级政府都在加大监管力度,打击不良招聘行为,净化就业市场,维护就业环境。毕业生就业主管部门也有相应的规范性文件来维护毕业生的权益,并对侵犯毕业生权益的行为予以抵制或处理。如遇侵权,毕业生可及时向行政主管部门进行举报、申诉,情节严重的应及时向公安机关报案。

2. 学校的保护

学校对毕业生权益的保护最为直接,保证就业工作的顺利进行。对于用人单位在录用毕业生过程中的不公平、不公正行为,有权予以抵制,以维护毕业生的合法权益。对于用人单位与毕业生签订的不符合国家有关政策规定的就业协议,学校有权拒签。未经学校审核同意的就业协议不能作为编制就业方案的依据。毕业生在求职过程中遇到侵权问题,应及时取得老师和学校的支持和帮助,以便将损失降到最低。

3. 毕业生自我保护

毕业生自身也要在就业过程中加强自我保护。首先,认真学习、深刻领会就业有关的政策、法律、法规,了解目前国家关于毕业生在就业过程中的权利和义务,这是毕业生权益自我保护的前提。其次,毕业生自觉遵守有关就业的政策、法律、法规,接受其制约,保证自己的就业行为不违反就业规则,不侵犯其他毕业生和用人单位的合法权益。最后,毕业生应学会运用法律手段维护自身的合法权益,如发生协议争执、合同纠纷或用人单位以种种借口无理拒绝接收等自身权益受到侵犯的行为,毕业生可依据有关政策规定或法律条款向学校就业部门或用人单位的上级主管部门进行申诉,求得他们的协调帮助;若调解失败,可提交当地劳动、人事部门的仲裁机构进行调解和仲裁,必要时可向人民法院提起诉讼。

经典案例

某校2020届毕业生李某,在2020年5月找到了一份工作。因临近毕业,他见很多同学都签订了就业协议,就不假思索地与某公司签订了就业协议书,并上报了就业信息,办理了派遣至就业单位的报到证。毕业后李某去签约单位报到,工作了一个多月后,觉得自己不适合这份工作,在和部门经理电话联系说明了一下后,未和公司办理任何离职手续就离开了。接着,李某又找到了一家新公司,当新单位提出要和李某签订就业协议书时,李某却无法签约。因为每位毕业生只有一份就业协议书,李某之前已用于与原单位签约,并且学校根据这份协议信息,将李某的户档关系转至原签约公司,如需领取新的协议书、办理报到证改签手续,就必须提供原签约单位出具的书面离职证明。李某联系原单位提出要求,原单位人力资源部因李某未办理任何手续就离开公司,要求他支付了一笔不菲的违约金,方可提供离职证明。

案例感悟:每位大学生在签订就业协议时,都应采取慎重的态度,必须在充分了解国家和学校就业政策,及个人兴趣爱好和职位的相关度等情况,经认真考虑后再做出签约决定。如之后出现解约情况,也要严格按照解约事务办理流程来办理,在取得用人单位谅解同意的情况下,妥善办理好解除协议的手续,以免再次就业时,遇到难以解决的问题。

第三篇

医药创业启航篇

第十一章

医药类大学生创业基础

随着知识经济的兴起、科学技术的进步,当前大学生就业环境已经发生了巨大变化,而且还将持续变化。与此同时,伴随大学文化中开拓创新精神的日益发展,当代大学生的就业观和实际选择都会与传统观念和传统行业产生不同程度的碰撞。由此,一些就业新形式和新趋势开始萌芽。

调查显示,受到职业满意度、岗位稳定性和个人成就感等诸多内在因素的影响,选择自主创业道路已成为越来越多的"95后""00后"的就业新去向。B2B、O2C、智造器械、移动医疗、DTP药房等新的行业变革不仅催生了专业领域的新业态、新模式、新职业,也让创新创业教育引起高校和大学生的重视和关注。

第一节 大学生创业概述

现阶段,谈及创业,往往会被简单理解为"成立一家小公司、开设一间实体门面或者线上网店"等经营行为。但实际上,在我们身边,如今已有很多优秀大学生依靠自身才智,在各个产业领域大展拳脚,甚至所创办的公司正以前所未有的成长速度发展为独角兽公司、上市企业、行业翘楚。

通过梳理,我们可以将新时期的创业表现形式概括为两类:

一是将自身可调用资源与资本、设备、人才等生产要素相结合的商业化行为。这种类型基本上都是因为所涉足的市场尚处于起步阶段或现存经营格局中存在利润空间而形成最原始创业动力,餐饮、物流、信息服务等初创型小微商业体成为常见选择。

而聚焦于医药范畴,与专业相关的文化创意、健康饮食、保健品、医药信息咨询等创业路径,是医药类大学生初入市场的常规方向。

二是科技创新的综合应用和产业化行为。该类型则多以具有市场竞争优势的技术为驱动力,常以专业化科技公司、技术型股份制企业等主体形式出现。比如,微软、腾讯等知名企业。

然而,医药领域内,由于新药研发投入、药品生产许可等环节均为高投资门槛,因而作为药学专业从业者,走出校门即能踏入科技创新型创业赛道,就更显得难能可贵。

一、大学生选择创业的前提条件

创业是一项极具挑战性的行为,对综合素养和能力的要求很高。较高的个人素质和能力组成是创业成功的基础和前提。对于有创业意愿的大学生而言,及早地认识自我、锻炼自我、悦纳自我,对今后的选择和发展十分关键。

首先,认识自我可以从创业成功的大学生共有的几项基本素质来进行比照:

（一）大学生创业者内在素质

除了先天的创业意识之外,创业者要有较高的创业素质。它是在人的心理素质和社会文化素质基础上,在环境和教育影响下形成与发展起来的,在社会实践活动中全面地、稳定地表现出来的,并发生作用的身心组织要素结构和技术水平;它是知识经济社会人才素质的重要内容,是制约创业实践活动最终达成目标的主体因素。

创业素质的内涵丰富,对不同人群的侧重点有所不同,聚焦于大学生,大体包括以下五个方面:

1. 优良的思想政治素质

做任何事情,方向一旦选择错误,走得越远,也就越失败。之所以将思想政治素质放在首位谈及,就是由思想政治的重要方向性意义决定的。

它包括创业者的政治立场、政治理论认知、思想观念、对社会运行方向的洞察力、对国家宏观政策的敏感性等内容。大学生创业不仅仅需要有积极的进取心、强烈的事业心,更要有社会责任感,具备奉献意识和担当意识。胸怀大志才能开发出潜在的创造力,为社会大众谋福祉,实现更高层次的人生价值。

2. 健康的心理素质

创业层面的心理素质由创业者的自我意识、性格、气质和情感等多重心理共同构成。自信而不自负,应为大学生创业者自我意识的特征;开朗、坚毅、果敢,应为大学生创业者的性格特征;偏向理性色彩,应为大学生创业者的情感特征。一旦做出决定,就不能因一时的成败影响前行的步伐,成熟、冷静地对待,往往会迎来新生机。

3. 健全的人格道德素质

人格即个性,是指一个人与社会环境相互作用表现出的一种独特的行为模式、思维模式和情绪反应的特征,也是一个人区别于他人的特征之一。大学生只有具备了包括人格道德在内的高层次综合素质,形成正确的世界观、人生观、价值观,才能成为具有健全人格、鲜明时代个性,庄严道德感、使命感与开拓创新精神共融一体的人。

4. 专业的知识文化素质

创业知识是识别、把握、应用商机和实践运营之道,实现创业理想的基础,具有一定的专业属性。传统意义上,创业知识的专业化主要源自创业领域的综合性,其涉及内容包括:

①基本的政策法律知识;
②管理营销知识;
③财务操作知识;
④知识产权保护及管理知识;
⑤人力资源管理知识;
⑥人际交往礼仪等社会学综合知识;
⑦创业方面实务性知识(商业计划书等);
⑧涉足领域的专业知识。

在这些知识储备中,"无法被轻易复制"的专业领域知识才是大学生创业者所需要高度重视的核心知识。简单来说,就是要让未来创业项目最好跟自身专业产生交集。合理利用专业优势建立准入门槛。

5. 全面的能力素质

(1) 持续创新能力

创新意味着变革,是通过自身原创活动在前人发现或发明的基础上执行新设想的能力。它通常包括发现问题、分析问题、发现矛盾、提出假设、论证假设、寻求方法、解决问题和在这些过程中进一步发现新问题从而不断推动事物发展变化等环节。

(2) 团队协作精神

一个好的创业团队是现有创业模式成功的根本保障,集思广益是走向成功的重要途径。为此,一名优秀的大学生创业者必须也是一位具备团队资源整合能力的人,要有"1+1>2"甚至"1+1=11"的主动性和相处智慧。通过塑造团队文化,营造协作氛围,激发集体智慧。

(3) 人际沟通及表达能力

一个创业者在奋斗过程中需要来自组织内外的如员工、合伙股东、投资者、政府管理机构、产品客户和供应商等多方面的支持,良好的人际交往能力对外能够改善与公众(政府、新闻媒体、消费者等)之间的关系,对内能够协调所属各部门成员之间的关系,营造内外环境的和谐氛围,为成功创业打好基础。可见,在与人交往时,沟通和表达能力在创业者能力素质中的重要性。它涉及了人际沟通及表达的主动性、角色定位的准确性、复杂情境的适应性、沟通技巧的有效性、原则性与灵活性。

具体而言,该能力可表现为:运用口头和书面等语言表达管理思想和传递决策信息的良好沟通能力;在具体事件中与创业利益相关者之间的交涉谈判能力;引导内部员工全身心投入工作,唤起创新创业热情的激励能力……

(4) 独立思辨与分析能力

知识的获取依靠的是学习能力,而潜力的激发则需要依靠思辨与分析能力。创业环境有时变幻莫测,相关信息纷至沓来,如果创业者人云亦云、偏听偏信,很容易走入"死胡同"或遭遇"创业陷阱"。

思辨和分析能力,是人在对待各种事物时所展现出的该个体基础思维高低的有效体现,也是其身处学习、生活和工作中的逻辑指导。每个人的思辨和分析能力各不相同,同一个人在不同的环境下和不同的情形中也会有不同的思辨和分析能力。好的思辨和分析能力让人出类拔萃,反之,则会令人碌碌无为。

(二) 大学生创业的外在条件

1. 良性的行业氛围

改革开放几十年来,我国整体经济实力迅速增长,GDP 总量和市场多元类型大大增加,群众生活需求容量日益旺盛,行业革新变化提速。那么,加快转变经济发展方式、调整优化经济结构,将依然是较长时间内我国经济发展的主基调。大学生创业需要主动贴近科技进步与创新,靠拢资源节约型、环境友好型的社会新发展方向,迎合新能源、新材料、生物医药等战略性产业的创业类别,施展才华,体现价值。

2. 足量的启动资金

社会调查表明,时机成熟、方向明确都不是大学生走向创业之路的决定因素,"缺乏启动资金"才是首要阻碍。有数据显示,将近50%的大学生因无启动资金而使创业梦搁浅,"寸金难倒英雄汉"显然不是一句笑谈,而是大学生创业现实中的拦路虎。

曾有人说:创业先过冬。准备好足够的创业启动资金,才有可能让团队成员长时间"共体时艰"。虽说财务压力是每个创业者都会遇到的问题,但我们不能忽视它对创业者精神上的耗损。因此,确保足够的创业启动资金,可以有效降低财务方面带来的负面影响。

3. 合理的人力资源市场

创业本身就是一种劳动形式,劳动就必然需要人力投入。所以,自主创新创业的投入如果想要尽快实现科技成果的产业转化和创新理念的成品落地,不仅需要资本的介入,还必须要有各个层次的人员共同参与其中。这就包括了技术人才支撑和基本的劳动力支撑。

知识经济时代,技术是关键,但技术是由专门人才所掌握的。当代科技迅猛发展、行业竞争日趋激烈,人才是企业创立、创新和持续发展的基础,因此专业人才是创业资源中极为重要的人力资本。

此外,创业活动中事务类型也是多种多样,基础劳动力的配备和成本也会对创业产生影响。充足的人力资源条件将会对大学生创业者带来许多便利,降低时间成本和经营成本。

小贴士

大学生创业必备素质自评表

测评导语:请测评者对下述情形和品质进行认真思索,并确保如实作答。测评结果仅作为您本人创业素质的一般性参考意见,不构成绝对定义作用。请牢记,无论何时何地,自己才是决定是否创业的决策人。

1=强烈反对;2=不同意;3=同意;4=强烈赞成　　　　　　答案

1. 和别人在一起共事时,我总是充当领导者的角色。　1□2□3□4□
2. 只要我下定决心去做一件事情,我总是能做好。　　1□2□3□4□
3. 我有很强的忍耐力。　　　　　　　　　　　　　　1□2□3□4□
4. 对于我参与的任何事,我相信自己可以影响到结果。1□2□3□4□
5. 朋友和同事们大都认可我快速分析问题的能力。　　1□2□3□4□
6. 相比友好却平庸的人,我更喜欢与很有竞争力和挑战性的人共事。
　　　　　　　　　　　　　　　　　　　　　　　　1□2□3□4□
7. 我有办法对付那些表现不好的员工。　　　　　　　1□2□3□4□
8. 我愿意为了美好的愿望放弃本来安全且高薪的工作。1□2□3□4□
9. 当任务繁重时,我可以说服自己克服并完成。　　　1□2□3□4□
10. 如果必要,即使长时间艰苦工作,我也在所不惜。 1□2□3□4□
11. 无论什么事情,我都会力争做到最好。　　　　　 1□2□3□4□
12. 碰到困难或挫折时,我不会轻易放弃。　　　　　 1□2□3□4□
13. 面对挑战时,我的热情更能被激发出来。　　　　 1□2□3□4□
14. 我不喜欢平淡无奇的工作,这让我感到厌倦。　　 1□2□3□4□
15. 我不喜欢别人告诉我怎么做。　　　　　　　　　 1□2□3□4□
16. 我总是精力旺盛,对生活富有激情。　　　　　　 1□2□3□4□

17. 我曾经担任过很多领导者的工作。　　　　　　　　　1□2□3□4□
18. 我对技术有所偏好,喜欢独立思考和完成复杂任务。　1□2□3□4□
19. 遇到问题,我更愿意从自身找原因并改变自己。　　　1□2□3□4□
20. 在别人眼中,我是具有创造力的问题解决者。　　　　1□2□3□4□
21. 我具有良好大局观,并能够在整体和细节之间找到平衡。1□2□3□4□
22. 我能够预测现在的行为会对将来造成怎样的影响。　　1□2□3□4□
23. 为了正常高效的工作,我每天要睡(　　)小时。　　　a□b□c□d□
　　a. 大于等于8小时　　　　　b. 大约7小时
　　c. 大约6小时　　　　　　　d. 小于等于5小时
24. 在我打算创业的行业里,我有(　　)年的经验。　　　a□b□c□d□
　　a. 少于等于1年　　　　　　b. 大约2年
　　c. 大约3年　　　　　　　　d. 大于等于4年
25. 过去的三年里,我生病请假(　　)天。　　　　　　　a□b□c□d□
　　a. 大于等于16天　　　　　 b. 11—15天
　　c. 6—10天　　　　　　　　d. 0—5天

评分办法:请计算所有得分的总和。
90—100:你很适合选择创业之路;82—89:你创业成功率会较高;
74—81:你创业的风险可能比较大;≤73:是否创业请三思而后行。

值得注意的是,这里提及的要素、条件、资源,并非只要具备了就意味着大学生选择创业就一定是自身发展道路的最优解,而是说,只有在满足上述基本前提下,大学生选择创业的成功率更具确定性。所以说,一旦创业志趣有所形成,大学生就需要有意识地接触和积累创业知识,培养个人创业素质和能力。

冰冻三尺非一日之寒,创业之路绝非短途捷径。理论学习、能力扩充、素质提升都不是朝夕之功,它需要创业者尽早决心、立足雄心、懂得虚心、坚定信心,守护齐心,相信创业梦想终将照进现实。

二、大学生创业的优劣势

众所周知,创业活动与其他社会活动一样,都不能脱离一定的社会环境和行业背景。创业者群体必须融入时代大背景之中,形成自我创业实践活动认知,将自身资源和各项条件有效地与社会经济、政治、文化环境相结合,趋利避害、扬长避短,才能谋求生存空间、提高成功率。

(一)大学生创业劣势

1. 资金规模偏小,融资难度偏大

常言道:巧妇难为无米之炊。即使拥有良好市场前景的技术资源,如果没有适量的资本投入,也是很难打开创业局面的。合伙众筹、亲友支持是大学生创业最为熟知的启动资金筹措渠道,采用小额银行贷款、天使融资等渠道的大学生创业者仍然占比较低,其中的主要原因:一是相比于其他社会创业者,"大学生"身份的创业角色更难获取投资方的信任;二是融资形式匹配度不高。小额担保贷款额度低、期限短，难以构成创业发展的持续支撑；大额借款利率压力大，盈利周期和回报率要求高，对初创型创业者难以承担相应责任。

2. 实战经验不足，存在先天短板

获取专业知识是大学生求学生涯的主旋律。尽管各高校逐步重视学生在校期间的创新创业教育培训活动和项目锻炼，与过往相比，通过专题讲座、典型人物及事例宣传、大学生创新训练计划、创业训练营等各种形式，为广大大学生创业践行者们提供了试错、成长的机会。但是，受到时间、空间和学识限制，仅仅依靠校园内部或者大学生层级的创业项目实践、科创类赛事历练，想要获得足够的实战经验积累，使其在今后的创业阶段能够从容应对各种杂症疑难，显然存在着先天不足。

3. 创业思维层面偏差

传统教育理念比较缺乏对青少年的创新创业思维开发和引导。但是，创新创业是一个没有确切答案的竞争性环境，很多现实问题是没有公式套用的，即使类似的情形，有时候彼此之间的解决之道也可能大相径庭。大学生创业实践需要克服传统教育的弊端，务实地学习专业化知识，训练专业化思维，方能有效应对创业机会与组织管理复杂性、创业目标与创业者及团队实际能力有限性等实际困难。

4. 行业技术壁垒阻隔，投入产出比有差异性

医药行业是高投入、高风险、高回报的行业。一款新药的研发成本动辄需要数十亿美元，单是仿制药或独家品种进入生产阶段，其需要的运营成本对于一般大学生来说，都可谓是天文数字。加之生物药物研发技术的崛起，药品研发技术壁垒作为医药创新企业生存的核心存在，越来越成为行业竞争者最为重视的开发内容。

放眼其他行业，虽然移动互联网的兴起，让专业技术和人员比以往更容易流动起来，在提升整体技术水平的同时也变相加大了高精尖技术的保护意识和局面。作为大学生创业较早地熟悉以技术壁垒为视角的行业图谱，去前瞻性地回避技术劣势，无疑是明智之选。

另外，如同不同专业的毕业薪酬千差万别一样，在不同行业之中进行创业投资，其回报率也是各有千秋。虽然不排除低回报率行业中细分市场存在先发机会，但其成功概率毕竟还是属于小数值。而较高回报率的市场必然受到大资本、深耕者的关注和运作，逐步走向集约化或者圈层化。

（二）大学生创业优势

创业之旅绝非坦途，纵然有诸多不利因素和风险存在，但在当前的就业背景下，大学生创业也独具优势，使得创业热潮已成千帆竞发、乘风破浪之势。

1. 专项政策扶持优势

近年来，为了更好地创造大学生创新创业适配环境，我国各级政府不断出台针对大学毕业生群体的优惠政策，制定了一系列具体举措，为大学生群体的创业道路开辟了诸如行政审批程序简化和行政性事务费用减免等"绿色快车道"。

2. 创新创业教育优势

当前，基于人才培养需要和产业用人需求，各高校日益重视校内环境中的创新创业教育及体系建设工作，从方针政策、双创课程、项目实践、创客空间、资金支持等多方面为在校生提供配套保障，使其在寻求政府层面和地方性扶持计划以及创新创业基础理论上，提前占据

了"上风口"的有利位置。

以中国药科大学为例,学校逐步将创新创业教育纳入人才培养方案,大力推进专创融通,构建了"四阶"双创教育体系,涵盖了初阶基础课、项目孵化、科创竞赛等内容。

3. 专属年龄和语境优势

当前,互联网经济日新月异,在算法、5G网络、云计算设备等新技术的支撑下,直播电商行业等日新月异,新生一代作为新的消费模式的接受者,也正在成为这种商业模式的参与者。当中、高年龄阶层感叹新时代年轻人生活快节奏的时候,也恰恰昭示了其背后隐藏的创业机遇。"共语环境"将造就年轻创业者群体与年轻消费群体在专属市场中更为相通,从而形成专属化优势。例如,著名的可口可乐公司青年设计师们及时洞察这一趋势变化,顺势推出创意包装、限量版纪念罐,立即赢得年轻阶层的青睐,使得当季销量持续攀升。

4. 专业知识和智力优势。

在中国高等教育已经快速发展的今天,专业知识和智力资本仍然是大学生创业的特征性优势之一。经过多年的高等教育,大学生具备了优秀的学习能力、丰富的知识储备和创新思维方法,"一专多能"等特点使他们能够快速地将拥有的知识资本转化成为生产力、竞争力。

此外,一些专业的独特性还会带来创业的"小众化红利"。以药学为例,药学英语毕业生在医药领域的优势不容易为其他普通高校的英语专业毕业生所取代,制药类毕业生参与食品类行业竞争,从工艺流程和标准等方面都容易上手。

5. 学校及校友资源优势

对于大学生而言,学校能够为其创业提供各种丰富的资源,如何开发好这个"宝矿",就要看资源整合利用的能力了。

高校是科技创新的资源库,其拥有的技术平台及其他力量是自身创业的资源基地。如果确信自己的创业项目质量,并且今后发展于己于校于社会都是有利的,需要技术支持或者宣传等方面的助力,学校也会设法解决,彰显自身对于大学生创业的价值导向。

人脉资源是一个难以被复制的创业优势。创业者在从事经济活动过程中,扩大社交圈可以掌握更多信息,进而扩大企业影响、寻求更大发展,成为成功创业的捷径。除了特定的领域知识,通过参与校友活动来建立自己的人脉,是快速累积人脉和信用价值的好渠道。对于打算创业和正在创业的大学生一定要充分重视学校的独特优势。学校拥有丰富的校友资源,情感纽带能够让校友间拥有更多信任感和同理心,在校友资源的加持下,集团作战的力量非常明显!

三、大学生创业风险

在欧美等发达国家和地区,大学生自主创业较为普遍,而我国大学生创业比例相对较低,造成这一差距的主因,就是创业已知环境中存在着一些现实风险充当了"拦路虎"的角色。

但是,任何社会活动都有风险,具有高不确定性的创业活动更是如此。大学生由于长期身处固定环境,涉世不深,社会资源匮乏,加之"应试教育"追求公式化寻求确切答案的固有思维,导致进入"创业丛林"后,容易出现"水土不服"等现象。因此,识别创业过程中的风险因素,科学地开展风险管理与规避也是创业基础认知的重要内容。

（一）常见风险的类型

1. 环境风险

环境风险主要指创业行为所处的社会环境、行业政策导向调整、法律法规变化以及意外事件突发而影响其活动成败的风险。以新创企业为例，参与激烈的市场竞争是必然的事情。如果其涉足的领域属于成熟度较高的环境，那么起始阶段就很可能受到同业竞争者通过价格战等方式展开激烈竞争。

正因如此，医药市场中，无论是新创企业还是成长性中大型单位，在没有对医药管理政策进行摸底、分析之前，一般都不会轻易步入已经具备成熟格局的适应证领域去。

2. 技术风险

市场经济大潮中，技术竞争力是创业主体的生命线，是占领市场、发展壮大的核心要素。它既能给创业者带来高回报，同时也能以高风险迅速地将企业带至低谷，甚至生死存亡之地。一个仅靠技术复制或者落后技术来谋求发展的企业是不具备成长性和持久力的。

所以，创业者应当牢固树立技术竞争力意识，加强市场研究，深刻掌握行业信息跟踪和需求变化，形成独立的趋势研判，采取产权保护、价格抑制、赛道回避等措施降低风险。

3. 资金风险

筹资难是所有创业者的共性困境，也往往是一个全程化难题，对大学生创业者更甚。尤其是初创阶段，受制于身份和项目等因素，银行贷款渠道不畅，审批周期较长，风险投资渠道较少，竞争压力大；如果出现几个月入不敷出，或者日常现金流突然断流，轻则影响业务拓展，痛失好局；重则资不抵债，破产清算。

由此可见，量入为出、量力而行，切忌贪大图快、盲目投资，切实做好财务队伍建设，建立资金预警机制，这都是大学生创业在资金方面避免"挖坑、踩雷"的重要原则。

4. 管理风险

管理风险是大学生创业团队分崩离析的主要败因。创建之初，理想共振、激情万丈，忽视基于战略目标的人员设计与组建。随着知识与能力扩围、经验与资金受阻、利益与心理考验各异，初创者以及后来者在创业管理方面需要经历"激流险滩"，往往重大分歧解决失当、管理决策随性而为、重要岗位用人失察、技术部门骨干流失，这些管理风险都会给创业团队带来严重影响。

因此，越是拥有成长基因的创业者，越需要一双能够远视的慧眼，对管理方面做出前瞻性的规划，使得团队事业能够稳定发展。

5. 意识风险

意识上的风险，属于创业活动中更为无形的内在风险。部分大学生创业时，一旦前期商业计划书转变为实际操作，就会遇到创业知识和相关技能缺乏的问题，才能意识到自己眼高手低，苦撑一段时间后只能草草收场。他们中间很多人的创业意识在于赚快钱，而真正能走向成功的人必然要有一个正确的创业意识。

（二）风险管控的常规方法

风险管控需要建立在风险分析的基础之上。通常，创业者会采用以下几种风险管控手法：

1. 事前评估法

即在规划、布置阶段，对将要实施的工作和计划进行充分讨论及类比评估，从而在方案中相应地制定对策,以达成预防风险发生造成重大损失的一种措施。该方法需要重视信息收集,尤其是近似案例或者重要经历人,综合考虑自身综合因素可能增加的破坏性影响。

2. 裁量转变法

即将创业过程中,裁量风险为自身不愿承担的或者超出承担能力、范围的,以可行方式转让给其他机构或个人,从而达到部分转化或完全转移相关风险。比如业务外包、工程转包、风险投保、近远期期货期权的使用,等等。

3. 多元分散法

"鸡蛋不同篮",这句俗语讲的就是这个道理。鉴于单一市场的风险概率,创业者可以在满足资金用度的前提下,通过合理地多元化经营,将未知风险予以分散。比如,多项目投资、多样化商品、多主体联合创新、合资合营和股份制组织等。

4. 化危为机法

风云难测,风险难料。对于已经发生的意外、产生的损失,创业者一方面要积极接受既定事实,另一方面要认真思索、集思广益、运用反向思维等手段,与其他需求或其他资源进行整合,变被动为主动,时常会迎来转机甚至于更为适宜的创业机遇。

综上所述,在如何选择风险管控手法上,创业者既要从经济层面多加考虑,更要从创业总体目标的一致性层面进行思量,兼顾管控方案的可行性和实效性,进而选取最合适的一种管控手法或管控组合方案,以保护创业收益和优化创业处境。

第二节 医药类大学生创业概览

医药行业创业项目启动资金需求大、投资回报周期长、原始创新风险高。因此,对于药学专业类的毕业生而言,如何选取适合的创业模式和定位方向关乎成败。

一、医药类大学生创业模式

(一)大学生创业模式的选取原则

1. 生存原则

"活下来"是最近创业大咖反复警示其他同行者的一个高频词汇。面对激烈的市场竞争,在并不熟知的行业环境下,大学生创业首要原则就是生存,而且是可持续地生存。仅凭年轻朝气蓬勃,初期热情迸发、头脑发热地冒进,很容易陷入进退两难的境地。

2. 护城河原则

巴菲特作为价值投资的成功典范,他所推崇的"护城河"选股原则被广大投资者奉为圭臬。何谓"护城河"呢?从字面上理解,这是为防御敌人进攻而修筑的依靠河水的防御工事。新创意、新模式、新产品都是初期创业者的核心资源。然而,身处互联网时代,信息获取更加快捷、便利,与此同时,这也成为利润风险点之一。没有"护城河"的核心资源,容易被同行和后来人复制,乃至很快超越。所以,成功的创业者不一定是市场中的抢跑选手,只有懂得细分赛道,反复推演,确信可以构建高质量产品或服务的"护城河",才能真正意义上保证自己一直在前行。

3. 降落原则

比让飞机升空更难的是让它平安降落！百年老店、千年技艺,这既是说明核心竞争力的生命周期长,也同时告诉我们,无论你有多大的雄心壮志,任何企业都是有时间边际的。我们在选取创业模式时,有必要审视即将创设的商业模式是否支持创业者能够较为从容地离场。否则,你所获得的仅仅是年度营业收入而已,这与利润存在着差异。换言之,只有选择的创业模式和产品本身具备一定的市场价值和一定数量的客户群,才能实现"着陆"。

(二)影响创业模式选择的关键因素

大学生在选择创业模式时,应根据宏观市场情况和自身条件做出决定,主要考量因素如下：

①目标客户的范围与分布；
②目标客户需求信息清单；
③推介产品或者服务的最有效方法；
④实现销售的最便捷方式；
⑤成本的全要素构成及关联矩阵；
⑥同业竞争对手和产品比较。

二、医药类大学生创业常见模式

自主创业历经萌芽、演变、成熟等阶段,它丰富了民营经济样式、从业人员结构,为社会生产与发展注入了新的活力。在这之中,因为受到长期专业培养等因素的影响,大学生创业基本都会延续专业发展路径,使得类型和特点形成了一定的专业规律和特征。

至于医药领域,基于专业背景要求、产品生产与监管的特殊性等缘由,医药类大学生的创业模式常见以下几种类型：

类型一：技术创新型。

该类型多为掌握药学领域前沿技术的大学生采用,由独立自然人出任法人代表,并进行经营决策。其主要依托新知识、新工艺、新材料或者新经营模式,通过提高产品质量、生产效能、创新服务来占据市场,从而实现创业价值。

当前,众多国内城市的生命科技园区为该类型创业者提供了税费减免、场地低租等多种优惠条件,鼓励技术合作落地,可以有效地为大学生们解决资金筹措、技术空间和其他人力以及配套服务问题。

类型二：CDMO 协作型。

CDMO(Contract Development and Manufacturing Organization)协作类型同样需要技术支撑,但与高新技术型的不同在于"借力成长",即依托其他成熟主体,间接利用其庞大的客户关系网,转化为自身的创业业务量能。也可以简单描绘为：医药领域的技术型"代加工""贴牌",但高阶合作的核心在于"Development",需要创业者能够帮助研发型企业进行实际的技术转让,缩短产品上市时间,带来商业化价值。

类型三：合伙共创型。

此种类型多为亲友共创或师生共创采用,所创办的企业股份和责任按照适当比例予以划分,有时是以出资占比进行界定,有时则是以技术价值折算配比。

另外,该类型较为注重正式组织架构的设立和各分支之间权责利的确认,如业务拓展部、技术研发部、行政事务部、财务部等。其中,专家教授角色往往倾向于技术指导,起到补充、协调的作用;学生管理角色倾向于对应各自专业特长,承担各自管理分工和责任权限。

类型四:代理加盟型。

出于品牌建设周期和集中有限资源等目的,大学生与成熟母体签署代理协议,利用具有影响力的品牌和竞争力产品来谋求增量市场或者营销边际突破,也是医药类大学生可以尝试的模式之一。

其优点在于:规避了正面的市场交锋,利于在成熟管线中开展经营分析,摸索运营技巧,将有限力量发挥出杠杆作用。其弊端在于:共生共存很可能助推市场认可度和客户黏性,导致今后自身品牌和产品的发展空间被压缩。

三、医药类大学生创业途径及特点

(一)现代药用植物种植与药用动物养殖

近年来,医药生产企业研发中药注射剂制品和防疫防控所用中药材用量巨大,近九成中药材的价格持续上涨,太子参、金银花、三七等部分稀缺品种涨幅惊人。药用植物种植也就成为医药类创业者的选取途径之一。其中,部分毕业生充分用好自有条件,回到家乡,确定道地药材方向,按照现代制药生产的原料选材标准,推动中药材种植向生产布局基地化、生产经营规范化、药材质量标准化发展。

另外,由于动物保护等因素,麝香、鹿茸、熊胆、蝎子等原来单纯依靠野生动物源的药用资源,已不再能成为提供渠道。药用动物人工养殖就获得了发展空间和市场价值。据有关部门调研,截至目前,我国养殖经济野生动物的种类达70余种,人工饲养的药用动物主要有鹿类、蝎类、蚁类、蛙类。随着社会的持续发展和人类物质生活的提高,药用动物养殖这一特定方向具有良好的创业前景。

项目特点:①专业性强,能够学以致用;②符合自然环境资源合理开发趋势;③受自然灾害、动物疫情等非人为因素和药材需求资本运作等人为因素的影响大;④中药材规范化管理标准和药用动物制品标准尚不健全,存在产品认证风险,形成特色优势的难度较大;⑤中药材市场基本为存量博弈,药用动物制品市场规模较小,都属于内部竞争压力大。

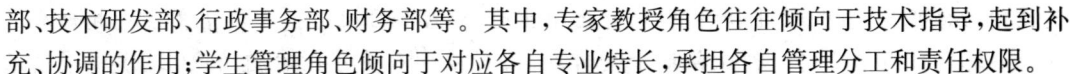

董浩的创业故事

董浩,毕业于中国药科大学国际医药商学院。研究生毕业后,到革命老区金寨县从事灵芝中药材GAP种植、灵芝孢子粉破壁、中药提取工艺研究。现为安徽康缘药业有限公司创始人、安徽大别山朕元生物科技有限公司创始人。个人授权国家专利26项,安徽省科技成果12项。2019年,董浩的创业项目《芝元金寨——助力灵芝产业精准扶贫》荣获江苏省第五届"互联网+"大学生创新创业大赛一等奖。创业公司先后被评为国家高新技术企业、全国科技型中小企业、规模以上工业企业、安徽省认定企业技术中心、安徽省民营科技企业、六安市专精特新企业、六安市认定企业技术中心、优质道地药材示范基地等。2019年,公司销售额5200万元,上缴税收105万元。

董浩的创业生涯开始于硕士在读期间,作为校企合作培养的一名学生,他的研究生毕业论文便在金寨县完成。2016年6月研究生毕业后，董浩和2位合伙人在金寨县一起创办了安徽康缘药业有限公司。创业初期资金薄弱，公司以中药灵芝材种植为主，逐步积累创业资金。

2016年，一产灵芝种植创业阶段。董浩和合伙人一起种植了50亩灵芝基地，每天忙碌于田间地头。基地位于金寨县梅山镇南水村，这里远离城市的喧嚣，每次进山需要驱车百里，山路崎岖，需要3个多小时的车程。2016年的国庆，灵芝基地获得了大丰收，灵芝产品销售额达到了80万元，公司员工也从3人增加到8人。

2017年，二产食品生产企业创业阶段。因为一产种植利润不高，基于公司长远发展考虑，董浩和他的团队思考着如何拓宽收入来源。他们在金寨县金梧桐创业园租赁了2000平方米的厂房，开启了二次创业，筹备组建安徽康缘药业有限公司药食同源食品生产线。刚开始公司资金有限，租赁厂房、人员工资、车间装修、设备进厂，都需要投入，凡事都要亲力亲为，这些对于董浩这个刚从学校毕业的社会新人来说，压力非常大，但他咬牙坚持下来。当年，公司取得了国家食品生产许可证，在二产精深加工方面有了突破，销售额达到了500万元，员工也增加到15人。

2018年，药食同源研发中心创业阶段。董浩将公司前期利润投入新建的安徽康缘功能食品实验室，筹备建设金寨县药食同源研究中心。实验室经过2年的技术积累，目前已开发新产品105款，获得国家专利授权26项，安徽省科技成果12项，涉及中药膏方、方便食品、固体饮料、食用菌、植物油、代用茶等多个领域，拥有核心配方和技术专利。中心成为安徽省认定企业技术中心、六安市认定企业技术中心、食（药）用菌多糖六安市技术创新中心。这一年，公司销售额达到了2000万元，员工人数增加到30人。

——根据相关资料整理

案例感悟：董浩是典型的大学生创新创业产业扶贫项目创始人，他扎根国家级贫困县、革命老区金寨县，充分发挥专业特色，深耕中药材灵芝的GAP种植及深加工产品研发领域。在学校和当地扶持政策和专家指导的助力下，董浩团队用所学的专业知识，创新中药材种植方式、建立深加工产品研发线、拓展产品销售市场，助力灵芝产业发展，为贫困户增加了收入、提供了就业机会、实现了贫困地区的持续"造血"功能，真正将高校的智力、技术和项目资源辐射到广大农村地区。

（二）中药材深加工

目前，随着中医药文化的推广，国际社会对天然药物的需求量也在日益扩大，据不完全统计，全球药品市场中，天然药物制成品已经占到30%，植物药在国际市场份额已达300亿美元，且年增长率达到20%。此外，由于环保意识和生活水平提升，健康消费观念都在悄然改变，中药深加工的饮片、冲剂和提取成分的市场需求不断扩大，所以，中药材深加工亦是医药类创业的有利方向。

项目特点：①专业知识和技术的衔接度高；②稳定、充足的原料供给需要有所保障；③操作空间和设备需要规模化；④产品附加值较高，投入回收比良好；⑤合格率与经济收益关联大。

（三）保健品销售

肥胖症、非胰岛素依赖型糖尿病、高血压、冠心病等慢性病发病率正在逐年上升，我国保健品市场迎来了前所未有的市场机遇。保健品大体可以分为：一般保健食品、保健药品、保健化妆品、保健用品等。其中，保健食品具有功能性食品性质，如：蜂制品、茶饮品、药膳等等；保健药品具有营养性、食物性天然药品性质，常为配合治疗、康复使用，目前我国只允许生产具有免疫调节、调节血脂、调节血糖、延缓衰老、改善胃肠道功能等22种保健功能的食品；保健化妆品不仅有局部小修饰作用，且有透皮吸收、外用内敛作用，如保健香水、膏霜、漱口水等；保健用品属于日常生活中兼具康复和健康保护功效的用品，如按摩器械、中药香囊、磁水器、保健衣帽或挂饰等。

（四）医药国际贸易

当今世界开放格局已经不可逆转。人类生命健康的重要地位决定了国际市场的医药贸易必将蓬勃兴起。广义上，医药国际贸易是指不同国家和地区之间药品、医疗器械、制药装备、医用耗材等有形商品和医疗健康服务、医药知识产权等无形商品的交换。由于医药相关产品具有较高的质量和安全要求，因此医药国际贸易对从业人员的准入门槛较高。对于今后打算从事医药国际贸易的人员而言，除需要掌握国际贸易的专业知识外，还需要了解药学相关知识，如药物制剂、药物分析、药物代谢动力学、药理毒理学等。在此基础上，如果从业人员能积极涉猎国内外药事法规等领域，将对医药国际贸易的开展大有帮助。

项目特点：①领域宽泛，前景广阔。创业立足对象可以是医疗器械、原料药、保健品、药用辅料等，迎合健康需求展开跨国交易；②创业壁垒较高，除了商品贸易基础概念外，还涉及专业和语言以及知识产权等综合技能；③需要具备药品监管视野，才能熟悉国际药品注册、进出口许可等问题；④需要获取对应资质，地域不同，但出于对消费者安全保护的原则，医药产品属于高规格监管商品，这一特性决定了诸如申请进出口许可证等法律文书手续的既定规程。

（五）医药电子商务

医药电子商务是指医药机构、医药企业、药品生产单位等为网络成员，以互联网为核心交易媒介，以网络用户为主要对象，运用各种网络手段满足医药市场需求和认知的行为。网上零售药品销售是我国目前医药电子商务开展的主要表现形式之一，为日益增多的互联网群体提供了一个新型的医疗健康消费环境。

目前，医药电子商务部分依托京东、天猫等网络平台，部分打造官方自营网络购销平台，将原来单一的实体店面服务拓展为线上线下多元化经营。但受制于医药商品的特殊性，这种创业方向需要认真审视监管法律法规，以物流环节为例，根据《药品经营质量管理规范》要求，药品在运输途中必须采取一定的保护措施（如保持对应的温度和湿度），因此线上销售药品的品类并非无条件全面开放的。此外，随着医保管理和政策的变化，如按病种付费制度实施，也会对消费行为产生一定的影响。

项目特点：①对于创业者来说，医药电子商务前景广阔，定能从国内外医药产品销售的新领域发展成为主战场，市场空间大；②准入制度严格，创业者选择医药电子商务方向时，首先要满足开设基本条件；③医药电子商务技术平台开发成本高，竞争大，导致单行业内部毛利润率较低；④该方向讲求认可度，在网络环境中，自身品牌的良好形象是价值巨大的无形资产，美誉度高低对创业成败具有决定性的引导和示范效应；⑤收益曲线与其他方向存在明显差异性，医药电子商务前期困苦，一旦走过收支拐点，后期利润率可观。

（六）高新技术转化

随着人才培养模式的个性化导向，大学生中的佼佼者拥有了更多发挥和尝试奇思妙想的空间。不少技术功底深厚、专业理论扎实的药学类创业者在校期间就开始研发产品，通过技术入股的方式，将科研成果转化成商业股份，注入创业主体，后续完善之后待价而沽。显然，这一方向并非主流，一般来讲，有意于在此领域开创事业的大学生，多数在求学阶段就积极参加各类创新创业竞赛，在同龄人中脱颖而出，也获得了更多校外资本的关注。

项目特点：①对创业者的科研能力有较高要求；②在当下环境中很容易获得政策扶持和资本青睐；③需要知识产权保护意识和能力；④与专业研发机构相比，科研成果的转化率不高，走向市场应用的周期可能较长，风险过关率较低。

第三节　医药类大学生创新能力培养

对于当代大学生群体而言，随着举国上下"大众创业、万众创新"的火热传播和持续推进，各种课程、讲座、竞赛等创新创业教育活动如火如荼，令人应接不暇。其中，不乏一些如比尔·盖茨休学创业等"非全息化"事例而产生的过度引导……

但是，作为创新创业的生力军，尤其面对药学领域这一特定行业，大学生群体必须三思而后行，在正式迈出创业步伐之前，需要认真审视自我，确认自身是否在创新能力和基础素养上得到了充足的学习、锻炼和培养。

在本节中，我们将首先认识新时代提出的"三创"概念，然后，通过对创新创业的核心能力——创新思维能力的研讨，延伸到医药类大学生的塑造路径。

一、创新、创业与创造

（一）"三创"概念

2019年3月10日，习近平总书记在参加十三届全国人大二次会议福建代表团审议时强调，"要营造有利于创新创业创造的良好发展环境。要向改革开放要动力，最大限度释放全社会创新创业创造动能，不断增强我国在世界大变局中的影响力、竞争力"。自此，"三创"概念在各个高校的创新创业理论教育中正式成为高频词汇。

习近平总书记指出，要让市场真正成为配置创新资源的力量，让企业真正成为技术创新的主体。推进以科技创新为基础的创业，推动以制造业创新为主走向制造业与服务业齐头并进，打通科技创新和经济社会发展之间的通道，让一切劳动、知识、技术、管理、资本的活力竞相迸发，释放巨大发展潜能。全社会的创业活动将聚合新的市场主体，激活新的消费潜力，形成新的商业模式，由此，广大中小民营企业将逐步成为市场活力的新的重要源泉，带动中国新一轮高质量发展。

如果说创新创业是经济发展的助推力，那么创造则是新时代高质量发展的必然要求。习近平总书记提出要"推动中国制造向中国创造转变、中国速度向中国质量转变、中国产品向中国品牌转变"。"中国创造"意味着"中国制造"从劳动生产向价值创造、从加工制造向价值链攀升的全面转型，是一场面向国际产业竞争的自觉"品质革命"。伴随中国在全球竞争中主导产业和核心技术的突破式创新以及企业国际市场占有率的不断提高，中国创造正逐步成为全球高质量、高品质的代名词。

从这些论述中,我们可以看到,创造强调精神。在精神动力上,创造需要大力弘扬爱国、创新、求实、奉献、协同、育人的新时代科学家精神,也需要激活和保护企业家的创业创造精神,更需要发扬普通民众的劳动和工匠精神。创业重在实践,创业需要"激发企业家精神,发挥企业家才能",冒险、创新、永不满足、服务社会的精神是创业的内在动力。创新侧重思维,既需要激发科技工作者的创新求变精神,也需要以科学家的创新智慧和榜样力量,引领全社会充分迸发出创新思维的无形之力。

(二)创新思维能力

创新能力的核心是创新思维能力,创新成果和创业成就其实都是创新思维的物化形式。无论我们是进行理论创新、技术创新、管理创新还是其他方面的创新,其第一步都是要激发思维开启,进而产生新点子、新观念、新思路、新办法、新方案,然后才是开展创新创业活动。因此,在创新能力的提升上,最首要的就是提升创新思维能力。

依照思维模式的几种基本类型:逻辑思维、发散思维、形象思维、收敛思维、求同思维、求异思维等,我们可以归纳出以下适合医药类大学生进行创新思维养成的训练方向:

1. 逆向思维

又称为反向思维、反转思维。是指在常规事件或突发事件的观察与分析中,从相反的方面来思考解决方法或者其他关联问题,其特点在于对传统思维方向的反转,达到对思维定式的有效突破,能够预见一定的思路或成效。

在学习研究和科研工作中,我们时常遇到从正面常规方向无法解决的问题,因而陷入困境。如果"反其道而行之",颠倒过来进行推理和思考,或能产生意想不到的收获。比如,化学能可以产生电能,据此意大利科学家伏特发明了伏打电池;反过来,英国化学家戴维通过电解,用电能产生化学能,相继发现了钾、钠、钙、镁、锶、钡、硼七种元素。

2. 联想思维

这是关于事物的概念、方法、形象之间存在关联的发现性活动。作为探索未知的一种重要思维方法,其过程常常依赖于记忆记载,由此及彼地建立信息链条,通过事物的接近、对比、同化等条件,将记忆内容联系起来思考,加深认识,开阔思路,由此形成创造构想和方案。要想提高联想思维能力,就得积极参加社会活动和研究实践,接触事物和分析事件,掌握及获取丰富的信息,特别是对彼此之间的关联要做有意识的链接,使得大脑构建起一座庞大的"兵器库"。

胸部叩诊法的由来

时至今日,我们还能看到医生会将左手指贴在病人的胸壁上,用右手中指头轻叩左手指,细细辨析胸廓发出的声音,以诊断心肺有无疾病——这就是胸部叩诊法。发明人是奥地利医学家约瑟夫·奥安勃鲁格(1722—1809年)。

18世纪,虽然医学理论比以前大有进步,但医疗设施仍然相当简陋,医生给病人看病,全凭眼睛对病人的外表体征进行观察。当时,维也纳地区肺部疾病特别是肺结核的发病率很高。

某天，奥安勃鲁格接诊了一名老人，其症状是胸痛、发热、咳嗽、呼吸困难。不幸的是，在还未诊断清楚之前，病人就死了。于是，奥恩布鲁格对尸体进行了解剖，希望查明死因。当尸体胸部被打开时，只见一股淡黄色的液体从切开处缓缓流出。原来，死者的胸部早已发炎化脓，胸腔里积了不少水（医学上称为胸腔积液）。作为主治医师，他想，如果可以早点知道他有胸腔积液，就可从肋骨之间插入一支空针，将积液抽掉，或许能拯救患者生命。那么胸腔积液在死者生前能不能被发现呢？用什么方法才能发现呢？

他回想起童年时代，经营酒业的父亲常带他到地窖去，察看每只酒桶里还有多少酒。酒液上面是空气，当敲击酒液上方的桶壁时，声音很清脆；若敲击酒液所在的部位的桶壁，声音就很沉闷。用手指敲打酒桶，凭借其发出的清、浊声音，便可用来估计桶内酒量的多少。那人体的胸腔可不可以用手指叩击，从发出的不同声音来判断胸腔内有无积液呢？

经过7年的试验摸索，奥安勃鲁格终于发明了叩诊法，还画出胸腔叩诊的清音范围，指出心前区和肝区叩诊浊音。他还描述了各种疾病的叩诊音特点，如胸腔积液、肺部空洞、心包积液、心脏扩大等，并于1761年在维也纳出版了一本仅95页的书，书名为《通过叩击胸部来探查胸腔内疾病的一种新发明》(简称《新发明》)。

但是，还值得一提的是，像许多创造发明一样，奥安勃鲁格发明的叩诊法起初很少有人赏识，连他的老师也持冷淡态度，甚至遭到了当时一些名医的冷嘲热讽，讥讽这是"愚蠢的叩诊法"。直到18世纪末，曾任拿破仑御医的法国名医柯尔维莎对奥安勃鲁格的叩诊法产生了巨大兴趣。1808年，他将《新发明》一书译成法文，并推荐给法国的各大医院应用，终于使叩诊法在奥安勃鲁格去世前一年被医学界所接受。

——冯玉昌：《叩出生命的回响》，《现代班组》，2018年第4期（有改动）

案例感悟：在奥安勃鲁格医生所处的年代，很多医生都是根据病人的病情诉说，凭着学校里所学的医学知识和行医时日积月累起来的经验，做出诊断、开出药方。但奥安勃鲁格没有止步于此，坚定地秉持救死扶伤的职业信念，找寻死因，通过联想思维，运用创新意识，创立了医学诊断技术的新辅助诊断方法，把不少病人从死亡线上拖了回来，造福于众多患者。

3. 发散思维

又称辐射思维、扩散思维、求异思维，是一种在思维过程中，以某一问题为中心，沿着不同方向、不同角度、向外扩散的思维方法。从一个问题或某个信息出发，突破原有的思维层次，充分发挥想象力，经横向、纵向或其他途径、方向，以新视角开启探索，重组现有的和关联的信息，产生出更多设想、解决方案。

①功能扩散。如：一种适应证治疗延展至近似适应证。

②材料扩散。如：药物递送载体的替代。

③结构扩散。如：不同官能团在取代基上的构效变化测试。

④方法扩散。如：基因免疫新方法的推广应用。

⑤因果扩散。如：根据用药评价和新需求优化药物研发。

4. 创意思维

千金难买是创意。创意是创新的原始形式和动因，是灵感诱发形成的观念形态的想法和念头，但比灵感要完整和完善，它原义是指写文章时有新意。

2010年，黑莓推出了9500型新款手机，但恰逢iPhone上市，市场反应一直难及预期。

公司决定以富有创意的广告提升市场影响力,于是高额招标广告需求,结果一项利用水果的创意广告令人眼前一亮,有趣而又贴切,一举脱颖而出!如图所示,子弹般的物体高速穿透苹果,最后画面才让观者看清是一颗黑莓,既没有完全正面地攻击苹果手机,又让观众完整地接收到RIM(黑莓)公司的灵感和寓意,好感度倍增。

图11-2 《黑莓vs苹果》广告视频截图

对于大学生来说,创意思维是最基本的创新能力。如同人类发展史中的新事物都是创意思维的产物一样,只有具备创意思维,我们才能不断突破和创新,产生和发展新追求、新目标、新理想。

二、能力培养路径

(一)校内专门课程

在我国发展新的历史起点上,要实现创新驱动发展战略,就需要培养创新型人才;要实现新时期这一重要教育目标,就需要高等教育加快构建专门的创新创业教育课程体系。

各行业特色高校纷纷制定用以培养创新创业人才和指导实践活动的教学原则,以此组织教学过程、编写教学内容、安排教学形式、选择教学手法。在理论课堂中,大家可以把相关理论知识与专业学习展开联系、融通,为拓宽综合知识结构和实践能力奠定前期基础,借助以后校内训练项目和模拟场景的带动,以之为依托,更快形成创新创业体验升级,建构知识体系的有机关联。而在实践类课程中,如商业计划虚拟仿真演练,寓教于真,能让学生从认知到熟知现代商业企业的工作内容和特性,培养学生从事商业活动所需的执行、决策及创新能力等,使其具备全局意识和综合职业素养、创新创业的实战经验,以及训练培养他们良好的创业团队协作能力。

(二)课外主题活动

课外活动是开展创新创业个人能力培养主渠道的重要补充,其内容广泛、形式多样、方法灵活,是受教群体更具自发性、更易接受的教育手段。其优点在于:

第一,活动参与者基于志同道合聚集在一起,同源性更好,容易引发共鸣共振,灵感触发,更有效地将理论应用于具体活动之中,从而持续提升思维层次和角色定位。

第二,创办"青年创业论坛""创新创业精英挑战赛"等丰富多彩的校园文化活动,打造主题鲜明的优质平台,既能对校园精神文化建设起到助力作用,营造良好的创新创业校园文化环境,使创新创业意识、创新创业精神成为育人目标的有机组成部分,更能让大学生在课外活动中经历挫折，体验创新创业的艰辛和发明的困难，从而培养出良好创新人格和突出的创造才干。

现实中，创新创业教育的许多成果都是在课外活动中形成雏形的，这就充分说明了课外活动对大学生创新创业教育的有益之处。

（三）社会实践训练

开展大学生创新创业教育，绝非高校一地之责，必须动员全社会的力量参与。如果在整个社会里形成良好的创新创业教育环境和创新创业教育气氛，这对培养和锻炼大学生的专门能力是极为有利的。因为社会才是真正的创业战场，其给予人的锻炼的价值和地位无可替代。

当前，为了保障大学生的创新创业社会实践活动的有效落实，各所高校均会依托行业中的头部创新企业或专业技术研发机构进行专门方向的合作，建立了校外大学生创新创业实践教学基地，并聘请高级管理人员或创新技术骨干作为兼职双创导师。

这些社会实践基地为医药类大学生有的放矢地围绕专业领域开展创新创业实践提供支持。学生可以参与到科研项目的具体工作之中，在增强专业素养的同时，也熏陶了创新精神；此外，参与科研成果转化的机会，可以开启部分学生真正走上创业之路。

所以说，实施创新创业教育，更是需要校内校外一盘棋，大学生先在教室内接受基础的专业化教育，通过模拟训练积累经验，不断创造有利条件，这样才可能在广阔的社会实践中开展创新、创业、创造。

（四）科技创新竞赛

为了进一步激发当代大学生联系行业发展实际和创新创造的能力，通过创新思维发现问题、分析问题、解决问题，培养专业兴趣，增强学习实效，各级主管部门和行业协会举办了一系列大学生创新创业和科技类竞赛，覆盖各类学科。其中，依照主办单位级别、赛事创办年份、参与师生规模、社会影响程度来衡量，主要有全国大学生数学建模竞赛、"挑战杯"全国大学生课外学术科技作品竞赛、中国"互联网＋"大学生创新创业大赛、国际大学生工程力学竞赛（团体赛）、中美青年创客大赛、全国大学生机械创新设计大赛、全国大学生电子商务"创新、创意及创业"挑战赛、全国大学生药苑论坛、全国大学生生命科学创新创业大赛等。

创新创业教育从业者经常会感慨：要讲授的知识体系中较多部分很难通过"灌输式"等常规教学方式达到教学目的，许多内容更适用于群体交流。而在此类竞赛中，不仅参赛项目需求会对参赛者掌握这些内容起到融会贯通的收效，更为重要的是，获胜项目都是具备技术创新成色或设计亮点的作品，这就为创新创业教育提供了更广泛的团队交流和相互启迪的有效环境。

细分来看，虽然此类竞赛都是旨在培养更多学生创新思维与创新能力，但创新竞赛和科技竞赛，题目大多来源于实际生活和生产实际，以前沿性的专业领域问题引导参赛者发挥想象力、创造力，希望另辟蹊径，从传统观念束缚中解放出来，综合运用已有知识和信息，创新解决技术类疑难；创业竞赛，则是限定较少，大多由参赛者自报项目，以创意、初创、成长等不同组别来区分赛道，供专家评审比较，以更为多元化的等级予以评定奖励，而且越来越多的孵化指导力量介入其中，更是为优秀创业项目提供了更为开阔的天地。

资源链接

推荐影视:
1. 《硅谷传奇》,美国,导演:马丁·伯克。
2. 《中国合伙人》,导演:陈可辛。
3. 喜马拉雅 App——《冬吴相对论》。
4. CCTV-2 财经人物纪录视频——《遇见大咖》。

第十二章

医药类高校大学生创业实务

创业,不仅仅是一种行为,更是一种思维方式和人生态度,持有创业思维的人,往往愿意去发现周围的"问题",发现环境的"不可能",并从中寻找改变的机会,积极主动地去行动,最终收获一定的"价值"。同时,大学生要充分意识到,创业是一个艰辛的过程,仅凭一腔热情是远远不够的,还需要踏踏实实地付诸行动,让理想的种子生根发芽,茁壮成长。

医药领域是一个准入门槛相对较高的行业,医药类高校大学生在校期间的专业学习和实践经历,让医药类大学生首先拥有了良好的专业背景,可以说在创业的起步阶段首先具备了一定的行业优势。因此,对于有志于创业的大学生来说,一旦发现了好的创业机会,有了好的项目,就要按照创业规划,尽快行动,逐步实现自己的创业梦想。虽然不同的创业学者对于创业的解读各不相同,但创业是有一定的规律可以遵循的。创业过程一般包含五个阶段:识别与估价市场机会、组建创业团队、准备并撰写创业计划、确定并获取创业所需资源、申报并管理新创企业。本章将就创业的五个阶段展开介绍,为大学生提供创业实践的基本方法。

第一节 创业机会的识别与评估

创业机会,即创业项目出现的机会,一般是指具有吸引力、持久性和适时性的有利于创业的商业机会。创业机会主要包括以下几种:新产品或新服务、新的生产经营方式以及新的组织管理模式。对创业机会正确地识别和评估,是创业者起步的关键,往往关系到企业或项目后续经营活动的成败。本节将从创业机会的来源、发现创业机会的主要途径、创业项目的选择原则、创业项目的评估方法和创业项目的初选步骤进行介绍。

一、创业机会的来源

创业机会往往来源于好的创意。这里的创意是指具有创业指向的具有创新性的想法。但需要注意的是,创意不直接等同于创业机会,创意仅是一种思想、概念或者想法,无法达到创业机会的标准,只有有价值和潜力的创意才有可能发展成为好的创业机会。有价值和潜力的创意往往能够将问题或需求转化为逻辑性的架构,让概念物化或程序化,一般具有以下基本特征:①独特、新颖,难以模仿;②客观、真实,可以操作;③同时具备对用户和创业者的价值。

近年来,医药领域新政的实施和子产业的高质量发展,助推产生了大量商机。对于医药类高校大学生,拥有较好的专业背景和行业资源,具有一定的优势。一般来说,个体的诉求和市场的需求,即创业者的主观意愿、客观能力以及市场需求,都可以帮助创业者找到好的创意,进而发展成为好的创业机会。创业机会常见的来源可概括为以下两个方面:

(一)宏观层面

有变化就有机会,外部环境的变化往往带来商机。我国历史上社会经济的每一次变革,都会给创业者带来新的机遇。因此,创业者要密切关注政策制度、法律法规、社会发展、技术进步、人口变动等领域,特别是对于医药行业的创业项目,往往具有较高的技术准入门槛,行业先进技术的发展及趋势、技术跨界应用的空间及可能等方面将为创业者提供难得的创业机会。

(二)微观层面

1. 发现问题

从已有的项目中发现问题,以问题为导向寻找新的项目。创业者要善于发现并思考问题,某个产品或服务的缺陷(即痛点)就可能是一个好的创业机会。

2. 分析市场

分析现有市场,寻找市场空白。市场空白意味着巨大的消费需求,要迅速捕捉市场机会,发现其中隐藏的价值,以便产生更符合市场需求的"短平快"类项目。

3. 挖掘兴趣

以创业者的内心需求、个人兴趣、热情为出发点,针对特定的领域、事物及对象等,通过补偿(个人缺少的)和热情(持续满足的),产生有市场需求和价值的新项目。

4. 发挥优势

创业者自身具备的优势和技能是成功创业的有力武器,通过分析梳理自身的资源优势或隐蔽资源,寻找新的路径以满足市场需求,经过改进、提升,转化为新的创业项目。

5. 整合资源

发现各类项目资源的优势和关联,加以整合,根据市场需求的变化,将两个以上的项目进行资源整合,从而产生新的更具有价值的项目。

6. 改变模式

通过改变传统的、固有的企业经营模式,重构"价值链",寻找创业机会。

二、发现创业机会的主要途径

创业机会来源路径很多,类型丰富,可以说商机无处不在。创业者尝试创业时,往往希望能够通过标准化的、可复制的模式来发现这些商机。现代创业学界认为,发现创业机会是可以遵循一定的流程、按照一定的标准进行的。下面列举四种发现创业机会的途径:

(一)头脑风暴

头脑风暴一般是指针对特定的问题,一组人(一般是项目内团队)在正常融洽和不受任何限制的气氛中以会议形式进行讨论,参会者打破常规、平等无限制地充分发表看法,进而在联想和交流中产生创意的过程。头脑风暴的方式能够削弱"群体思维"(群体成员易屈于权威或大多数人意见)的影响,保证群体决策的创造性,提高决策质量。

1. 基本过程

会议一般设置一位主持人,主持人以明确的方式向所有参与者阐明问题,说明会议的规则,创造融洽轻松的会议气氛,通过联想反应、热情感染、竞争意识、个人欲望等手段来激发参与者的创新思维,由参与者"自由"提出尽可能多的方案。

2. 基本原则

头脑风暴过程中,一般要遵循以下四个原则:

(1) 延迟评判原则

人的思维过程需要正向积极的肯定,在参与者发表观点时,不打断、不评判,创造一种自由、活跃的气氛,激发参与者提出各种"疯狂"的想法,对各种意见、方案的评判必须放到最后阶段。

(2) 以量求质原则

即追求数量,在一定时间范围内,鼓励更多的想法。在单位时间内想到的创意越多,产生好想法的可能性越大,这是获得高质量创造性观点的前提条件。

(3) 综合改善原则

除提出自己的意见外,鼓励参与者利用他人的设想进行补充、改进和整合,强调相互启发、相互补充和相互完善。

(4) 依序进行原则

在主持人的带领下,按照一定的顺序由所有参与者依次提出自己的想法。要注重不同类型的人群提出观点时的特点,提倡全员参与,自由发言,任意思考。

(二) 焦点小组

焦点小组,一般是指采用小型座谈会的形式,以一种无结构、自然的会议方式,由项目发起方与一组具有代表性的消费者或客户(最终用户)共同开展的小组活动。其主要目的是通过倾听用户的想法,获取对项目的深入了解。

焦点小组的方式能够将用户集中起来,比起个人访谈或问卷调查的方式,用户在群体中反馈的声音更能反映真实的客户需求,是一种更为可信的方法。在实施过程中,组织者要注意以下两点:一是在选择参与者时,要尽可能寻找不同类型的用户,以免出现过多相同或类似的观点;二是小组座谈的问题一般都是结构化的,需要主持人善于引导,尽量让每个人在每个问题上都发表观点,在轻松活跃的气氛中鼓励参与者积极发言。

(三) 分析资料

对于刚起步的创业者,可能无法获取完备的第一手用户需求,这时可以考虑通过图书馆或者网络查找相关领域的基本背景。通过查阅和分析资料,能够帮助创业者提升自身视野和思维方式,了解专业术语,把握商业趋势,从中发现初始的有效的创业机会。

(四) 市场调查

市场调查即用户需求调查,是直接了解用户真实需求和市场环境的方法。通过市场调查,能够直接从市场中发现商机,有效促进商业模式的形成。主要包括:市场最大和最小的需求量、需求构成、现有和潜在购买力、购买动机、同类产品市场占有率、竞争产品基本信息等。调查方法有抽样调查、典型调查和重点调查等。

三、创业项目的选择原则

产生创意并发展成为清晰的商业概念意味着创业者识别到了机会,但是这个商业概念能否进行投资开发,能否成为有价值的好的创业项目,还需要进行认真选择和论证。在选择合适的创业项目时,首先要遵循以下几个原则。

(一) 知己知彼原则

所谓知己,就是在选择创业项目之前,创业者要对自身各方面的状况有一个全面的把握。包括知识储备、技能水平、经济实力、社会资源等。创业者对自身了解得越透彻,定位越准确,越能提高创业的成功率。所谓知彼,就是要了解社会经济文化等创业外部环境,包括国家产业政策、当地发展政策、消费环境、当地自然和人文资源等。深入考察创业环境能够帮助创业者开阔视野,敏锐地捕捉到市场机会,增强项目选择的合理性。

(二) 实际调研原则

选择创业项目要以满足市场需求为前提,市场需求要大、发展前景要广阔,要有一定的市场规模。实际调研就是通过收集有关资料和数据,加以研究和分析,为市场预测提供可靠依据。在创业项目实施之前,要有目的有计划地做好市场调查,对市场需求进行深入研究和分析。如可以采用头脑风暴的方式将所有问题列出清单,开展逐项调研,获取一套详细、可靠的调研材料,有助于选择正确的创业方向。

(三) 自有资源优先原则

创业者在了解创业环境之后,应从中筛选出可以重点利用和开发的资源。在筛选过程中,应始终贯彻自有资源优先的原则。所谓自有资源,是指创业者和团队拥有的或可以直接控制的资源,包括专有技术、行业从业经验、经营管理能力、社会资源、私有物质财产等。选择自身熟悉并拥有资源优势的项目,不盲目追随社会经济热点,是创业项目准确选择的前提条件。

(四) 基本可行性原则

创业者在选择了合适的创业项目后,一般要进入风险投资阶段。投资者要求项目具备一定的效益,即具有较高的投资产出比。因此,在选择项目时不能盲目,要将项目的基本可行性作为首要考虑因素。目前,风险投资对创业项目的技术含量要求较高,特别是在创新比较集中的医药领域,项目技术含量高,可行性一般较高,发展前景较好。

(五) 量力而行原则

创业是一种风险较大的活动,必须遵循量力而行的原则,将有限的资源投入风险较小、规模适当的项目中去,先赚小钱,再赚大钱,积少成多。"不以善小而不为",创业也要从干小事、求小利做起。

(六) 持续发展原则

创业,如果仅仅复制别人的产品或思路而没有自己的创新,项目就不能得到长足的发展。因此,创业者要学会创新,不断填补市场空白,以质量和服务在激烈的竞争中取胜,以特色产品赢得消费者青睐,创业之路才能越走越宽广。

四、创业项目的评估方法

创业项目评估,即对项目进行聚焦,选出可行的创业项目。创业项目评估的意义在于,让无意义的偶然行为,通过理性和清晰的梳理,成为有意为之的过程,进而提高创业成功的概率。对创业项目进行评估,通常需要对以下内容进行分析和判断。

(一) 市场评估

1. 产品

产品不仅仅局限在实物商品的范畴,服务、技术等都可以作为商品进行销售。评估创业项目,首先需要思考:你的项目准备卖什么?产品还是服务,或是背后的某种心理需求和价值?产品的核心价值是什么(产品定位)?用户使用产品或服务的频率的高低如何?产品是否有不断更新和迭代的能力?一般而言,高频的产品或服务,客户的黏性更好,更容易被接受,市场数据的积累较好。另外,产品或服务能够随着环境变化而不断更新迭代,是创业项目能够不断进步取得成功的基础。

2. 用户

创业者在有了产品构想后,应充分了解和分析用户在使用解决方案时的场景和有效性。解决方案是否与用户痛点和真实需求相匹配?是不是能够切实解决用户的痛点?是否有初步的市场调研来支撑市场假设?这些都是需要重点分析和思考的问题。大而全的产品看起来能够解决更多的痛点,但在当今高速发展的社会背景下,市场饱和度较高,这种设计思路常常会让创业者陷入困境。因此,创业者必须细分市场,选择最有利的目标群体作为目标市场,为目标客户提供有针对性的满意的商品。一般来说,市场细分的要素包括人口、心理、行为、地理变量等。

3. 竞争与优势

当今社会,进入任何行业领域都会面临市场的竞争,都会存在相似产品或解决同样问题的类似产品。因此,创业者要明确项目在产品、技术或服务上:当前市场的竞争对手有哪些?你的产品是否比同类产品更有优势?能否让用户选择你的产品?你是否拥有运营该项目的关键资源?这就需要创业者在进入相关领域前,认清自身的核心优势。核心优势,包括技术壁垒、制造能力、团队相应的项目运作能力、营销渠道、公共关系等。一个企业凭借着核心竞争力所产生的动力,才有可能在激烈的市场竞争中脱颖而出,并在一定时期内得到提升。

4. 市场容量

(1) 原始市场规模

原始市场规模往往决定着项目最初阶段能够实现的销售规模和利润,因此,分析判断原始市场规模对创业者进入该领域极为重要。一般情况下,原始市场规模越大越好,在细分市场后,创业者仍能利用小的市场份额,获取较大的利润。需要注意的是,创业者往往会高估自己创业项目的市场存量,在评估市场规模时要切记用真实的市场数据进行验证。

(2) 市场增量

市场增量,即市场规模随时间增长的情况。市场规模增长的速度与创业项目的成长速度存在互动关系。一般而论,市场增量速度越快,创业项目就有越大的成长空间。市场增速可能带来一定的风险和利润,如医药领域的高新技术创业,在创业机会存在期的某段时间内,可能比其他时段更具有商业潜力,更能获取到较佳的商业利润。

(3) 时机

任何产品都有一定的生命周期,一切创业机会都存在于一段有限的时间内。新政实施、产业转型、技术更新、新的商业模式,都会带来新一轮的创业热潮。创业者进入市场的时机很关键,早期尝试者往往需要更多的投入来培育市场,成功难度较大;晚期市场逐步成熟,进入难度加大。一般而言,对于创业者来说,创业机会存在的时间跨度越长,越有利于创业者调整项目、整合资源、发挥优势,越有利于企业的稳定发展。

(二) 商业模式评估

商业模式,简单来说就是企业通过什么途径或方式来盈利和赚钱,是由客户价值、企业资源和能力、盈利方式构成的三维立体模式用以阐明项目的商业逻辑。近年来,商业模式已经成为创业界高度关注的热点,有资料表明,美国创业成功的企业60%以上是商业模式的创新。可以说有一个好的商业模式,创业成功就有了一半的保证。那么,到底什么是商业模式?包含哪些基本要素?好的商业模式是指它能够创造出更高的商业价值。一般认为,好的商业模式应该具有以下基本特征:定位准、市场大、扩展快、壁垒高、风险低、利益相关者共赢、不断创新。

(三)团队评估

一个好的创业团队对新创企业的成功起着举足轻重的作用。团队的强弱是相对的,是根据项目本身所处的方向及采用的模式而言的。考量因素包括创业者的经历、专业、性格,团队成员之间的搭配是否合理,成员之间关系是否稳定,是否拥有创业的关键资源,能否承担创业相应风险等。高绩效创业团队的特征有:明确可行的目标、致力于企业价值的创造、对企业的长期承诺、互补的技能、良好的沟通、高度凝聚力、公平合理的股权分配机制以及合理的分享经营成果机制。

五、创业项目的初选步骤

创业者在基本原则的指导下,根据上述评估方法进行项目分析和初选,可以按照以下步骤进行:

① 确定创业项目初选的标准。
② 为每个标准赋予相应的权重(各标准权重之和为1)。
③ 列出所有备选的创业项目。
④ 为每个备选的创业项目的相应标准打分。
⑤ 计算各备选创业项目的得分。
⑥ 从中选出得分最高的几个创业项目。

表 12-1　创业项目初选表(示例)

创业项目初选标准	权重	项目甲	项目乙	……
1. 经营亏本风险	0.1			
2. 投入资本规模	0.05			
3. 目前的投资回报率	0.05			
4. 预期未来的投资回报率	0.1			
5. 现金流转状况	0.2			
6. 项目所处行业的竞争状况	0.05			
7. 市场增长的潜力	0.05			
8. 创业项目未来市场地位	0.2			
9. 相对竞争对手的优势	0.1			
10. 创业者的个人偏好	0.1			
……				
合　计	1			

填表说明:
①每一标准满分为100分。

②为每个项目的各项标准进行打分,打分的原则为该项标准数据越好,分数越高。

蒂蒙斯创业机会评价框架

蒂蒙斯的创业机会评价框架,涉及行业和市场、经济因素、收获条件、竞争优势、管理团队、致命缺陷问题、个人标准、理想与现实的战略差异八个方面的53项指标。

蒂蒙斯创业机会评价框架

类型	指标
行业和市场	1. 市场容易识别,可以带来持续收入。 2. 顾客可以接受产品或服务,愿意为此付费。 3. 产品的附加价值高。 4. 产品对市场的影响力高。 5. 将要开发的产品生命长久。 6. 项目所在的行业是新兴行业,竞争不完善。 7. 市场规模大,销售潜力达到1 000万到10亿元。 8. 市场成长率在30%—50%甚至更高。 9. 现有厂商的生产能力几乎完全饱和。 10. 在5年内能占据市场的领导地位,到达20%以上。 11. 拥有低成本的供货商,具有成本优势。
经济因素	1. 达到盈亏平衡点所需要的时间在1.5—2年以下。 2. 盈亏平衡点不会逐渐提高。 3. 投资回报率在25%以上。 4. 项目对资金的要求不是很大,能够获得融资。 5. 销售额的年增长率高于15%。 6. 有良好的现金流量,能占到销售额的20%甚至30%以上。 7. 能获得持久的毛利,毛利率要达到40%以上。 8. 能获得持久的税后利润,税后利润率要超过10%。 9. 资产集中程度低。 10. 运营资金不多,需求量是逐渐增加的。 11. 研究开发工作对资金的要求不高。
收获条件	1. 项目带来的附加价值具有较高的战略意义。 2. 存在现有的或可预见的退出方式。 3. 资本市场环境有利,可以实现资本的流动。
竞争优势	1. 固定成本和可变成本低。 2. 对成本、价格和销售的控制较好。 3. 已经获得或可以获得对专利所有权的保护。 4. 竞争对手尚未觉醒,竞争较弱。 5. 拥有专利或具有某种独占性。 6. 拥有发展良好的网络关系,容易获得合同。 7. 拥有杰出的关键人员和管理团队。
管理团队	1. 创业者团队是一个优秀管理者的组合。 2. 行业和技术经验达到了本行业内的最好水平。 3. 管理团队的正直廉洁程度能达到最高水准。 4. 管理团队知道自己缺乏哪方面的知识。

（续表）

类型	指标
致命缺陷	不存在任何致命缺陷问题。
个人标准	1. 个人目标与创业活动相符合。 2. 创业家可以做到在有限的风险下实现成功。 3. 创业家能接受薪水减少等损失。 4. 创业家渴望进行创业这种生活方式，而不只是为了赚钱。 5. 创业家可以承受适当的风险。 6. 创业家在压力下状态依然良好。
理想与现实的战略差异	1. 理想与现实情况相吻合。 2. 管理团队已经是最好的。 3. 在客户服务管理方面有很好的服务理念。 4. 所创办的事业顺应时代潮流。 5. 所采取的技术具有突破性，不存在许多替代品或竞争对手。 6. 具备灵活的适应能力，能快速地进行取舍。 7. 始终在寻找新的机会。 8. 定价与市场领先者几乎持平。 9. 能够获得销售渠道，或已经拥有现成的网络。 10. 能够允许失败。

第二节　创业团队的组建与管理

　　创业所关注的往往不是创业者个体，而是高效的创业团队，创业团队在创业过程中起到了举足轻重的关键作用。没有团队的创业不一定会失败，但是要想创建高速成长型企业，高效率的创业团队是必不可少的。同时，在创业初期，最大的难题也是团队的组建和管理，它是决定企业能否成功运营、项目能否持续推进的关键因素。

一、创业团队的基本概念

（一）创业团队的定义

　　创业团队是指在创业初期，由一群技能互补、责任共担、愿为共同创业目标而奋斗的人所组成的特殊群体。需要注意的是，要区别创业团队和一般群体。创业团队是由技能互补的创业者组成的，目标和使命一致，责任共同承担，一般具有开创性、变动性、平等性、全面性、协作性以及凝聚性的特征；而一般群体往往由两人或两人以上组成，没有共同的目标，缺乏凝聚力。两者在以下方面存在显著差异。

表12－2　创业团队和一般群体的比较

	一般群体	创业团队
创建目的	解决某个具体问题	开创新企业或开拓新业务
职位安排	不限于高层管理者	均为高层管理者
权益分配	不一定拥有股份	一般拥有股份

(续表)

	一般群体	创业团队
思维视角	执行性问题	战略性决策问题
领导管理	由公司高层领导	以自我管理为主
组织承诺	较低	较高
心理契约	不正式且影响小	直接影响公司决策

（二）创业团队的作用

1. 有利于提高机会识别和利用的能力

团队能够把成员的技能和经验集合在一起，在面对创业机会时，团队能够迅速意识到机会点出现，具备更加强大的竞争优势，在产品创新、客户服务等方面能够应付更大的挑战。

2. 有利于提高项目运作能力

团队有着共同的目标，能够最大限度地发挥协同效应，激发团队成员共同追求高于和超乎个人职责之上的业绩愿望，团队的工作业绩大于所有成员独立工作业绩的总和，能够形成一种协同工作的整体优势。

3. 有利于提升项目应对变化的能力

团队在共同工作过程中，能够逐步形成特有的解决问题的行为方式，在面对变化中的市场和用户需求时，比个体更为迅速、准确且高效。

4. 有利于营造轻松的心理环境

创业团队往往有着各自独特的工作氛围，这种良好的心理环境有利于成员为了实现团队目标而努力工作，有利于项目的持续健康发展。

（二）创业团队的要素

典型的创业团队一般要具备五大要素，包括目标、人员、定位、职权、计划。

1. 目标

目标是将创始人和团队凝聚起来的重要因素。其本质在于创造新价值，具体来说，就是通过团队的工作，完成创业阶段的计划、市场、技术、组织、管理等各项事务，从而使企业能够正常运行。

2. 人员

人员是创业团队最重要的一环，人员的选择和确定决定着创业团队组建成功与否以及创业项目的命运。人员选择时，要考察团队成员的知识、技能、经验等，以及这些资源是否与团队的目标、定位、职责和计划相一致。一般来说，选择与创始人互补性强的成员，能够创造更高的价值。

3. 定位

定位一般包括两个层面：一是创业团队在整个社会和企业中处于什么位置；二是创业者个人在团队中的位置，包括由谁决定新成员、由谁负责、如何管理和激励团队成员等。

4. 职权

职权是指团队成员所担任的职责和相应享有的权限，是目标和定位的延伸。在明确职权时，要遵循"平等中的不平等原则"，根据团队的目标定位、规模类型、结构业务等，通过职权规范，明确所有成员的职责和权限分工。

5. 计划

制订团队的近期和长期计划,能够明晰团队成员在不同阶段的工作内容和具体做法;同时,也能够提高团队应对环境变化的能力,避免团队在创业摸索中偏离目标方向。

唐僧团队

《西游记》里的唐僧团队是典型的优秀创业团队,是创业界常用来进行团队分析的非常形象化的案例。一个成功的团队,基本上要有四种人:德者、能者、智者、劳者。德者领导团队,能者攻克难关,智者出谋划策,劳者执行有力,是唐僧团队成功的关键。下面用团队的五项基本要素进行分析。

一、团队目标。唐僧团队的目标明确,唐僧作为领导者,起到了团队核心和凝聚力的作用,依靠领导位置和虔诚取经之心确保团队始终向目标迈进。师徒四人虽然个人想法和思路不同,但大家都知道,只有到达西天取得真经,方能修成正果,团队的核心目标相同,利益一致。

二、团队成员。唐僧师徒四人的个人特质不同,具体如下:

唐僧:唐僧是一个目标坚定、品德高尚的人,作为团队领导者,他有着目标明确、以权制人、以情感人的三大领导素质。在取经途中,无论遇到什么艰难险阻或是金钱地位的诱惑,都能保持坚定的目标,用博爱之心不断教诲感化众人。

孙悟空:孙悟空是团队的能力担当,有个性、有想法、执行力很强,也很敬业、重感情,懂得知恩图报,是个非常优秀的人才。

猪八戒:嘴馋、懒惰、贪色,但立场坚定,脾气温和,随遇而安,是西天取经枯燥旅途的开心果,同时,还颇具人际交往技能,起到了团队协调的作用。

沙和尚:沙和尚是个很好的管家,任劳任怨,心细如丝,忠诚可靠,在取经途中,始终承担着后勤保障的工作,是一个团队成功不可或缺的部分。

三、成员定位。根据每个人的性格特征,可以对成员进行基本定位:

唐僧:创始人(首席执行官,CEO)。

孙悟空:核心员工(营销和市场总监,CMO)。

猪八戒:团队工作者(人力资源总监,CHO)。

沙和尚:日常事务者(财务与支持部门负责人,CFO)。

四、职权。职权与人员定位一致,权力的掌控者唐僧,核心优势持有者孙悟空,氛围调节师猪八戒,执行完成者沙和尚。

五、项目计划。在分析唐僧团队计划时,不难发现整个团队的行动始终是围绕到达西天取经这个终极目标展开的。虽然在过程中经历了九九八十一难,但是团队能够不断摸索调整计划,最终取得真经,回到大唐弘扬佛法,实现了团队的终极目标。

——根据相关资料整理

二、创业团队的组建

(一)团队的组建原则

1. 合伙人原则

创业团队的组建与一般群体的组建有着本质的区别,对成员有更高的要求。创业初期,市场充满未知,项目前景不明朗,工作量巨大,需要团队成员将工作当成事业来做,需要带着创业梦想、充满激情地开展各项工作,因此,创业团队在组建时要找的是合伙人,而不是一般的员工。

2. 互补相似原则

团队组建时,需要考察成员在知识、技能、经验等方面的能力,弥补当前资源的不足以及目标与自身能力间的差距,实现"1+1>2"的协同互补效应。同时,成员在动机、目标、团队意识等方面要有相似性,以提高团队凝聚力。

3. 精简高效原则

在创业初期,一般为了减少运作成本,提高决策效率,在保证企业能够高效运行的前提下,尽量精简团队规模。

4. 动态开放原则

创业之路充满挑战,存在很多不确定性,这就决定了成员有一定的流动性,这种流动性有利于创业团队保持高效。因此,在组建团队时,要注意保持团队的动态和开放性,让真正完美匹配的人员能够被吸纳到创业团队中。

(二)团队构成

1. 从角色的角度

英国管理专家贝尔宾认为成功的创业团队一般包括以下 3 大类 9 种不同的角色。

(1)谋略导向

①培养者。团队思想的创造者,富有创造力和想象力,不墨守成规,能够帮助团队产生新思想、解决难题。这类人往往是个人主义者,不易与他人共事,可能存在与其他成员交流不畅的情况。

②专家。具备高深的专业水平和技能,专注于探索专业知识,有着高度职业化的态度,对专业领域的问题有深刻理解和决策能力。这类人往往对其他成员的工作不感兴趣,在团队内不太合群。

③把控者。目标清晰,意志坚定,有较强的战略眼光和识别能力。属于结果导向型的人才,在创业过程中,往往不太关注细节。

(2)行动导向

①监督者。稳重、冷静,能够清晰分析团队成员的想法,在客观思考后,做出明确判断和决策,避免团队被误导。这类人倾向于三思而后行,有时会打击团队的士气。

②执行者。纪律性强、值得信赖、组织能力强、办事效率高,能够将计划变为具体任务并具体行动。这类人往往比较保守,面对突如其来的变化,可能会难以适应。

③完成者。勤勤恳恳、尽职尽责,善于找出纰漏,能够高标准地按时完成工作任务。这类人往往不能容忍其他成员的粗心大意,会将紧迫感传递给整个团队。

(3)人际导向

①协调者。自信、权威,具有较强的凝聚力,能够带领整个团队向共同目标努力。这类人一般会成为团队领导,在工作中更重视团队的凝聚、情感和集体观点。

②团队工作者。性格温和、善于交际、忠于团队,能够减少团队的人际关系问题。这类人往往不具有竞争性,缺少活力和动力。

③资源搜索者。性格随和外向,擅长外交谈判,能够通过各种方式识别机会,搜索有价

值的资源。这类人往往受环境影响较大,在得不到积极的反馈和配合时,容易失去激情。

2. 从团队形成的角度

大部分创业团队的形成过程要经历下图几个步骤:

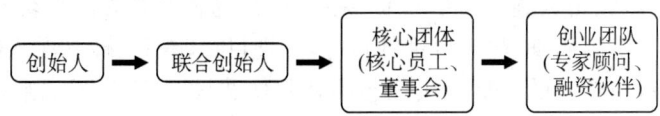

图 12-1 创业团队一般发展过程

(1) 联合创始人

创始人在发现创业机会后,需要寻找合适的合伙人,以联合创始人的身份开展创业。联合创始人在创业初期尤为重要,他们的教育水平、创业经验、产业经验以及关系网络,是创业初期阶段最有价值的资源。在寻找合伙人时,"优势互补、经历相同"的人更加适合,即价值观相近、能力互补、有类似的目标,可以共同工作、顺畅沟通,可以同甘共苦的人。

(2) 核心团队

核心团队是指有较高的专业技能、丰富的从业经验、杰出的管理才能的员工群体。核心团队能够通过自身的专业技能,为创业团队的经营和发展做出突出贡献,是团队核心竞争力的源泉之一。一般具有人数少、期望高、易流失、不可替代的特征。

(3) 董事会

当初创企业拥有核心团队后,可以根据实际情况考虑是否成立董事会。董事会是由公司股东选举产生的监督企业管理的个人小组,是企业的最高决策机构。一般董事会承担任命企业高级别职员、公布企业红利以及监督公司重大事件的职责。

(4) 专业顾问

专业顾问是可以为创业企业提供顾问服务的专业人员小组,他们具备深厚的专业知识,能为企业提供指导,提高资信。专业顾问是集专业性、服务性于一体的职位,不承担法定责任,只提供不受约束性的建议,因此,专业顾问能客观科学地对企业战略性问题提出合理的决策建议。寻找顾问时,要坚持实质性、互补性和保密性的原则。

(5) 融资伙伴

融资伙伴包括贷款者和投资者。融资伙伴与创业企业存在利益和合作的关系,能为企业带来资金,提供有价值的指导和资讯,承担财务监管和建议作用,还能够为创业团队带来创业经验和人脉资源。

(三) 团队成员的选择方法

寻找合适的团队成员是组建创业团队最为关键的一步。首先,从团队整体性上应考虑两个方面的因素:一是互补性。考虑成员之间在能力或技术上能否形成互补,创业团队一般需要管理、技术和营销三个方面的人才。二是适度规模。合适的团队人数是保证团队高效运转的重要条件,创业团队以 2—12 人为宜。其次,在选择具体成员个体时,应注意以下四个问题:成员加入的目的、成员的知识结构、成员的性格个性兴趣、成员的价值观念。最后,在寻找团队成员时,需要创业者主动采取行动。寻找团队成员的常用途径有:通过公开渠道对外表达自己的需求,主动联系周围人脉资源,参加创业大赛,结识投资人并寻求引荐,参加创业俱乐部等。

三、创业团队的管理

(一) 团队凝聚力建设

凝聚力是一个创业团队能够团结一致、克服困难、锐意进取的重要动力。在凝聚力建设时,要注意团队要有清晰明确、科学合理的目标,并把目标、战略、理念融入团队成员头脑中,同时根据角色定位,将个人的目标和责任与团队整体建设紧密结合。创业者可以通过以下方式开展凝聚力建设。

1. 培育团队价值观

创业者要在严格要求自己的基础上,向团队成员灌输团队价值观,将价值观内化,同时通过健全的激励和约束制度,让团队成员既有价值观的引导,又有制度化的规范。

2. 塑造领导者领导力

领导力,可以理解为领导者的威望。有威望的领导者作为团队的核心,能够将全体成员凝聚在一起。领导力是对一个人综合能力的评价,包括个人的人格、品德和修养,取得的知识、经验和才能,工作时严于律己、以身作则和极强的事业心,以及对待他人时公平公正、同甘共苦,等等。

3. 激发参与热情

创业团队凝聚力建设有赖于团队成员的热情参与。创业团队是一群有着创业梦想和干劲的人组成的集体,综合来说,成员都具有极高的参与热情。但随着团队的发展和项目的实施,仅靠初期的热情是远远不够的,需要通过多方位的管理举措和合理的激励制度,让成员与团队形成真正荣辱与共、休戚相关的利益共同体和命运共同体。

4. 培养忧患意识

危机和忧患意识是团队忧患凝聚力形成的外在推动因素。创业是充满艰辛和挑战的,没有压力的企业是不存在的。在团队发展过程中,要注意保持成员同甘共苦、同舟共济的危机意识,这从客观上促进了团队的凝聚力。

5. 加强沟通协调

沟通和协调是形成集体的必要条件,是让团队在认识和行动上保持一致的关键。创业团队应通过工作例会、总结汇报等形式,增强成员间的沟通交流和整体协调能力,保证团队项目持续推进。

(二) 团队激励管理

如何科学合理地激励创业团队,是保证创业活动持久性的关键,也是管理者所关注、成员所关心的实际问题。

1. 绩效评价

在考虑团队激励举措时,不能简单地用均分的政策,应该通过绩效的形式,对团队成员的贡献大小进行衡量。但是,由于创业活动往往存在较大的不确定性,所以创业初期对成员的贡献进行定量准确的评价往往存在困难。这时可以从以下方面对成员进行评估:创业思路、创业计划及探索、敬业精神和冒险精神、技能、经验、业绩记录和社会关系、岗位职责和执行力。

2. 激励方法

创业团队合理的激励制度能够激发成员的积极性,并且关系到能否吸引并留住高素质的人才。激励形式应多样化,应是物质报酬和精神激励的综合体系,既要包括薪酬、补贴、股权等经济报酬,也要包括职位、声誉和成就感等精神激励。

(三)团队冲突管理

1. 冲突分析

创业过程中,创业团队会存在各种矛盾并引发冲突。创业者无须惧怕团队冲突,没有冲突的团队往往缺乏创新活力,但是也不能放任不管,过多的冲突会破坏组织管理,影响团队效率。产生冲突的原因很多,一般包括成员个性差异、信息沟通不畅、利益分配不均、价值观不一致等。常见的冲突有理性的执行冲突和感性的情感冲突。

2. 冲突处理方法

根据托马斯—基尔曼模型,按照武断程度和合作程度,可以将处理冲突的方法分为以下5类:竞争(武断、不合作)、回避(不武断、不合作)、迁就(不武断、合作)、妥协(部分武断、部分合作)、合作(武断、合作)。一般情况下,合作是较为理想的解决冲突的方法。冲突双方彼此尊重对方的想法,但不放弃自身的利益,双方在充分权衡各自的要求和利益后,达成共识。这种方式能够达到理想的双赢,但也是最难实现的状态。

第三节　创业计划的制订与撰写

创业者在产生创业的想法后,首先要对创业机会进行正确地识别和评估,形成合理的创业项目,然后建立创业初始团队,再后就是开启创业想法落地的第一步:制订创业计划。准备创业计划是一个展望项目的未来前景,细致探索其中的合理思路,确认实施项目所需的各种必要资源,再寻求所需支持的过程。在这个过程中,最为关键和核心的是在创业计划书中能够勾画出清晰的商业模式。本节将从商业模式的设计和计划书的撰写两部分展开。

一、商业模式的设计与创新

(一)商业模式的概念

商业模式是指为实现用户价值最大化,把企业的内外要素进行整合,形成一个完整高效的具有核心竞争力的运行系统,并通过最优形式来满足用户需要、实现用户价值、使企业持续盈利的整体解决方案。它描述了企业如何创造价值、传递价值和获取价值的基本原理,是一种简化的商业逻辑。

进入21世纪后,随着互联网+、云计算、大数据、电子商务的发展,商业模式成为创业界的高频率用词。现代管理学之父彼得·德鲁克说过:"当今企业间的竞争,不再是单纯的产品或服务之间的竞争,而是商业模式之间的竞争。"商业模式是一个很广泛的概念,包括运营模式、盈利模式、B2B模式、B2C模式、广告收益模式等。

(二)商业模式的设计方法

好的商业模式是指它能够创造出更高的商业价值。为了实现商业价值最大化:一是要改善原有方式去满足客户的需求;二是考虑把利益相关者放在哪个环节以降低成本;三是创业团队拥有的资源和利益相关者的实力的差值决定了商业模式的盈利能力。

在设计商业模式时,可以利用商业模式画布进行梳理。商业模式画布是一种简单易用的设计工具,用来描述、评估、创新商业模式,是商业模式可视化的通用语言。它能够催生创意,降低猜测,确保创业者找准目标用户,合理计划项目,解决问题等。

1. 商业模式画布的构成

商业模式画布由九个板块构成,具体如下图:

重要合作	关键业务	价值主张	客户关系	客户细分
	核心资源		渠道通路	
成本结构			收入来源	

图 12-2 商业画布

(1) 客户细分

用来描述创业团队想要服务的人群或组织,是商业模式的核心板块。

问题:谁是你的目标客户?谁会付费?

回答:目标客户写直接付费用户,并且要明确到具体的对象,尽量精准描述,不要大而全的抽象名词,如"口腔健康专注者",而非"客户"。

(2) 价值主张

描述为目标客户创造价值的产品或服务,是商业模式中的驱动因素。

问题:你的产品或服务是什么?你能为客户带来什么?

回答:需要思考与竞争对手的差异,找到独特、明确清晰的价值点,避免空泛的概念,如"降低运营成本",而非"价值"。

(3) 渠道通路

描述团队如何沟通、接触目标客户,传递价值主张。

提问:你的销售渠道是什么?如何让客户知道你?

回答:充分了解客户的消费习惯,明确可视化的途径,避免宏观概念,如"微信精准推广",而非"网络营销"。

渠道举例:实体渠道(直接销售、销售代理、分销商、经销商、大型零售商),网络渠道(电子商务、移动商务、社交群体、免费+付费渠道)。

(4) 客户关系

描述企业与目标客户间建立的关系类型。

提问:你与消费者如何联系?

回答:建立用户反馈渠道,发现客户价值和潜在需求。明确具体做法,避免空泛管理,如"客户微信交流群",而非"客户管理"。

关系类型举例:个人助理、自助服务、社区、共同创作。

(5) 收入来源

描述企业从客户群体中获取的现金收入。

提问:你有多少种赚钱的途径?

回答:充分挖掘项目的盈利点,要用精准的数据表示,避免概念性回答。

来源举例:产品销售、使用收费、订阅收费、租赁收费、授权收费、经纪收费、广告收费。

(6) 核心资源

描述企业有效运营的最重要因素。

问题：你拥有或能够获得的重要资源有哪些？你的核心竞争优势是什么？

回答：既要清晰梳理核心资源，又要策略性整合资源。

资源类型：实体资产、知识资产、人力资源、金融资产。

(7) 关键业务

描述企业为商业模式的可行和正常运营而必须做的事情。

提问：你的核心任务是什么？你的企业实际要做什么业务？

回答：详细列出企业的核心业务，避免空泛描述，如"通过专业化团队和互联网技术，为关注健康的人群提供便捷和专业的健康科普服务"，而非"健康服务"。

(8) 重要合作

描述保证企业正常运营，所需的供应商和合作伙伴间的网络。

提问：谁能帮助你？

回答：需明晰合作思路，善于借助外力。

合作类型：与非竞争者之间的战略联盟、与竞争者之间的战略合作、为开发新业务而构建的合资关系、为确保可靠供应的供应链关系。

(9) 成本结构

描述运营商业模式的所有成本。

提问：你需要多少成本？

回答：按照业务工作预测投入，要逐项列出，避免笼统的预算，如"采购材料费用"，而非"启动资金"。

成本类型：固定成本、可变成本。

2. 商业画布板块间的逻辑关系

(1) 基于"客户细分"的认知，设计"价值主张"，通过"渠道通路"传递价值，通过"客户关系"提升价值，从而获得"收入来源"。

(2) 为了实现"价值主张"，投入"核心资源"，开展"关键业务"，寻求"重要合作"，进而形成"成本结构"。

(3) "收入来源"能否覆盖"成本结构"，是检验商业模式是否可持续的基本标准。

3. 商业画布的使用流程

(1) 探索要素。分析每个板块各种可能的要素。注意尽量用具体的词汇和数据，避免抽象的描述。

(2) 填写画布。将上述各板块要素填入画布。

(3) 逻辑梳理。剔除逻辑矛盾的因素，进而设计合理科学的商业模式。

(三) 商业模式的优化与创新

商业模式包括六个要素：定位、业务系统、关键资源、盈利模式、现金流结构、企业价值。在这些要素中只要有一项不同，就意味着不同的商业模式。商业模式的创新和产品技术创新本质上是一致的，但是比技术和产品的创新更难。商业模式创新需要深入分析细分市场、特定用户的需求、利益相关方的需求，找到利益点，形成一个新的利益共享的商业模式。创新的要点是要找到潜在的利益相关方、利益相关方的角色转变以及利益相关方之间的利益转换方式。

商业模式创新首先需要具备一定的基本条件：一是企业可以提供全新的产品或服务，开创新的产业领域，或用新的方式提供已有产品；二是商业模式的多个要素变化，与竞争对手间产生明显的差异；三是商业模式的改进应能带来显著提升的经济效益和业绩回报。

商业模式创新可以从以下三个方面进行思考：

1. 价值发现

基于客户探索，从客户的角度拓展价值空间，塑造全新的价值曲线。包括，从低价思维转向情感思维，如褚橙；从客户思维转向社群思维，如粉丝经济、网红经济等；从产品思维转向服务思维，如苹果公司的部分App业务。

2. 价值创造

通过分析原有价值链，重新配置自身位置以及合作伙伴的选择和定位。包括，从B2C思维转向C2B思维，从生产思维转向平台思维等。

3. 价值分享

构建供应商、客户、员工、政府、社会等利益相关方多方共赢的分配制度，包括从有偿思维转向免费思维，去掉中间成本等。

二、创业计划书的撰写

创业计划书又称商业计划书，是创业者为了实现融资和其他发展目标，根据一定格式和内容的要求，编辑整理的有关所创办企业或项目的创意设想、目前状况、未来发展等内容的书面材料。制订创业计划书需要分析和描述创办一个新的风险企业所需的各种因素，其目的是通过撰写计划书的过程对自身进行评估，对创业前景有更清晰的认识，并且期望通过计划书获得投资人的风险资本。

（一）创业计划书的作用

创业者是否有良好的创业计划书对于成功吸引风险投资是极为关键的，一份好的计划书往往是吸引风险投资的"敲门砖"。除了吸引风险投资外，创业计划书还有以下作用：

1. 指导作用

创业计划书是创业全过程的纲领性文件，是创业实践的战略设计和现实指导，对创业实践具有非常重要的指导作用。

2. 聚才作用

聚才作用是宽泛的，主要表现在吸引创业人才、吸引风险投资、吸引新股东的加盟、吸引合作伙伴等。

3. 整合作用

整合作用是一个最根本、最重要的作用。通过编写计划书，梳理思路，完善信息，有效整合已有生产要素，使生产环节关系更加优化，最终把各种资源有序整合起来，从而获得明显的经济效益。同时，也有助于创始人和团队成员对商业模式达成共识。

4. 融资作用

资金是企业或项目的血液，是企业获得快速发展的前提。投资人决定是否投资时首要参考的是项目的创业计划。因此，写好创业计划书具有获得风险投资支持的不可替代的作用。

(二) 创业计划书的编制基础

1. 商业模式清晰

创业者要基于充分的客户分析,使商业画布的内在逻辑清晰可视。需要创业者有效认知目标客户,对价值主张进行理性定位,制定持续稳定的盈利模式。

2. 多重检验可行

在正式编制计划书前,创业者需要考虑以下的可行性:问题与方案契合,产品与市场契合,商业模式契合,增长假设合理。

(三) 创业计划书的撰写规范

1. 格式完整

各个章节排列要按照严格的顺序。严谨规范的创业计划书可以反映创业者是一位经过严格训练、头脑清楚、办事严谨,具有真正管理能力的优秀人才。

2. 针对性强

不同的投资者兴趣不同,文化背景不同,如果是参加创业比赛,评审规则和评委也不同。因此,在撰写计划书之前,创业者一定要对可能的投资人或评委的背景及相关情况有明确的了解,要针对具体的对象写出具体的创业计划书,投其所好,吸引和打动投资人或评委。

3. 语言简洁

计划书既要内容充实,又要言简意赅;既要逻辑清晰,又要重点突出。对一些关键问题的表达力求直观明了,可采用图片的方式,用数据说话,易于给阅览者留下深刻的印象。

4. 篇幅适宜

计划书要长短适中,既要把该说的情况全部阐述清楚,又不能过于烦琐。一般以20—35页为宜。

5. 风格平实

计划书的风格要平实,恰到好处,既不能平淡无奇,又不能夸夸其谈,要在客观真实的基础上说明情况。

6. 逻辑严密

介绍技术时,要用科学事实和必要的数据,阐明技术的先进性和实际性。介绍设想时,需要有充分的市场调研,阐述想法的合理性。分析市场时,要对未来3—7年的市场前景有合情合理的科学分析,言之有据。

(四) 创业计划书的格式及要点

1. 创业计划书的要点

(1) 封面

封面是计划书的"名片",可以根据阅读对象适当设计,简洁大方,不宜过于花哨。一般要包括项目名称(一句话描述项目愿景和业务性质)、公司名称、联系人、地址、电话、电子邮箱、日期等信息,便于阅读者进一步调查和联系。

(2) 摘要

摘要是对项目的总体情况做出简短、清晰、具有说服力的概括,是计划书的核心所在。一般包括公司介绍、主要产品和业务范围介绍、市场概况、行业竞争分析、营销计划、生产计划、团队介绍、财务计划、资金需求状况等。摘要一般放在最后写,在完成计划书后,创业者对整个项目有整体把握的基础上,用简练、精辟的语言总结表达出来。注意避免"面面俱到",以详略结合、突出重点为宜,便于阅读者迅速了解创业项目的整体情况。

(3) 公司介绍

主要陈述公司的发展历史、现在情况及未来规划。包括公司名称、地址、联系方式等基本信息,公司业务状况、未来规划等经营理念,公司的竞争优势等。对于企业尚处于创建期的团队,应重点介绍创业者的成长经历、求学过程,可突出创业者的性格、兴趣及特长、创业梦想、独立创业的原因以及项目创意的产生过程等。便于阅读者了解企业或创业团队的基本情况和理念。

(4) 产品或服务

创业计划书的核心是创新性的产品或服务,以及它对最终客户的价值。主要包括产品的名称、特征及性能用途,产品的开发过程,产品处于生命周期的阶段,产品的市场前景和竞争力,产品的技术改进和更新换代计划及成本,产品专利等。医药类项目往往以技术研发为重点,在本部分还要阐述相关技术及研发情况(包括技术来源、原理、先进性、可靠性),技术的专利情况,技术研发力量和未来趋势,研发新产品的成本预算及时间进度等,让阅读者能够了解企业或团队技术研发队伍的实力。需要注意的是,创业者要对产品或服务做出详细准确的说明,要通俗易懂。

(5) 市场与竞争分析

创业者通过对市场进行充分调研后,对产品或服务的市场进行合理的预测,并制定相应的市场策略。市场往往是投资者关注的重点问题之一,要让投资者相信商业模式有足够的市场空间和发展潜力。本部分包括宏观环境(国家相关政策)、行业环境(行业发展现状、趋势及存在的问题)、目标市场(市场容量、竞争情况、主要盈利模式、市场营销策略)。在撰写时要注意最终的落脚点应该是某个特定的目标市场。

(6) 生产计划

主要阐述新产品创造及运营过程。让阅读者相信企业的产品或服务在技术上的可行性和生产上的可靠性。一般包括技术研发、原材料供应、生产条件、效益分析等方面。

(7) 财务规划

财务规划的依据和前提假设是投资者判断财务预测准确性和团队财务管理水平的标尺,是投资者关注的焦点。一般包括条件假设、预计的资产负债表、预计的利润表及附表、预计的现金流量表、资金需求表等。

(8) 风险因素

本部分要详细地说明项目实施过程中可能遇到的风险,并提出有效的风险控制和防范手段,目的是让投资者相信创业团队具备风险预见和防控能力。企业或团队可能面临的风险包括:技术风险、市场风险、管理风险、财务风险和不可预见的风险等。

(9) 管理团队

包括团队的全面介绍、管理机构和各部分的构成情况,主要介绍管理团队、技术团队、营销团队的工作简历和取得的业绩。对团队的表达,要充分体现创业团队的战斗力和团队精神,包括团队的职业道德、能力和素质,让投资者相信创业团队的互补性和高执行力。

(10) 附录

本部分主要是计划书正文中涉及但没必要详细展示的补充材料,包括相关证书、图表等。这部分能够为创业计划的可行性提供更多的有力证据,提高创业计划书的真实性。

2. 创业计划书的格式举例

创业计划书没有统一明确的格式,但是要把创业计划的内容简明扼要、思路清晰地呈现出来,还是有一定模式可以遵循的。创业者在初次撰写计划书时可以参照模板拟定自己的方案。

小贴士

创业计划书格式举例

项目名称:

公司/团队名称:

创业者姓名:

联系电话:

电子邮箱:

通信地址:

日期:

目　录

第一章　项目概述
　　1.1　项目背景
　　1.2　项目规划
　　1.3　市场分析
　　1.4　行业竞争分析
　　1.5　组织与人事分析
　　1.6　财务分析
　　1.7　风险分析
第二章　企业概况
　　2.1　企业概述
　　2.2　企业业务简介
　　2.3　产品或服务说明
　　2.4　发展规划
第三章　市场与竞争分析
　　3.1　市场现状
　　3.2　市场前景
　　3.3　目标市场
　　3.4　市场营销策略或商业模式阐述
　　3.5　竞争分析
第四章　运营分析
　　4.1　生产组织
　　4.2　质量控制
　　4.3　组织管理
　　4.4　人事管理
第五章　财务分析
　　5.1　投融资分析
　　5.2　财务预算
　　5.3　财务分析
第六章　风险分析
　　6.1　风险识别
　　6.2　风险防范及措施
　　6.3　风险资本退出
第七章　团队介绍
附录:各类附件证明材料

(五)创业计划书的制作流程

创业计划书涵盖的内容较多,创业者在首次制作时,可能会不知如何着手,这时可以按照下面的步骤逐项实施。

1. 制作一句话可以把项目说清楚的版本

在制作创业计划书前,首先问自己一个问题:如果对方只给我30秒的时间,我如何将项目说清楚?创业者在制作一句话介绍时,需要做到言简意赅、引发兴趣、寻求后续。可以参考以下模板:

我是＊＊＊,我们的项目是……(不超过10个字),旨在为……(目标用户)提供……(差异化的产品或服务),解决……(市场需求即痛点),实现……价值。经过前期调研,目前已进入……(测试、试运行、运营等目前状态,是否工商注册),已经拥有可以支持解决方案的核心技术和资源有……(用事实、数据说话)。现阶段的成果有……(现金收入、积累的用户、产品成熟度、服务或市场占有)等。

2. 制作大纲式的PPT

PPT往往是团队或项目的展示利器,要学会用PPT将项目说清楚。基础版的商业计划PPT包括以下十项内容:目前市场上存在的问题、问题的解决方案、产品/服务的目标客户、市场规模、竞争对手、核心竞争力、执行计划、盈利模式、团队介绍、投融资。

3. 扩充成为基础版创业计划书

把PPT的展示文字,用书面的形式表达清楚。一般情况,基础版word文档14页正文较为合适。应包括:封面和目录、项目简介、产品/服务、市场规模、商业模式、竞争对手、团队介绍、执行计划、企业结构、创业风险、附录。

4. 制作完整版创业计划书

在完成上面三步后,计划书的基本思路、框架和内容都已成型,这一步需要前期的基础上,按照常规格式要求,进行丰富扩充,完成完整版本的商业计划书。

(六)创业计划书的撰写技巧

1. 摘要出彩

摘要是创业计划书的浓缩和精华,一般要满足以下要求:既能简明生动地勾画出项目全貌,又能突出项目重点;既能说明项目的先进性和可行性,又能突出项目的商业价值和高回报率;既要思路清晰,又要证据切实;既能看清项目的发展脉络,又能展示团队实力;既能看到项目优势,又能知晓需要外界帮助和支持的方面。

2. 从投资人的角度构思

要从潜在投资人角度构思计划书,表明行动的方针,展示管理团队,展示企业未来发展态势,让潜在投资人对创业计划充满信心。

3. 展示竞争优势

作为医药类大学生创业,首先可以阐明大学生创业在国家和地方政策支持方面的独特优势,医药行业在国家和地方发展战略中的重要地位,再者要突出项目自身的特色和竞争优势。

4. 不断修改和完善

对创业计划书进行修改和完善的过程,是对创业计划进行提升和提炼的过程,也是进一步梳理思路、夯实基础的过程。在修改和完善计划书时,要注意检查格式是否符合要求,文字是否规范,内容是否完备。

延伸阅读

演讲技巧——TED"十诫"

1. 别用寻常的伎俩忽悠听众。
2. 描绘一个伟大梦想,或者一个奇思妙想,或者分享一个全新的事物。
3. 充分地展示好奇心与热情。
4. 给听众讲一个故事。
5. 不受拘束地自由评论他人。
6. 展示真实的自己,分享成功和失败。
7. 不要强硬推销自己的项目、产品等,用魅力打动听众。
8. 时刻牢记保持幽默。
9. 不可读稿。
10. 在规定的时间之内完成演讲。

第四节 创业资源的获得与利用

创业资源是指企业在创造价值的过程中需要的特定资产,是企业创立和运营的必要条件。创业资源既包括企业所拥有的有形资产,也包括对企业经营活动有直接或间接影响、对企业发展起保障推动作用的所有事物和关系。

一、创业资源的作用

获取创业资源是为了组织整合资源,并合理、完善地分配和使用,以实现创业计划,提高业绩,最终获得创业成功。所有的资源都直接或间接地参与企业或项目的发展,其中,要素资源可以直接促进企业的成长和项目的推进,环境资源可以影响要素资源,起到间接促进作用。

二、创业资源的种类

(一)要素资源

指直接参与日常生产和经营活动的资源。包括以下几类:

1. 场地资源

企业的物理空间及内外设施,属于基础资源。

2. 人力资源

包括内部的高级科技人才和管理运营人才、外部的行业高级别专家顾问。

3. 财务资源

企业拥有的资本,筹集和使用资本过程中形成的特有的财务专用性资产。

4. 管理资源

开展经营活动时所形成的制度、流程和方法,包括市场营销策略、制度化的企业管理等。

5. 技术资源

包括产品相关的科技成果、产品开发所需的设备工具等。

6. 信息资源

企业生产和管理过程中涉及的文件、资料、图表和数据等信息。

（二）环境资源

指未直接参与企业生产和经营，但能极大地促进企业运营的有效性资源。

1. 政策资源

是指国家或地方政府发布的支持促进企业所在行业发展的政策、法律法规、管理规定等。

2. 产业资源

是指企业所在行业的各种资源和发展趋势等。

3. 社会资源

即社会关系资源，包括人脉资源和社会关系。

4. 文化资源

是指企业内部和企业之间相互学习交流、相互合作支持和相互追赶超越的文化氛围。

5. 品牌资源

是指科技园、孵化器或优秀企业的品牌效应，或社会知名人士的认可等。

三、创业的关键资源

这里的关键资源是指创业者创业初期应充分利用的资源，是帮助创业者成功撬动其他资源的根本性资源。下面介绍大学生创业过程中涉及的关键资源。

（一）人脉资源

人脉，即人际关系。稳健、强势的社会关系对创业者来说十分重要。人脉资源是创业过程中的第一资源，拥有良好的人际关系，就更容易找到投资人、获得新技术和新产品信息、建立有效的销售渠道等。整合人脉资源是创业成功的基本条件。

人脉可分为血缘人脉、地缘人脉、事缘人脉、客缘人脉、随缘人脉等。开拓人脉资源要学会多用熟人，巧用贵人，善用名片，本着真诚的态度，广交朋友，积累资源。

（二）团队资源

俗话说："一个篱笆三个桩，一个好汉三个帮。"一个好的创业团队往往要比创业者自己"单打独斗"要容易成功，尤其是在医药行业，往往需要更高的技术、管理、营销、财务等多方面的能力，更需要一个高效运作的创业团队。

创业团队的凝聚力、合作精神、敬业精神能够帮助企业或团队度过危难时刻，加快成长步伐。另外，团队成员之间的互补、协调以及与创业者之间的补充和平衡，对企业能起到降低管理风险、提高管理水平的作用。

（三）技术资源

技术资源泛指根据生产经验和自然科学原理而发展成的各种工艺、操作方法和技能的总称。医药类项目对技术要求普遍较高，技术资源在医药行业的小企业创业过程中发挥着非常重要的作用。

企业或团队要不断整合技术资源，自主研发并拥有自主知识产权，保持技术的领先，以便占领市场、壮大市场。技术资源的主要来源是人才资源,重视技术资源的整合就是注重人才资源的整合。因此,创业团队一定要注重人才的培养,并且要通过一定方式留住团队的骨干人才。

(四) 资本资源

这部分所说的资本资源,指的是资金的来源。获取资本资源即创业融资的过程。融资主要是指资金的融入,就是筹集资金。从深层来看,融资不仅仅是资金的获取,更是需要通过融资获得资源。对于创业者来说,了解融资的方式和顺利开展融资是非常重要的。

1. 融资渠道

目前,大学生创业的融资渠道比较单一,主要是通过家庭、朋友支持和银行贷款等。实际上,风险投资、民间资本、创业融资、融资租赁等都是不错的创业融资渠道。

(1) 自我融资

包括两种方式:一是从创业者处筹集资金,二是通过盈余公积和保留未分配利润的形式筹集资金。自我融资永远是创业者的第一资金来源。

(2) 创新基金

医药行业项目往往涉及较高的关键技术,属于科技型企业,创业者可以考虑申请创新基金。创新基金是用于支持科技型中小企业技术创新的政府专项基金,通过拨款资助、贷款补贴和资本投入等方式扶持和引导科技型中小企业的技术创新活动,促进科技成果的转化,促进科技型中小企业快速成长。创业基金的支持方式主要有贷款补贴、无偿贷款、资金投入、青年创业小额贷款、其他地方性的融资优惠政策。

(3) 中小企业担保贷款

小额担保贷款是缓解初创人员在创业过程中自有资金不足,以及缺乏有效贷款担保措施而难以获得银行贷款的一种贷款形式。这对大学生创业者是非常重要的融资渠道。小额担保贷款一般额度为2万元,贷款期限不超过2年。

(4) 风险投资

风险投资泛指一切具有高风险、高潜在收益的投资。狭义的投资是指对以高新技术为基础,生产与经营技术密集型产品的投资。大学生在创业之初,如果项目具有极强的吸引力和竞争力,可以考虑借助风险投资的帮助筹集资金。

(5) 天使投资

天使投资是自由投资者或非正式风险机构,对于构思状态的原始项目或小型初创企业进行的一次性前期投资。天使投资是风险投资的一种,但两者有较大的差别:天使投资是一种非组织化的投资形式,资金来源大多是民间资本,而不是专业的风险投资商;天使投资的门槛较低,有时一个创业构思只要有发展潜力就能获得资金,而风险投资的门槛往往较高。

(6) 私募融资

私募融资是企业通过非公开宣传,私下向特定少数投资者募集资金的融资活动。私募资金的投入和退出是企业通过资金管理人私下与投资者协商进行的,相对于公开募集,私募融资是一种更快捷有效的融资渠道。

2. 融资流程

根据创业融资顺序,可以分为创业初次融资和再次融资。对于大学生来说,往往都是初次融资,并且初次融资的流程和内容更加完整。下面以创业初次融资为例,介绍融资流程的主要环节。

(1) 融资前的准备

创业者在融资前要注意提前准备以下事项：一是建立个人信用，良好的个人信用有利于创业者便捷筹集创业资金，在传统个人信用的基础上，还要注重社交、网络等软信息领域的信用；二是积累人脉资源，创业者要积极参与创业活动，注重积累行业、运营、外部协作等方面的人脉资源。对于大学生来说，可以通过创新创业课程、创业培训、创业大赛、社团或俱乐部等渠道，建立初步的创业人脉资源。

(2) 预算资金需求

①估计资金支出方向。通常新建企业的资金支出方向主要有两个方面：企业开办资金和企业营运资金。具体是指企业在达到生产经营条件前，用于购买设施设备、登记注册、宣传等开办费用支出，以及企业开始生产经营后，维持正常运转的流动资金和支付各种经营的费用。

②估算资金需求量。创业企业资金需求量的估算，根据支付方向的不同与估算方法的不同，分为企业开办资金估算和企业运营资金估算。企业开办资金主要用于形成企业生产经营能力的大规模资本性支出和用于登记注册及开业宣传等一次性开办费用。企业运营资金估算是企业市场需求预测，在市场需求预测的基础上，编制企业的预计利润表，确定适应特定市场需求的收入、成本、费用等资金量。

通过编制预计利润表，明确企业各个年份收入、成本、费用与利润的数量，同时结合市场需求预算和企业生产经营测算，就可以编制出企业的预计资产负债表。根据资产负债表，就可以确定企业用于流动资产形态的营运资金的数量。随着每年市场需求和收入规模的变化，企业的营运资金也会发生变化，进而产生现金的盈余或短缺。通过编制现金流量表来预计现金流的变化，能够较为准确地测算出企业对现金形态资金的需求数量，尽早采取措施，降低企业现金短缺与破产的风险。

(3) 确定融资方式与期限

融资的需求预测完之后，就要确定资金的来源和具体方式。创业者首先要收集融资相关的各方面信息，如政府的产业与融资政策、金融市场的资金投向、各个商业银行的投资取向、主要投资者的投资倾向等。然后选择并设计合理的融资渠道与方式，保证能够以合理的成本与风险筹集到创业所需要的资金。

大学生首次创业融资时，往往处于企业的探索期，具有高风险、回报不确定的特点，可通过创业者的个人储蓄、亲友支持、天使投资、创业投资和合作伙伴投资进行融资。同时，企业要根据资金需求性质，选择短期融资还是长期融资，尽量避免"短借长投"的现象。

(4) 融资谈判

在明确融资方式与期限后，创业者就要开始与有投资意向的投资者进行接触与谈判，具体商讨投资事宜。此时，创业者需要注意的是一定要掌握必要的谈判技巧和方式。最后，在募集到资金后，要及时将资金存入相应的场所，一方面要保证资金的安全与完整，另一方面要尽快投资到相应领域，保证资金的使用效果。

四、创业资源的整合

创业者能否成功开发创业机会，进而推动创业项目持续发展，通常取决于创业团队所掌握的资源,以及对资源的整理和利用能力。创业初期,创业团队往往能获取和使用的资源比较匮乏,能够创造性地整合和运用资源,是创业者取得创业成功的关键。

(一)善用资源整合技巧

1. 学会拼凑

通过一些拼凑手段,加入一些当下的新元素,与已有资源重新融合,形成在资源利用方面的创新行为,可能带来意想不到的收益。因此,创业者要学习将周围的资源创造性地、有机地整合起来,具体情况具体分析,并迅速应对新的变化。

2. 稳扎稳打

稳扎稳打是指创业者把掌握的资源阶段性地投入,并在每个阶段投入一定量的资源。稳扎稳打策略表现为自力更生,减少对外部资源的过度依赖,降低经营风险,加强对企业的有效控制。

(二)发挥资源杠杆效应

优秀的创业者不会被当前所掌握的有限的资源约束和限制,他们往往善于使用关键资源的杠杆效应来放大成果,有效地利用其他企业或人员的资源来完成自己的创业目的。容易产生杠杆效应的资源,包括人力资本和社会资本等非物质资源。可以用一种资源补足另一种资源产生更高的复合价值,或利用一种资源撬动和获取其他的资源。

(三)合理设置利益机制

企业或团队的各个参与者都有着各自的利益取向,因此,需要找到或发展共同的利益点,进而协调约束各方,达到均衡状态,维持企业的正常运营。资源与利益息息相关,在识别与分析利益相关者和资源掌握者后,通过设计有助于资源整合的利益机制,把直接的、非直接的、潜在的资源提供者整合起来,将相对较弱的利益关系变强,实现资源的最大利用度。

第五节　新企业的申办与管理

创业者选好创业项目、整合好创业资源、制订好创业计划后,就要直接面临新企业的申办问题。近年来,根据"简政放权"的思路,注册公司的程序在逐步简化。在准备创办企业前,创业者需要了解企业的类型、注册企业的流程等基本情况。

一、新企业的申报

(一)企业的类型

我国企业的形式通常有个人独资企业、合伙企业和有限责任公司三种。三种类型的企业各有利弊,没有绝对的好坏之分,创业者要根据国家的法律法规要求和团队的实际情况,科学衡量各类型企业的利弊,灵活选择。

1. 个人独资企业

个人独资企业是指由个人出资经营、归个人所有和控制,由个人承担全部经营风险和享有全部经营收益的企业。

个人独资企业的创设条件最为简单。根据《中华人民共和国个人独资经营企业法》的规定,设立个人独资企业需具备以下条件:投资人为一个自然人,有合法的企业名称,有投资人申报的出资,有固定的生产经营场所和必要的生产经营条件,有必要的从业人员。

小型加工、零售商业、服务业领域开办的较小规模企业可以考虑选择个人独资企业。个人独资企业的特点可以参考下表:

表12-3 个人独资企业优缺点

优　点	缺　点
1. 企业资产所有权、控制权、收益权高度统一。这有利于保守与企业经营和发展有关的秘密,有利于业主个人创业精神的发扬。 2. 企业业主自负盈亏和对企业的债务负无限责任,成了强硬的预算约束。企业经营好坏同业主个人的经济利益乃至身家性命紧密相连,因而,业主会尽心竭力地把企业经营好。 3. 企业的外部法律法规等对企业的经营管理、决策、进入与退出、设立与破产的制约较小。	1. 难以筹集大量资金,限制了企业的扩展和大规模经营。 2. 投资者风险巨大,限制了业主向风险较大的领域进行投资的活动,对新兴产业的形成和发展极为不利。 3. 企业连续性差,业主的病、死、个人及家属知识和能力的缺乏,都可能导致企业破产。 4. 企业内部的基本关系是雇佣劳动关系,劳资双方利益目标的差异,构成企业内部组织效率的潜在危险。

2. 合伙企业

合伙企业是指自然人、法人和其他组织依法设立的,由两个或两个以上的自然人通过订立合伙协议,共同出资经营、共负盈亏、共担风险的企业组织形式。合伙企业分为普通合伙企业和有限合伙企业,一般无法人资格,不缴纳所得税。合伙企业可以由部分合伙人经营,其他合伙人仅出资并共负盈亏,也可以由所有合伙人共同经营。

成立合伙企业需要具备以下条件:有两个以上合伙人,并且都是依法承担无限责任者;有书面合伙协议;有各合伙人实际缴付的出资;有合伙企业的名称;有经营场所和从事合伙经营的必要条件。

广告代理、咨询服务、会计师事务所、法律事务所、零售商业等领域适合创立合伙企业。合伙企业的特点参见下表:

表12-4 合伙企业优缺点

优　点	缺　点
1. 企业的筹资能力相对提高。合伙企业可以从众多的合伙人处筹集资金,合伙人共同偿还债务,减少了银行贷款的风险。 2. 可以资源优势互补。能够让更多投资者共同出力谋划,集思广益,提升企业综合竞争力。 3. 由于合伙企业中至少有一个负无限责任,使债权人的利益受到更大保护,在无限责任的压力下,更能提升企业信誉。 4. 合伙企业盈利相对较多,因为合伙企业交的是个税而不是企业所得税,这也是其高风险成本的收益。	1. 由于合伙企业的无限连带责任,合伙企业是很难做大做强的。 2. 虽说连带责任在理论上来讲有利于保护债权人,但在现实生活中操作起来往往比较困难。

3. 有限责任公司

有限责任公司又称有限公司,是指根据《中华人民共和国公司登记管理条例》规定登记注册,由50个以下的股东出资设立,每个股东以其所认缴的出资额对公司承担有限责任,公司以其全部资产对其债务承担责任的经济组织。

成立有限责任公司需具备以下基本条件:股东符合法定人数;股东出资达到法定资本最低限额;股东共同制定公司章程;有公司名称,建立符合有限责任公司要求的组织机构;有公司住所。

有意开办中小型企业的创业者适合成立有限责任公司。有限责任公司的特点参见下表:

表12-5 有限责任公司优缺点

优 点	缺 点
1. 公司成员(董事和股东)的财务责任权限仅限于所支付的股份资本。如果公司破产,股东和董事无须以个人财产作为债权的补偿。 2. 有明确规定的管理结构和正规的管理制度,董事与经理的任命、解雇和退休均有章可循。 3. 有限责任公司需要额外资本时,可以通过出售股份的方式筹资。 4. 某个股东的去世、破产或抽走资本不会影响企业的经营,使企业经营具有稳定性和长远发展的可靠性。 5. 信誉和地位都比个人独资、合伙企业高。	1. 需要较多的注册资本。 2. 注册时要求提供比较详细的资料,要有公司章程,从一定程度上提高了组建费用。

(二)企业登记注册的流程

当前,大学生创业注册公司有很多有利政策,程序逐步简化,但是对于刚接触创业领域的大学生来说,还是需要了解企业登记注册的一般流程,包括核名、办理经营场所手续、注册公司、开立基本户、办理税务登记、刻制图章、办理组织机构代码证等。下面列举注册企业过程中的一些注意事项。

1. 企业核名

核名是注册公司的第一步。创业者要通过工商机构进行公司名称注册申请,由工商机构核查无重名后,核发《企业名称预先核准通知书》。

2. 注册资金

注册资本实行认缴制后,取消了最低注册资本的要求,并且首次不需要实际出资,无须再提供验资报告,极大地降低了注册的成本。

3. 公司住所

根据《中华人民共和国公司法》等规定,公司的商业产权证上的办公地址最好是写字楼。对于大学生创业者来说,租用写字楼是一项不小的支出,目前有很多经济园区或孵化器能够为大学生创业者免费或优惠提供公司住所。

4. 办理组织机构代码证

凭营业执照到技术监督管理局办理组织机构代码证,技术监督局会先发一个预先受理代码证明文件,凭此可以办理后续的税务登记证和银行基本户开户等手续。

5. 税务登记

领取营业执照后,30日内要到当地税务局申请税务登记证,核定税种税率。需要注意的是,公司每个月都要按时申报税务,即使没有开展实际业务,不需要缴税,也要进行零申报。

6. 开立基本账户

领取营业执照后,要去银行开立基本账户。各个银行的开户要求略有不同,但都需要提前准备好公司的各项材料,包括法人身份证、营业执照正本原件、组织机构代码证等。

二、新企业的管理

创业者开办企业后就进入了具体经营的过程,企业的经营就是企业运用所能控制的各类资源,包括人力资源、物质资源、财力资源等,从事生产、流通、服务活动,满足社会需求,获取经营利润,并承担经营风险。企业经营是企业最基本的活动,在创办企业的经营过程中,往往存在一些共性的问题,下面进行概要介绍。

(一)市场营销管理

企业营销是通过有效的宣传或包装手段,将创意、创业计划、产品或服务推向市场,从而在满足市场需求的同时,达到企业目标的过程。

1. 企业营销的具体步骤

(1)市场分析

即创业者通过对市场的调研把握创业机会和创业风险的过程,一般包括外部环境分析、自身环境分析、消费者市场分析和组织市场分析等内容。通过市场分析,可以更好地认识市场的商品供应和需求的比例关系,有助于采取正确的经营战略,满足市场需求,提高企业经营活动的经济效益。

(2)市场细分

即按照消费者需求把因规模过大导致企业难以服务的总体市场划分为若干个具有共同特征的子市场。常见的市场细分标准有:地理细分、人口细分、心理细分、行为细分等。市场细分后的子市场比较具体,容易了解消费者的需求,有助于企业根据经营思想、方针及生产技术和营销力量来确定自己的服务对象(目标市场),同时,便于制定有针对性的营销策略。

(3)选择目标市场

企业在划分好细分市场后,可以进入既定市场中的一个或多个细分市场。创业企业可以选择的目标市场涵盖战略主要有:产品市场集中化、产品专业化、市场专业化、选择性专业化。

(4)市场定位

即企业根据竞争者现有产品在市场上所处的位置,针对顾客对该类产品某些特征或属性的重视程度,为产品塑造与众不同的、给人印象鲜明的形象,并将这种形象生动地传递给消费者,从而使产品在市场上确定适当的位置。

(5)设计营销方案

市场营销方案包括各阶段与目标客户沟通的各种策略和工具。良好的客户关系是创业成功的基石,创业者在方案中要考虑如何提高客户的绝对满意度,要关注客户需求和回馈老客户。

2. 营销的实施

创业营销的实施策略要解决的是被称为4P的营销组合,即产品、价格、渠道和宣传。

(1) 产品策略

指企业提供给目标市场的货物、服务的集合，包括产品的实体、服务、品牌、包装。在考虑产品策略时，要把产品的功能诉求放在第一位，注重开发产品独特的卖点。创业者需要了解的产品策略包括产品组合策略、商标管理策略、包装策略等。

(2) 定价策略

指企业出售产品所追求的经济回报，包括基本价格、折扣价格、付款时间、借贷条件等。根据不同的市场定位，制定不同的价格策略，产品的定价依据是企业的品牌战略。创业者需要了解的定价方法包括成本导向法、需求导向法、竞争导向法等，定价技巧包括折扣定价技巧、地区定价技巧、心理定价技巧、差别定价技巧、新产品定价技巧、产品组合定价技巧等。

(3) 渠道策略

指分销的组合，包括分销渠道、储存设施、运输设施、存货控制，代表了企业为使其产品进入目标市场所组织实施的各种活动，包括途径、环节、场所、仓储和运输等。企业不直接面对消费者，企业与消费者的联系往往是通过分销商来进行的，应该注重经销商的培育和销售网络的建立。创业者需要了解的分销策略包括设计渠道模式策略、确定中间商数目策略、选择渠道成员策略、激励渠道成员策略等。

(4) 宣传策略

指企业利用各种信息载体与目标市场进行沟通的传播活动，包括广告、人员推销、营业推广与公共关系等。创业者需要了解的宣传策略包括广告策略、推销策略、销售促进策略、公共关系策略等。

(二) 人力资源管理

人力资源是企业最重要的资本，对于创业企业来说，人力资源更是创业成败的关键，因此，创业者需要掌握一定的人力资源管理知识。

1. 人力资源管理的主要内容

(1) 组织结构

组织结构的合理设计和组织管理的合理分工，是企业人力管理的基础。一般包括功能部门管理和项目制管理。

功能部门管理又称岗位管理，是最常见的基本管理模式。对于初创企业，人员较少，工作关系相对简单，可采用直线型组织结构，即企业内部从上到下实行垂直领导，下属部门只接受一个上级的领导，部门领导负责所属部门的一切工作。

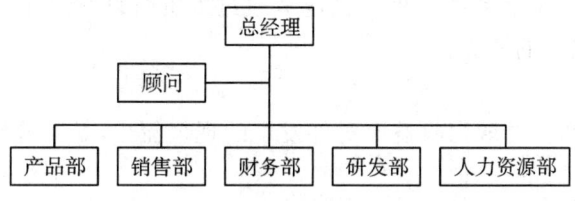

图 12-3 企业的功能部门管理模式

项目制管理是以项目为对象的系统管理方法，采用项目经理负责制，通过临时的专门的柔性组织，实现项目全程动态管理。企业创立初期，业务灵活性和不确定性较强，或专业程度比较高，如医药类项目创业，或在承担具体业务时，可采取项目制运营。

(2) 人力资源规划

人力资源规划是创业企业从战略规划和发展目标出发,根据内外部环境的变化,预测企业未来发展对人力资源的需求,以及为满足这种需求提供人力资源的活动过程。其主要内容包括人员晋升规划、人员补充规划、人员培训开发规划、人员调配规划、工资规划等。

(3) 人员招聘

即按照人力资源规划,以工作分析为基础,通过公开招聘、内部招聘、网络招聘、高校招聘等途径获取企业所需人才。招聘流程包括招聘基本原则和思路、招聘需求分析、评估招聘渠道、不同类型员工的基本标准、招聘准备等。需要注意的是,内部招聘是人员补充的重要途径,可指定专门的管理制度。

(4) 绩效管理

即为了达到创业企业的目标,而对员工的绩效进行评估、控制和激励等工作,以掌握企业的总体绩效,并促进员工为企业创造更高的价值。绩效考核的方法包括相对评价法、绝对评价法、目标绩效考核法和描述法。

2. 人力资源管理工具

人力资源管理工作可以通过有效的工具来实现,包括在招聘面试时运用的 STAR 原则、确定岗位职责时的 6W1H 原则、管理绩效考核目标的 SMART 原则、有效控制管理的 PDCA 原则、经理职业化的 MKASH 原则、人力资源管理系统等。创业者可以根据企业所处的领域和阶段,学习掌握各项原则,这里不再赘述。

3. 人才的留用

一定程度的人员流动有利于企业的健康持续发展,但流动率过高会造成人力资源成本的增加。创业企业在人才留用方面要充分挖掘自身优势,通过建立企业的远景目标、注重企业文化建设、给予员工足够的信任、注重沟通等途径,建立和谐的企业管理模式,最大限度留住关键员工。

(三) 财务管理

财务管理是创业者在企业整体发展目标下,对资产的购置(投资)、资本的融通(筹资)和经营中现金流量(营运资金)以及利润分配的管理。财务管理作为企业管理的重要组成,具有资金管理、成本控制和监督控制的三大功能。

1. 财务管理的主要内容

(1) 筹资管理

即企业对于筹集资金活动的管理。创业者通过筹资管理解决企业发展所需资金的问题,从而满足创业或投资的需要。

(2) 投资管理

即企业为了收回现金并取得收益而对外发生的现金流出,是对筹措资金的投入使用的过程。

(3) 流动资产管理

流动资产是指企业可以在一年或超过一年的一个营业周期内变现或者运用的资产,包括货币资金、应收投资、应收票据、应收账款和存货等。

(4) 利润分配

利润分配是对企业取得的利润进行分配的过程。利润的分配有两方面:一是支付给股东,以及支付债务利息;二是留存企业用于扩大再生产。利润分配主要解决的问题是对上述两方面的比例分配问题。

2. 初创企业的财务管理

对于大学生来说,往往刚开始接触创业领域,在创业初期需要对以下财务管理问题有所了解。

(1) 日记账和流水账

创业初期,业务处于起步阶段,可能涉及的财务数据不多,但是必须做好企业日记账和流水账,做好往来账的登记,做到日清月结。同时,掌握企业的现金流情况,这能给创业者决策提供重要参考依据。

(2) 要读懂利润表、资产负债表和现金流量表

财务人员往往会通过三张表来反映企业的现状,分别是利润表、资产负债表和现金流量表。一般情况下,财务表格要交给专门的财务人员进行编制,但是作为创业者要能够读懂这些表格的信息。三种表格的基本信息如下:

表 12-6 利润表、资产负债表和现金流量表的基本信息

利润表	现金流量表	资产负债表
销售数据	营业活动现金流	资产部分
销售成本		流动资金
销售总利润	投资活动现金流	
销售费用及销售成本		固定资金
营业收益	财务活动现金流	负债部分
营业外收益		流动负债
营业外费用		固定负债
净收益		资本部分

(3) 关注企业现金流

现金流能够衡量企业短期偿债能力,体现企业的资金周转能力,是企业筹资的重要指标,也是企业评价项目可行性的主要指标。作为创业者,要注意关注现金流,即了解企业账面上还有多少钱,这是企业或项目能够生存下去的前提。

(4) 做好税务筹划

即纳税筹划,是指在税法的规定范围内,对涉税事项事先筹划和安排,通过最优化的方案,达到减轻纳税负担的目的。税收筹划不是偷税漏税,它是有合法性的。

(四) 知识产权管理

知识产权是指自然人或法人对自然人通过治理劳动所创造的智力成果,依法确认并享有的权利。创业者在开展创业活动过程中要注意保护所获得的知识产权,这是企业或团队核心竞争力的重要组成部分。知识产权主要包括:

1. 商标权

商标是指生产者、经营者为使自己的商品或服务与他人的商品或服务相区别,而使用在商品及其包装或服务标记上的文字、图形、字母、数字、三维标志和颜色,以及上述要素组合

所构成的一种可视性标志。

2. 专利权

专利是法律授予发明创造者的一项独占权。它既可以是一项产品,也可以是一种生产方法,也可以是解决某个问题的技术方案。

3. 著作权

著作是指在文学、艺术和科学领域内,具有独创性并能以某种有形形式复制的智力创造成果。

4. 商业秘密权

商业秘密是指不为公众所知悉、能为权利人带来经济利益,具有实用性并经权利人采取保密措施的技术信息和经营信息。商业秘密权包括技术秘密权和经营秘密权。

本章主要介绍了大学生创业过程中所涉及的主要关键环节,包括创业项目的来源、发现途径、选择原则、评估方法和初选步骤,创业团队的组建和管理,商业模式的设计及创业计划的撰写,创业资源的种类和整合,新企业的创办和管理等内容。大学生创业者通过本章学习,能够了解创业的基本过程,掌握创业的基本方法,帮助大学生树立创业思维、熟悉创业流程、学习创业技能、体验创业过程,将创业机会逐步可视化,助力大学生由探索创业转入创业实践。

资源链接

推荐书籍:

1. 埃里克·莱斯著,吴彤译:《精益创业:新创企业的成长思维》,中信出版社,2012年版。

2. 彼得·蒂尔、布莱克·马斯特斯著,高玉芳译:《从0到1》,中信出版社,2015年版。

3. 亚历山大·奥斯特瓦德著,黄涛、郁婧译:《商业模式新生代》,机械工业出版社,2016年版。

推荐影视:

1. 《美丽心灵》,美国,导演:朗·霍华德。
2. 《阿甘正传》,美国,导演:罗伯特·泽米吉斯。
3. 中央电视台财经频道:《创业英雄汇》《赢在中国》。
4. 东方卫视:《财富人生》。

附　　录

2023年度中国医药工业百强榜

序号	单位名称	序号	单位名称
1	中国医药集团有限公司	26	赛诺菲(中国)投资有限公司
2	华润医药控股有限公司	27	西安杨森制药有限公司
3	齐鲁制药集团有限公司	28	北京诺华制药有限公司
4	上海复星医药(集团)股份有限公司	29	杭州默沙东制药有限公司
5	中国远大集团有限责任公司	30	石家庄以岭药业股份有限公司
6	石药控股集团有限公司	31	鲁南制药集团股份有限公司
7	广州医药集团有限公司	32	华北制药集团有限责任公司
8	上海医药(集团)有限公司	33	江苏济川控股集团有限公司
9	扬子江药业集团有限公司	34	深圳市东阳光实业发展有限公司
10	修正药业集团股份有限公司	35	江苏豪森药业集团有限公司
11	江苏恒瑞医药股份有限公司	36	普洛药业股份有限公司
12	正大天晴药业集团股份有限公司	37	天津市医药集团有限公司
13	诺和诺德(中国)制药有限公司	38	上海罗氏制药有限公司
14	拜耳医药保健有限公司	39	浙江华海药业股份有限公司
15	四川科伦药业股份有限公司	40	山东新华制药股份有限公司
16	江西济民可信集团有限公司	41	江苏鱼跃医疗设备股份有限公司
17	晖致制药(大连)有限公司	42	沈阳三生制药有限责任公司
18	阿斯利康制药有限公司	43	天士力医药集团股份有限公司
19	长春高新技术产业(集团)股份有限公司	44	费森尤斯卡比(中国)投资有限公司
20	威高集团有限公司	45	云南白药集团股份有限公司
21	山东步长制药股份有限公司	46	成都倍特药业股份有限公司
22	新和成控股集团有限公司	47	乐普(北京)医疗器械股份有限公司
23	珠海联邦制药股份有限公司	48	山东鲁抗医药股份有限公司
24	人福医药集团股份公司	49	信达生物制药(苏州)有限公司
25	丽珠医药集团股份有限公司	50	浙江康恩贝制药股份有限公司

(续表)

序号	单位名称	序号	单位名称
51	石家庄四药有限公司	76	楚天科技股份有限公司
52	默克制药(江苏)有限公司	77	四川新绿色药业科技发展有限公司
53	葵花药业集团股份有限公司	78	浙江仙琚制药股份有限公司
54	浙江海正药业股份有限公司	79	悦康药业集团股份有限公司
55	浙江医药股份有限公司	80	厦门万泰沧海生物技术有限公司
56	青峰医药集团有限公司	81	成都康弘药业集团股份有限公司
57	深圳市海普瑞药业集团股份有限公司	82	浙江京新药业股份有限公司
58	浙江九洲药业股份有限公司	83	健康元药业集团股份有限公司
59	华兰生物工程股份有限公司	84	上海勃林格殷格翰药业有限公司
60	哈药集团有限公司	85	玉溪沃森生物技术有限公司
61	天津红日药业股份有限公司	86	贵州健兴药业有限公司
62	先声药业有限公司	87	山东齐都药业有限公司
63	瑞阳制药股份有限公司	88	仁和(集团)发展有限公司
64	江苏康缘药业股份有限公司	89	江苏苏中健康科技有限公司
65	东北制药集团股份有限公司	90	南京健友生化制药股份有限公司
66	北京泰德制药有限公司	91	山东金城医药集团股份有限公司
67	神威药业集团有限公司	92	海思科医药集团股份有限公司
68	漳州片仔癀药业股份有限公司	93	朗致集团有限公司
69	东富龙科技集团股份有限公司	94	中国医药健康产业股份有限公司
70	辰欣科技集团有限公司	95	河南羚锐制药股份有限公司
71	烟台绿叶医药控股(集团)有限公司	96	深圳信立泰药业股份有限公司
72	上海创诺医药集团有限公司	97	烟台东诚药业集团股份有限公司
73	上海莱士血液制品股份有限公司	98	山西亚宝投资集团有限公司
74	四川好医生攀西药业有限责任公司	99	卫材(中国)投资有限公司
75	江苏恩华药业股份有限公司	100	郑州安图生物工程股份有限公司

参考文献

[1] 戴安·萨克尼克,丽莎·若夫门. 职业指导:职业生涯规划教程[M]. 第11版. 北京:中国劳动社会保障出版社,2017.

[2] 贲智勤,姚春雷. 大学生就业创业指导[M]. 南京:南京大学出版社,2016.

[3] 陈锡宝. 当代大学生职业发展与就业指导[M]. 海口:海南出版社,2008.

[4] 董明. 商务礼仪[M]. 杭州:浙江大学出版社,2012.

[5] 甘诺,王成杰. 大学生职业规划与生涯管理[M]. 南京:南京大学出版社,2019.

[6] 胡鹏. 简历:让你脱颖而出[M]. 北京:机械工业出版社,2011.

[7] 蒋承勇. 大学生职业发展规划与就业创业指导[M]. 北京:高等教育出版社,2015.

[8] 金树人. 生涯咨询与辅导[M]. 北京:高等教育出版社,2007.

[9] 李君霞,谢小明,王义友,等. 新编大学生职业规划与就业指导[M]. 上海:上海交通大学出版社,2018.

[10] 李云海. 大学生职业发展规划与就业指导[M]. 北京:航空工业出版社,2010.

[11] 李展. 职场文书写作[M]. 北京:北京大学出版社,2011.

[12] 理查德·尼尔森·鲍利斯. 你的降落伞是什么颜色?[M]. 陈玮,陈绍锋,梁峰,译. 北京:中信出版社,2002.

[13] 刘慧. 高校生涯教育精准化管理与实务[M]. 南京:南京大学出版社,2019.

[14] 佘鲁林,温再兴,潘广成. 中国制药工业发展报告(2019)[M]. 北京:社会科学文献出版社,2019.

[15] 苏春海. 大学生核心就业能力培训读本[M]. 南京:江苏凤凰教育出版社,2017.

[16] 苏珊·爱尔兰. 完美的简历[M]. 沈阳:辽宁教育出版社,2002.

[17] 汤秀莲. 商务礼仪[M]. 北京:清华大学出版社,2012.

[18] 涂雯雯,魏超. 大学生职业生涯规划[M]. 北京:人民邮电出版社,2019.

[19] 肖行定. 大学生职业生涯规划与就业指导[M]. 武汉:华中科技大学出版社,2010.

[20] 张宝玲. 药学类大学生就业与创业指南[M]. 南京:南京大学出版社,2014.

[21] 钟谷兰,杨开. 大学生职业生涯发展与规划[M]. 第2版. 上海:华东师范大学出版社,2016.

[22] 徐卫方. 就业OR读研,向左走还是向右走?[J]. 中国大学生就业,2011(4).

[23] 周文杰,肖巍. 新形势下大学生新就业途径的利弊分析[J]. 教育现代化,2018(15).

[24] 樊未晨. 扎根基层 让青春在汗水中历练:越来越多高校毕业生选择到一线做建设者[N]. 中国青年报,2020-08-06.

[25] 就业总量持续增长 就业结构调整优化[EB/OL]. http://www.gov.cn/xinwen/2018

-09/12/content_5324650.htm.

[26] 如何看待我国就业形势[EB/OL]. http://chinajob.mohrss.gov.cn/c/2020-01-02/145722.shtml.

[27] 深入学习贯彻习近平总书记关于青年学生成长成才重要思想 大力培养中国特色社会主义建设者和接班人[EB/OL]. http://theory.people.com.cn/n1/2017/0908/c40531-29522756.html.

[28] 生物医药产业集聚趋势显现,30%集中在北上深等10个城市[EB/OL]. https://baijiahao.baidu.com/s?id=1682866395093819260&wfr=spider&for=pc.

[29] 医药行业发展现状及发展趋势[EB/OL]. https://baijiahao.baidu.com/s?id=1669752149435294256&wfr=spider&for=pc.

[30] 扎根中国大地 奋进强国征程——新中国70年高等教育改革发展历程[EB/OL]. http://www.moe.gov.cn/jyb_xwfb/s5147/201909/t20190924_400593.html.

[31] 走,去基层[EB/OL]. https://www.ncss.cn/jc/index.shtml.